黑 格 爾

沈 清 松 著

2000

東 大 圖 書 公 司 印 行

世界哲學家叢書

國家圖書館出版品預行編目資料

呂格爾 / 沈清松著. -- 初版. -- 臺北市：東
大, 民 89
面；　公分. --（世界哲學家叢書）
參考書目：面
含索引
ISBN　957-19-2537-3(精裝)
ISBN　957-19-2538-1(平裝)

1. 呂格爾(Ricoeur, Paul, 1913-　　)-學術思
想 -哲學

146.79　　　　　　　　　　　　　　　89009702

網際網路位址　http://www.sanmin.com.tw

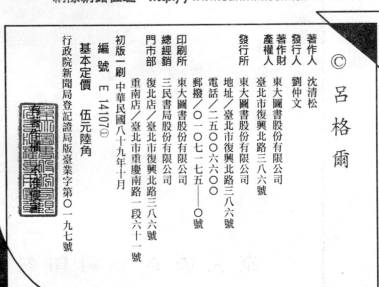

© 呂格爾

著作人　　　沈清松
發行人　　　劉仲文
著作財　　　東大圖書股份有限公司
產權人　　　臺北市復興北路三八六號
發行所　　　東大圖書股份有限公司
　　　　　　地址／臺北市復興北路三八六號
　　　　　　電話／二五○○六六○○
　　　　　　郵撥／○一○七一七五——○號
印刷所　　　東大圖書股份有限公司
總經銷　　　三民書局股份有限公司
門市部　　　復北店／臺北市復興北路三八六號
　　　　　　重南店／臺北市重慶南路一段六十一號
初版一刷　　中華民國八十九年十月
編　號　　　E 14107①
基本定價　　伍元陸角
行政院新聞局登記證局版臺業字第○一九七號

ISBN 957-19-2537-3 (精裝)

「世界哲學家叢書」總序

　　本叢書的出版計畫原先出於三民書局董事長劉振強先生多年來的構想，曾先向政通提出，並希望我們兩人共同負責主編工作。一九八四年二月底，偉勳應邀訪問香港中文大學哲學系，三月中旬順道來臺，即與政通拜訪劉先生，在三民書局二樓辦公室商談有關叢書出版的初步計畫。我們十分贊同劉先生的構想，認為此套叢書（預計百冊以上）如能順利完成，當是學術文化出版事業的一大創舉與突破，也就當場答應劉先生的誠懇邀請，共同擔任叢書主編。兩人私下也為叢書的計畫討論多次，擬定了「撰稿細則」，以求各書可循的統一規格，尤其在內容上特別要求各書必須包括（1）原哲學思想家的生平；（2）時代背景與社會環境；（3）思想傳承與改造；（4）思想特徵及其獨創性；（5）歷史地位；（6）對後世的影響（包括歷代對他的評價），以及（7）思想的現代意義。

　　作為叢書主編，我們都了解到，以目前極有限的財源、人力與時間，要去完成多達三、四百冊的大規模而齊全的叢書，根本是不可能的事。光就人力一點來說，少數教授學者由於個人的某些困難（如筆債太多之類），不克參加；因此我們曾對較有餘力的簽約作者，暗示過繼續邀請他們多撰一兩本書的可能性。遺憾的

是，此刻在政治上整個中國仍然處於「一分為二」的艱苦狀態，加上馬列教條的種種限制，我們不可能邀請大陸學者參與撰寫工作。不過到目前為止，我們已經獲得八十位以上海內外的學者精英全力支持，包括臺灣、香港、新加坡、澳洲、美國、西德與加拿大七個地區；難得的是，更包括了日本與大韓民國好多位名流學者加入叢書作者的陣容，增加不少叢書的國際光彩。韓國的國際退溪學會也在定期月刊《退溪學界消息》鄭重推薦叢書兩次，我們藉此機會表示謝意。

　　原則上，本叢書應該包括古今中外所有著名的哲學思想家，但是除了財源問題之外也有人才不足的實際困難。就西方哲學來說，一大半作者的專長與興趣都集中在現代哲學部門，反映著我們在近代哲學的專門人才不太充足。再就東方哲學而言，印度哲學部門很難找到適當的專家與作者；至於貫穿整個亞洲思想文化的佛教部門，在中、韓兩國的佛教思想家方面雖有十位左右的作者參加，日本佛教與印度佛教方面卻仍近乎空白。人才與作者最多的是在儒家思想家這個部門，包括中、韓、日三國的儒學發展在內，最能令人滿意。總之，我們尋找叢書作者所遭遇到的這些困難，對於我們有一學術研究的重要啟示（或不如說是警號）：我們在印度思想、日本佛教以及西方哲學方面至今仍無高度的研究成果，我們必須早日設法彌補這些方面的人才缺失，以便提高我們的學術水平。相比之下，鄰邦日本一百多年來已造就了東西方哲學幾乎每一部門的專家學者，足資借鏡，有待我們迎頭趕上。

　　以儒、道、佛三家為主的中國哲學，可以說是傳統中國思想與文化的本有根基，有待我們經過一番批判的繼承與創造的發展，重新提高它在世界哲學應有的地位。為了解決此一時代課

題，我們實有必要重新比較中國哲學與（包括西方與日、韓、印等東方國家在內的）外國哲學的優劣長短，從中設法開闢一條合乎未來中國所需求的哲學理路。我們衷心盼望，本叢書將有助於讀者對此時代課題的深切關注與反思，且有助於中外哲學之間更進一步的交流與會通。

最後，我們應該強調，中國目前雖仍處於「一分為二」的政治局面，但是海峽兩岸的每一知識分子都應具有「文化中國」的共識共認，為了祖國傳統思想與文化的繼往開來承擔一分責任，這也是我們主編「世界哲學家叢書」的一大旨趣。

傅偉勳　韋政通

一九八六年五月四日

自 序

　　我願意在這本有關呂格爾的書的開頭，表達我對已故傅偉勳教授的虧欠之意，因為這本書的寫作，完全是由於他的熱誠邀約。我也願意在此將這本書獻給他。

　　猶憶十餘年前，傅偉勳與韋政通兩位先生剛開始規劃「世界哲學家叢書」，就向我邀約撰寫《呂格爾》一書。當時，我曾回答傅先生，呂格爾仍甚為活躍，其思想尚無法蓋棺論定，是否可以延後簽約？傅先生表示，叢書規劃初期，宜及早簽約，以表示支持之意。為了感謝他的盛情，也為了表示支持，於是，我只好勉強提前簽約。

　　然而，我一直遲遲不肯執筆，除了說是因為個人生性懶散，且一直忙於教學與研究，最主要的原因是心裡一直想讀完呂格爾著作的全貌，才敢下筆。如此一拖再拖，終未成書。其間，每每看到「世界哲學家叢書」一本本出版，書後的叢書廣告頁都刊著《呂格爾》一書「撰稿中」，常讓我內心一驚。如今，倏忽一過十餘載，呂格爾也垂垂老矣，其最後的經典作，如《時間與敘事》、《自我宛如他者》等巨著都已出版。而且，在「在世哲學家叢書」(Library of living Philosophers)也為他出版了專冊，呂格爾並一一答覆每篇論文作者。在未來日子中，呂格爾或將仍有新作問

世，但其主要著作應已可做完整討論。而我，也利用繁忙的授課與學術活動餘暇，完成了這本關於他的哲學的書稿。回想起十餘年前答應傅偉勳教授寫書，如今傅教授已歸道山，我才交稿，使傅教授無法看到我對其承諾的兌現，內心總覺得愧疚難安。

回想起來，傅偉勳教授是在一九九六年十月中旬，在美國加州聖地牙哥過世的。那時本人正在維也納講學，透過家人的電話，知道了這個噩耗。當時我在維也納客座期間，閒來無事，讀了一些唐詩宋詞，安慰自己的異地思鄉之情，曾讀到張先〈一叢花〉詞中兩句，覺得用在傅偉勳教授身上非常適合：「傷高懷遠幾時窮？無物似情濃。」我總覺得，傅偉勳教授的生命，是由情感推動的一個生命型態。「無物似情濃」用在他身上，最是適合不過。傅偉勳教授對生命的熱情，對人的慷慨，都是出自他生命濃情的火花。我認為，他的思想是由如此濃情所推動。在我看來，近代西洋哲學是從笛卡爾的「我思故我在」開始，到了當代的海德格以後，調整為「我在故我思」，而後者也正是呂格爾的詮釋學所特別強調與闡揚的。呂格爾對於現象學的重要貢獻之一，就是將知覺與認知取向的現象學，轉往意志與情感現象學的研究。至於傅偉勳先生，他不把情感視為一種學問的研究對象，而是視為自身的生命情懷。也因此，我曾在一次紀念傅偉勳教授的談話中，將談話標題定為「我在故我思，無物似情濃」，相信這是傅偉勳思想與人格的最佳寫照。

我還願意在此指出，傅偉勳教授在哲學界是一位非常獨特的人物，與他見面，常會感受到他從深層生命所發散出來的光與熱，他將自己的生命投入了與人的對話與自己的哲學中。我與他的交往經驗，常受到他的精神感染。就人格來講，傅偉勳教授是

一個非常熱誠的人，他對於每一位他所遇見的學者，都充滿著一種自發性的慷慨，無論是臺灣、大陸或美國，無論是對他的朋友、學生，甚至他雖不熟悉但認定具有文化與哲學熱誠的人，他都會慷慨推介，得以使外界注意到他們的才華，因而使他們的貢獻受到重視。此種慷慨與熱誠，可謂傅偉勳教授為人的特色。

傅偉勳教授每一思考問題之時，就非常投入而專注，其對生命的熱忱和慷慨，我是有深刻的感受，內心深為敬佩。我認為他生命中存在著這樣的動力：對於生命的熱情，對於他人的慷慨，與對於思想的熱衷。

當然，這種慷慨與熱誠也存在在本書的主人翁呂格爾先生身上。根據我與呂格爾先生多次交往的經驗，除了欽佩他學識的淵博與思慮的縝密之外，常可以感受到他知識的慷慨與生命的熱誠。希望本書能使讀者們，對於呂格爾的生平與思想，有一較為深入的了解與評價。當然，本書由於篇幅所限，只能選擇重點加以論述，不能展現全貌，但求能捉住要旨，突顯典型，評定優劣。

我想，值此世界思潮正由近現代對於「主體性」與「自主性」的強調，朝向後現代對「他者」的開放及無私的「慷慨」而轉移之際，傅偉勳和呂格爾分別在當代中國哲學與西洋哲學中，給了我們立下了最好的典型。且讓我把這本書獻給傅偉勳先生的在天之靈。

沈清松序於指南山麓

2000年8月8日

呂格爾

目　次

第二章　痛苦、惡與非意志——呂格爾的意志哲學

第三章　從海德格《存有與時間》到呂格爾《時間與敘事》

第一章　呂格爾的生平與思想

一、生活、意向與文本

本章旨在討論呂格爾(P. Ricoeur, 1913-)的生平與思想的發展，好使得讀者對於呂格爾這個人有一些認識。雖然在詮釋學上來講，閱讀某一文本是否應熟悉該文本的作者，仍是一個待決的問題，但這仍不妨礙我們去認識某一個人一生故事的幾個重要情節與轉折。傳統中國哲學強調文本與其作者的關係，誠如孟子所言：「頌其詩，讀其書，不知其人可乎？」❶可見孟子重視對於所閱讀文本的作者的認識。一般而言，中國哲學關心文本所產自的主體，尤其是該主體的人格陶成與人格境界。然而，詮釋學則並不盡然。因為就文本詮釋而言，我們可以讀得懂一篇文章的意義，但仍可能對該文本的作者的一生毫無所知。可見，閱讀並理解某一文本的義理，並不一定要將義理還原為該文本作者的自傳，或還原為他主觀的心理意向。

可是，就另一方面言，一個文本的源起仍與文本作者有密切的關係。文本的結構所呈現的意義雖不必訴諸作者主體及其人格

---

❶　見《孟子・萬章下》。

發展，但是作者在某一文本裡究竟想說什麼，這仍然是所有的研究者都想要追問的問題。雖然每當我們欣賞一幅畫或閱讀一本書時，並不需要瞭解該畫或該書作者的生平，而仍可以讀得懂畫中或書中的某些意義，然而，作者的作畫或寫書的意向，一定與他個人的自傳歷程有關。就掌握一個文本完整的意義而言，作者主體本身的意向也不能完全予以忽略。

以上這一問題本身早已潛藏在胡塞爾(E. Husserl)的現象學與海德格(M. Heidegger)的詮釋學間的緊張關係之中。胡塞爾認為，意義的形成與主體的意向性(intentionality)有密切的關係。瞭解文本自需先理解作者的意向。話雖如此，對於胡塞爾而言，純粹意義的形成仍需返回「先驗自我」(transcendental ego)的層面，這先驗自我自有其「非世界性」(worldlessness)，也就是說，不一定會與其經驗自我的發展有關。就其重視意向而言，當我們問，到底某一文本所言何物時，其實也沒辦法完全擺脫作者想要說什麼。

另一方面，海德格則認為，當我理解或懂得某一文本之時，並不是因為我懂得作者有什麼意向，而是因為我懂得這一文本為我所展開的存在的可能性。換言之，當我從文本上解讀到其中所揭露的存在的可能性時，我就已經理解，就已經懂了，不必再訴諸主體的意向。

如此一來，兩者之間就有了緊張的關係。一個文本的形成，當然是由某一作者來寫就的。像呂格爾的著作與思想，當然是由呂格爾這個人所創作的。不過，文本一旦形成，讀者不見得會認識呂格爾，甚至會對他這個人一無所知，但是有經驗的讀者拿起他的出版品來讀，仍然可以讀得懂他的文章。就此而言，海德格是有道理的，所謂「懂」就是掌握文本所揭露的存在的可能性。

不過，在成為作品的過程當中，不可忽視的，作者的意向也佔了主導的地位，作者在提供思路，選擇適當的字眼表達時，他的思維張舉一些意義的網絡，其中當然會有主體的意向在內。更且，作為一位主體而言，作者自己本身的創作力與意義導向是在時間中發展出來的。誠如呂格爾晚年大著《時間與敘事》(*Temps et récit*)一書所言，每一個人都有其一生的故事，都可以講述他個人一生的曲曲折折，這都是在時間中透過行動不斷展開的；即使是創作的行動本身，也是在整體生命的故事中出現的。

所以，我們必須在胡塞爾與海德格兩者的衝突之上，提出由生命到意向、再由意向到作品的三重進程。一方面，固然文本有其語意的自主性，不過文本的源起仍與作者的意向有關。也因此我們不能像海德格那樣排除主體意向。但是，我們也不能像胡塞爾那樣，主張有一個不食人間煙火的、非世界性的意向性(worldless intentionality)，因為所有的意向性都是紮根在生活世界裡，從主體在生活世界的互動中興起的。也因此，生命、意向、作品這三個層面，彼此雖然相關，卻仍然是有別的。我們不能孤立任一層面，說是理解就只是懂得存在的可能性，因而對主體的意向完全不在乎。反過來說，也不能只談作者的意向，而絲毫不管意向所起自的生活世界。

可見，文章之所謂「言之有物」，其中所言之「物」並不只是讀者存在的可能性，其中一定也還有作者所想說的意思，這當然與其意向有關。然而，言說的意向很自然地也與其所出自的生活世界有關，因為作者的思想與生命是在其中進行與發展的。所以，從生命到意向、再從意向到作品，這三個層面雖然相關，可也仍然有別。

　　一個人的主體性與其形成的歷史有密切關係。這在弗洛依德
(S. Freud)心理分析而言，是限定在個人的「幼年性欲」(infantile
sexuality)及其遭遇來立論，就此而言則是不正確的。更好我們可以
說，心理分析的真理，就在於指出一個人的主體性與其過去早年
的歷史有關。不過，此一過去並不僅限於嬰兒時期，更不僅限於
兒時性欲的遭遇。一個人的主體性的形成的確與其從陶成到成熟
的階段有密切的關係。為此，我們在以下的篇章中，有關呂格爾
的生平方面，會將重點放在他早期的遭遇，那時呂格爾有更豐富
的實存體驗。至於到了後來，當他成為國際知名的學者與哲學家
之後，生活就較為固定，主要就是教學、寫作、演講、開會，雖
然其中富有深刻之意義，但做為實存的故事而言，其情節較少曲
折，也就較少可敘述的。相反的，此時呂格爾的思想與著作可謂
更為豐富、曲折而複雜。也因此，本章在生平部分較為著重呂格
爾的前半生。至於在有關他的思想與著作部分，則僅述其與生平
發展相關的重點，以顯示前文所謂從生命到意向、再從意向到作
品的進程。不過，在以下各章中，我們將用更多的篇幅交代他後
半生的思想。

　　關於呂格爾的生平與著作，可參考資料不多。這是因為呂格
爾本人原是喜談學問與思想，不喜談個人遭遇的人，他自己所寫
的《所為之反省》(*Réflextions faites*)一書的副標題為「思想自
傳」，其後英譯為"*Intellectual Autobiography*"，收入路易韓(L.
Hahn)所主編的「活哲學家圖書館」(Library of Living Philosophers)
中的《呂格爾的哲學》(*Philosophy of Paul Ricoeur*)之中，其中寫的
多是自己的思想發展，自傳部分則甚少。但在他與阿祖維(F. Azou-
vi)與德勞耐(M. de Launay)的對談，其後經過呂格爾修潤之後，以

《批判與信念》(*La Critique et la conviction*)為名出版，其中倒是有較多自傳性的敘述。

　　不過，資料的缺乏也可由個人的熟悉所補足。由於呂格爾經常來比利時，常來筆者所就讀的魯汶大學任教或演講，也到比京布魯賽爾演講，筆者有幸追隨，得以親炙，並向他請教。此外，筆者在魯汶大學的老師，如德華倫思(A. de Waehlens)、達彌紐(J. Taminiaux)、芙洛瑞娃(Gh. Florival)、賴醉葉(J. Ladrière)，都是呂格爾的同事與朋友。其中筆者論文指導老師賴醉葉先生長年擔任魯汶大學哲學院院長，當呂格爾在1968年法國學生運動受挫失望之餘，大力邀請呂格爾來魯汶大學講學，使其暫時有一避風港，也因此兩人成了莫逆之交。呂格爾多次在文章中與演講中提及自己受賴醉葉思想影響之處。賴醉葉也是呂格爾最欽佩的哲學家之一，呂格爾曾親口向筆者說：「Jean Ladrière先生是今日歐洲最好的哲學家。」並將其名著《活喻》(*La Métaphore vive*)一書的最後一章，也是最富哲學性的一章，獻給賴醉葉先生。

　　此外，筆者在魯汶大學就讀時，第一年住在慕蘭先生夫人(Lucien et Hélène Morren)的家，兩人都是呂格爾先生的好友。慕蘭先生曾經擔任國際電氣學會主席，雖是科學家，卻甚為關心哲學與人文思想，曾組織「綜合」學社(Groupe de Synthèse)，成員學者都是一時之選，並按月邀請名家來主講與討論，筆者在返回魯汶講學時亦多次應邀參加。「綜合」學社曾邀請呂格爾到慕蘭先生在魯汶的家中討論倫理問題。

　　基於上述種種關係與際遇，無論是藉著親身的接觸或聽聞於呂格爾的朋友，筆者對於呂格爾這個人也可以說略有所知。因此，在以下設法重構他一生的一些重要環節。

二、一個「國家孤兒」的命運

呂格爾，原名叫若望保祿・古斯塔夫・呂格爾(Jean-Paul Gus-tav Ricoeur)，於1913年2月27日出生在法國的瓦朗市(Valence)。他的一生其實相當坎坷，也因此他的思想與他一生的經驗無法避免地會發生密切的關係。呂格爾從小就是一個孤兒，他的母親在生下呂格爾之後不久，便於當年9月去世。呂格爾在七個月大時就失去了母親，隨同比他大兩歲的姐姐，一起被父親撫養。他的父親原是在瓦朗市的高中擔任英文教師。

不幸的是，不久之後，第一次世界大戰於1914年爆發，隔年父親被徵召入伍，在馬恩戰役中陣亡。軍方開始時只是宣佈他失蹤，後來才找到他的遺物。不過，一直要到1932年，一位農夫在耕田時挖到他的遺體，從身上所掛的名牌才辨識出是誰。對於呂格爾而言，早年對於第一次世界大戰的勝利之情完全無任何記憶，因為當時的日子都是在哀悼父親的悲傷氣氛中度過的。

呂格爾一生一直保存著父親的一張照片，是1915年父親入伍前所攝，照片上抱著呂格爾和他的姐姐。這張照片就是呂格爾對父親的全部印象。他曾表示，自己後來年紀漸老，竟必須習慣於父親比自己還年輕的感覺。一直到老年，他都感到難以對待這比自己年輕、而且永遠年輕的父親的形象。至於母親，他完全沒有任何印象。呂格爾一直要到自己娶妻，有了小孩以後，從自己小孩對他們母親的感受中，才能體會出「媽媽」一語的意思。但他自己表示，「媽媽」都是他自己的小孩們叫的，自己從來沒有機會叫過。

呂格爾之所以十分重視交談，而且他甚早就開始討論感情的哲學問題，甚至可以說，他的哲學一開始就從梅洛龐蒂(M. Merleau-Ponty)所論的知覺問題轉向感情與意志的問題，這其實與他早期生命的體驗有密切的關係。事實上，這是一個從小父母雙亡，自幼就失去父母之愛的一個生活經驗。換言之，是一個孤兒的經驗。對他而言，所有的愛都是透過中介、代理的方式得到的。其日後的「中介」(médiation)概念，或也可以從這裡瞭解一二。

呂格爾和姐姐在父母雙亡之後，由祖父母扶養，居住在恆恩市(Rennes)，當時祖父還在恆恩市擔任公務員。恆恩市有一座很有名的哥德式大教堂，還有恆恩大學(Université de Rennes)。呂格爾的祖父母家就住在大學附近。後來長大之後，呂格爾也就讀恆恩大學。祖父母的家庭宗教氣氛濃，是一個很虔誠的基督教家庭。一起住的還有一位未嫁的姑姑，一直照顧著呂格爾姐弟。呂格爾從小就與姐姐相依為命，大他兩歲的姐姐一直疼愛他。不幸，姐姐在二十一歲那年死於肺病，呂格爾甚感傷心，一生總覺得蒼天獨厚於己，姐姐則所受遠少於其所應得。也因此，呂格爾一生都對姐姐感到虧欠，並承認「無法償還的債」是他的一生與作品不斷出現的主題。

呂格爾從小是一個虔誠的基督教徒。他的生活都是平平靜靜的，每日遵循著規律的生活：閱讀、祈禱、上教堂、上學……等等。喜好閱讀是他自小養成的習慣。他所最常閱讀的典型文本就是《聖經》，這使他養成了讀《聖經》的習慣。此外，也還閱讀其他的書，使他的兒時在沒有父母之愛的情況下，由宗教信仰、閱讀的經驗和參與儀式的生活，充滿了他幼年的心靈生活。這些都是在後來促使他重視象徵與文本的重要因素。到了1928年的時

候，祖母死了；1933年，祖父也死了。

　　由於父親是在戰役中捐軀的，呂格爾和姐姐成了「國家孤兒」(Pupille de la Nation)。按照法國對於戰亡將士遺眷的撫卹制度，每一年都會給他們一筆錢付學費、買書等等。暑假時，一撥款下來，呂格爾就把一年的書都買齊了，暑假沒事做，就以讀書度日。對於那些教科書和學校用書，他在還沒開學之前就先讀完了，在開學之後所要學習的內容早已知道，所以上課變得很無聊，於是呂格爾表現得調皮搗蛋。家中生活嚴肅，學校反倒成了他娛樂之處。

　　另外，因為他的課本都早先唸好了，成績都比別人高，也有更多的時間去讀其他的書。從十二歲到十五歲，讀了凡恩(J. Verne)、斯考特(W. Scott)、狄更斯(Ch. Dickens)、哈伯雷(F. Rabelais)、蒙田(M. de Montaigne)、巴思卡(B. Pascal)等，後來高中最後一年，讀了思登達爾(Stendhal)、福樓拜(G. Flaubert)、托爾斯泰(L. Tolstoy)、尤其是杜思妥也夫斯基(F. Dostoyevsky)更令他著迷。

　　可見，閱讀的經驗，也就是閱讀文本、與文本接觸，對早年的呂格爾而言，至為重要。本書稍後的章節所要討論的呂格爾以文本為範式，以及他的敘事文理論，與他這一早歲經驗很有關係。從「存有」到「時間」，再從「時間」到「敘事」，皆是在文本裡展現。呂格爾以文本為範式，舉凡分析人的行動，都是以文本為範。但是，閱讀文本的經驗是否可以替代人的實踐或人與實在本身(Reality Itself)接觸的經驗，這是我們可加以質疑的。

　　我的意思並不是說，呂格爾本人缺乏實踐或沒有與實在本身接觸的經驗，正好相反，本章的主旨正是為了指出，呂格爾的一生早期有很多的經驗主宰了他較為實存的思想，但是在他中後期

的思想裡面，尤其在後期所產出的文本中，實踐或與實存體驗會越來越少出現。相反地，他對文本的寄望則不斷升高，其思想也越集中在對文本的分析上。我們可以說，閱讀是人類文明裡非常重要的經驗之一，然而並非全體的人類經驗，而且，從存有到時間，再從時間到敘事，其實也只是轉到人類文明的某一種語言型態而已。不過，我們可以說，呂格爾早期成長的經驗，尤其是一個孤兒的經驗，以及中介的或代理的愛的經驗，與他的思想形成有很密切的關係。

三、早期思想資源

呂格爾早期的閱讀經驗比較懷有宗教情愫，藉著讀《聖經》、參加教堂儀式，度虔誠的基督徒生活，使他在其中尋回失去的父母之愛。所以，他很維護這個信仰，信仰一直在他的早年生活裡扮演很重要的角色。一般而言，基督教的信仰在哲學與信仰之間有較大的緊張關係，而天主教則在理性與信仰之間協調得較好。呂格爾自承對天主教的世界感到陌生。也因此種種原因，他在青少年時期會害怕哲學。按照法國的教育制度，高中最後一年是要唸哲學的，而且畢業會考也要考哲學，進入大學之後也還要唸哲學。呂格爾雖然在高中時就開始唸哲學，但此時內心裡仍然比較害怕哲學，這是因為他怕哲學會影響到自己的信仰。在他心裡，一直有著信仰與哲學之間的張力，甚至兩者之間有不可化解的二元性與衝突。在青少年時代，呂格爾在信仰上受到巴特(K. Barth)的影響，反對哲學，主張返回《聖經》；在哲學上，則因為閱讀了柏格森(H. Bergson)《道德與宗教的二泉源》(*Deux sources de la morale et religion*)，而較為接近後者的宗教哲學。

　　所幸，在恆恩中學高三的哲學班上，他遇上了一位哲學老師，名為達爾比也(R. Dalbiez)，原是一位海軍軍官，由於受到馬利丹(J. Maritain)思想的影響而發現哲學，並改行教哲學。他屬於新多瑪斯派(Neo-Thomism)，專長於士林哲學，主張實在論，講授理性心理學。他以士林哲學在概念上和論證上步步為營的嚴謹討論，尤其是問題辯論(disputatio questionis)的為學形式，影響了呂格爾對論證的重視。

　　此外，達爾比也曾寫了一本書，名為《心理分析方法與弗洛依德學說》❷，專論弗洛依德的思想與方法，可謂法國哲學家中出書討論弗洛依德與心理分析的先驅。達爾比也贊同弗洛依德的自然主義的實在論，連同亞里斯多德與聖‧多瑪斯的實在論，使得呂格爾早年便奠定了哲學基礎，不會輕易相信意識的直接明顯性、充分性與必然性，這對於後來大學時期所讀的笛卡爾(R. Descartes)的「我思」，甚或康德(I. Kant)的哲學，多了一層謹慎。

　　達爾比也的心理分析研究影響呂格爾後來在他第一部原創的哲學著作《意志與非意志》(*Le Volontaire et l'involontaire*)一書中討論如個性、無意識、生命等「非意志」層面，後來更撰寫《論詮釋：弗洛依德專論》(*De l'interprétation: Essais sur Freud*)一書，呂格爾對弗洛依德思想，和對無意識的議題的重視，可謂其來有自。將無意識層面，甚或心理分析整合到「反思的哲學」(philosophie de la réflexion)傳統之中，是呂格爾一生的志業之一，而這原是受到他的哲學啟蒙老師的影響。

---

❷　R. Dalbiez, *La Méthode psychanalytique et la doctrine freudienne* (Paris: Desclée de Brouwer, 1936).

　　不過，對於呂格爾本人來說，他一生受到達爾比也的最大影響，是後者對他說過的一句話：「當你遇到任何問題，讓你感到焦慮或害怕，你必須去面對它，而不是逃避，這才是解決問題之道。」換言之，達爾比也看清楚呂格爾的心病，是由於害怕失去信仰的確定性，因而遲疑不敢從事哲學，於是便告訴他：你若害怕哲學，就得好好的唸哲學。這話深深影響了呂格爾的一生，使得他雖在早年曾害怕哲學，後來卻把哲學當作一生的志業。

　　雖然如此，呂格爾大學時代的哲學唸得不是怎麼精采。就整個當時學術界來講，中心是在巴黎。當時法國有一句話：「巴黎以外的地區是沙漠」，巴黎是所有學術、文化、思想的中心。這或許與法國空間組織與交通結構有關，因為法國所有的鐵路都以萬流歸宗的方式匯集到巴黎，這樣的一個空間結構會使所有的財富、資源與人才都集中到巴黎。比較起來，德國的鐵路比較是分散型、方格子網狀型的，較容易產生多元中心，不會像法國這樣的一元中心。呂格爾原先希望進巴黎高等師範學院(Ecole Normale Supérieur)，但是沒考上，主要的原因是因為哲學沒有考好。法國制度以二十分為滿分，呂格爾的哲學只得了七分。至於希臘文、拉丁文，他都考得很好。哲學沒考好的原因是因為他在恆恩的老師並沒有為學生預備這類考試，而且學風較屬於士林哲學傳統，講的是亞里斯多德、聖・多瑪斯那一套。可是巴黎高等師範學院考的，是笛卡爾式的問題，如「論靈魂比身體容易認識」。呂格爾當時並不知道這句話是出自笛卡爾，反而在答題時大作文章，論證人對身體認識得更好。於是，這就答錯了。

　　不過，由於領「國家孤兒」的津貼，按規定必須儘快完成學業，所以呂格爾就沒法繼續準備重考。同時，為了早日通過教師

資格考(aggrégation)，獲取教中學的正式資格，於是，他在1934年獲得恆恩大學文學碩士(maîtrise)之後，便於當年10月赴聖布里厄(Saint-Brieuc)中學任教。同時，他也獲得國家孤兒的獎學金，到巴黎第四大學索爾朋(Sorbonne)的笛卡爾講堂上課，準備教師資格考試。經過一年準備，最後終於考過，而且還考了第二名。在這一年中，他彌補了原先在恆恩時達爾比也所未教導的哲學系統，除了羅賓(L. Robin)所教的斯多亞哲學(Stoic Philosophy)之外，還學習並研讀了笛卡爾(R. Descartes)、史賓諾莎(B. de Spinoza)、萊布尼茲(G. W. Leibniz)……等，並閱讀了馬賽爾(G. Marcel)所有的著作。

這期間，經由朋友夏思坦(M. Chastaigne)的介紹，呂格爾認識了馬賽爾，並且每個星期五都到馬賽爾的家中，參加哲學討論。馬賽爾的蘇格拉底式教學法對他很有啟發。在每個星期五的討論會中，馬賽爾只定下一個規則：「不要引述任何作者，只可引用實例，並加上自己的反省與思考」。討論的問題包括日常生活中的困惑，例如承諾、不正義之感，但也討論像「先天」(a priori)、「真理」、「實在」……等哲學概念。呂格爾在此學得了馬賽爾的「二度反省」的方法，也就是對於親身的經驗，超出一般化約性、對象化的「一度反省」，而進入其中被忽視的原初的、正面的動力，進行所謂的「二度反省」。也正是在馬賽爾那裡，他首度學習到了雅斯培(K. Jaspers)的哲學。馬賽爾在1932–1933年出版的《哲學研究》中討論到雅斯培的「界限經驗」。藉此機緣，呂格爾就在同一年內，開始喜歡閱讀雅斯培的著作，甚至在後來五年的俘虜生涯中，雅斯培成為他沉默的對話者。

同樣經由夏思坦的介紹，呂格爾也開始閱讀英文翻譯本的胡塞爾的《純粹現象學觀念》(*Ideas: General Introduction to Pure Phe-*

nomenology) ❸。胡塞爾的「意向性」概念使他得以區辨「意識」
與「自我意識」，而不再如笛卡爾以來的法國哲學傳統，將兩者等
同，因為在胡塞爾而言，意識都是意識到某物，換言之，意識都
是先自我走出，走向外物，才能進而自我返回。此外，「意向性」
概念也揭示了人與對象的多元關係：知覺、想像、意志、情感、
評價……等等。這一時期的呂格爾對胡塞爾的認知雖然有限，但
已深深被其描述的現象學所吸引。

　　1935年，呂格爾由於通過了教師資格考，在工作上有了保
障，於是他就跟他的小時玩伴西儂妮(Simone)結婚。婚後他們遷到
接近德國邊境，阿爾薩斯的科爾瑪(Colmar)，一邊教哲學，一邊度
過了第一年的新婚生活。之所以選這裡來教書，是因為他想進一
步研究德國哲學，也想藉機學學德文，由於前此沒有學過德文，
他在這一年中跟隨校內的一位同事學習德文。

　　接下來的一年，呂格爾被徵召在步兵營服兵役，由於年紀比
一般士兵大得多，且當時負責訓練的軍官或許覺得呂格爾生活散
漫，對他十分嚴苛，造成呂格爾內心反對軍隊的心理。基於這種
反叛心理，呂格爾每天都讀馬克思(K. Marx)和德曼(H. de Man)的著
作。1937年退伍，返回布列顛(Bretagne)，到羅連特(Lorient)中學教
書，直到1939年。

　　這段時間，呂格爾一面在中學教書，一面開始寫一些評論文
章。他在這時期寫的文章題材頗為廣泛，其型式頗為類似後來出
版的《歷史與真理》(*Histoire et vérité*)裡面收集的文章。由於在三
〇年代，他相當熱心參與基督教的社會主義青年運動，此時頗受

---

❸　E. Husserl, *Ideas: General Introduction to Pure Phenomenology*, translated by
　　W. R. Boyce Gibson (London: George Allen & Unwind Ltd., 1931).

到菲利普(A. Philip)的影響。

安德烈・菲利普是一位受到巴特(K. Barth)思想影響的基督教徒，同時也是一個社會主義者，其主張略近一種人文的社會主義思想，雖然此時的馬克思的《巴黎手稿》尚未有法文譯本。不過，菲利普雖然結合了基督教信仰與社會主義，但並不會像許多基督社會黨員那樣主張基督教中早就有社會主義思想，他反而認為此一主張是錯誤的。呂格爾接受了安德烈・菲利普的影響，認為福音中雖然含有體恤窮人與社會正義方面的思想，但主要還是屬於宗教上與道德上的主張，而社會主義中則有強烈的經濟思想，兩者雖然可以相互結合，但不可予以混同。

在這時期，呂格爾閱讀馬克思、德曼，並寫了很多針對時事的評論，像評論裁軍問題、批評軍火生意、主張裁軍、主張反戰思想，寫關於：「法國應往何處去?」這類題目的文章，關心許多時事問題。基本上，他所採取的信念是基督徒社會主義與和平主義，因此主張反戰，並批評國家的戰爭機器。

1939年，呂格爾為了研讀現象學，遠赴慕尼黑大學的德語暑期班學習德文。不久，希特勒(R. Hitler)的德軍佔領波蘭，於是英國與法國向德國宣戰。呂格爾本來想把德文學好，可是局勢愈趨緊張，當他到達法國駐德大使館，大使館的人對他說：「現在開始打仗了，你還在這裡呀!」急著催他趕快回國。呂格爾正打算回國，可是忙中又發生了一件小插曲，怎麼找都找不到自己的護照，後來才發現護照就在換錢時遺忘在銀行了。像護照這麼重要的東西都會掉在銀行，可見呂格爾在生活上也有糊塗的時候。他在急忙中趕回銀行，發現護照已經被夾在窗臺上。因為銀行是由德國人管轄，他怕因此暴露行蹤，連護照都不敢拿，就連夜乘火

車趕回法國。

四、集中營的實存體驗與初期研究

　　剛返回法國不久，呂格爾就被徵召去當兵，對抗德軍入侵。起初，法軍的作戰精神並不積極，因為當時的法國普遍瀰漫著和平主義，多的是像呂格爾這樣的人，心裡一直都是反戰的。但是，隨後德軍很快入侵法國，這時法軍逼不得已就起來抵抗。這就是法國人，一方面主張和平主義，另方面一旦戰爭爆發，國土被敵軍入侵，就會有強烈的愛國主義激發出來。呂格爾如此，沙特(J. P. Sartre)亦然。在沙特對於自由的討論中可以看到，一個人到底要去當兵，參加地下抵抗軍，或是要留在家中照顧老母？這類例子被沙特拿來當作討論自由的重要例子。可見這類愛國經驗，對於像呂格爾和沙特這一代的知識分子來講，都是很深刻的。

　　戰場上，法軍敵不過德軍，節節敗退。在抵抗德軍入侵期間，呂格爾還曾經因為勇敢炸毀敵軍戰車和橋樑，獲頒一座英勇勳章。可見，呂格爾雖然反戰，但在愛國主義湧現時，仍然勇敢上陣。反戰的人並不一定會變成壞的軍人，呂格爾就是一個活生生的例子。他雖反戰，同時也是一個英勇的軍人。不過，對於曾受頒勳章一事，他一輩子也沒再提及過，大概是基於和平主義者的信念，認為戰爭中獲取的榮耀不值得一提。此外，呂格爾雖能勇敢破壞敵人所用之物，但若叫他去勇敢殺死敵人，則非他所能接受。

　　不幸的是，隨後不久，呂格爾在馬恩附近慘烈戰役中，幾乎追隨乃父之後為國捐軀。呂格爾及夥伴們在戰壕中頑強抵抗，最

後終究被德軍俘虜。這種情形使得他幾乎跟父親遭到同樣命運。也因此，呂格爾雖然愛好生命，但從來不認為生命是理所當然的，因為生命隨時隨地都充滿著威脅。對他而言，生命沒辦法完全積極樂觀，完全只講生命的主動性。相反的，生命有其情受的一面(affection)，有其受動性(passion)。

應該說，呂格爾之所以沒有像父親一樣陣亡，是由於他對生命的熱愛，以及其和平主義的思想，使他在最後一刻選擇了投降。呂格爾自己後來在回憶中表示：「當時或戰死，或投降，我選擇了後者。我還記得，在德軍轟炸機炸了三天三夜之後，我們沒有大砲、沒有飛機，我們被粉碎了。零晨三點，德軍用揚聲器以法文喊話：『我們將在六點攻擊，你們將全被屠殺。』於是我和隨營牧師決定叫醒二十幾、三十位擠在戰壕中的可憐士兵，帶著一些罪惡感，投降了。」❹

呂格爾等一群人在投降之後，被擄往波美拉尼亞(Pomerania)的集中營，一關就是五年。我們在呂格爾的個人自述中很少看到他提到這件事情。然而，這一不幸遭遇對於他的思想發展的確有很大的影響。起初，他與其他戰俘被送往德軍的集中營，生活條件極端惡劣，在一間小小的囚房裡擠滿了四十八個人，沒有廁所，洗澡是在營外遙遠的地方，一天只吃一頓，食物是採取配給制。失去家人的聯繫，呂格爾的太太西儂妮對他的生死不知，一直到經由紅十字會的協助，通知家人他被俘了，才略有所知。

後來，情況逐漸轉好，由於有一部分人耐不住折磨因而死去，有一部分人幸被遣返，有一部分人則被另外處理，集中營只

---

❹ P. Ricoeur, *La Critique et la conviction*, Entretiens avec F. Azouvi et M. de Launay (Paris: Calmann-Lévy, 1995), p. 31.

好重新組織戰俘，曾擔任同樣職務的人被集中在一起，於是原先教書的人就被聚在一起。呂格爾因此得以與杜芙蘭(M. Dufrenne)住在一起❺。他們彼此交談，討論哲學問題，而且幸得紅十字會的協助，提供他們哲學書籍。由此可見，呂格爾凡是遇到生命危急，失去依憑之時，無論是父母雙亡，或是身陷俘虜營，都是依靠閱讀來維持生命於不墜。

在集中營裡，每個月可以向紅十字會借閱圖書，每一個人按量分配，你要這本，我要那本，大家再彼此交換，這樣一來就有不少書可以讀了。有一些德軍因為害怕被送到蘇俄前線，不希望惹事，認為營裡最好安安靜靜，不要出紕漏，最好的辦法就是讓俘虜唸書，不要鬧事。所以，呂格爾得以利用這一時期，仔細讀了雅斯培(K. Jaspers)的著作。其中討論所謂「界線狀況」(Grenzsituation)的概念，指的是人生病、死亡、犯罪、戰爭……等等這些實存經驗，人在其中都會感到自己面臨了界線。呂格爾與杜芙蘭一起讀雅斯培，一起討論，獲得許多心得，以致兩人在戰爭結束之後，得以一起寫作並出版關於雅斯培的書，後來呂格爾又自己寫了一本有關雅斯培與馬賽爾思想的比較。

關於馬賽爾，呂格爾前此在中學教書時便經常參加他星期五下午的聚會，與其他學生、朋友一起討論問題。在戰事發生，呂格爾被俘虜之後，馬賽爾還經常給他寫信，馬賽爾的字跡非常潦

---

❺ 杜芙蘭著有《美感經驗的現象學》(*Phénoménologie de l'expérience esthétique*, Paris: PUF, 1953)、《基礎人格：一個社會學概念》(*La Personalité de base. Un concept sociologique*, Paris: PUF, 1953)、《美學與哲學》三冊(*Esthétique et philosophie*, Tomes I, II, III, Paris: Klincksieck, 1967, 1976, 1981)；他是法國當代哲學界一位重要人物，尤其以現象學的美學聞名。

草，簡直是無法解讀，呂格爾每次收信，都要細讀許久才能讀懂，所幸集中營裡正好需要打發時間，尤其是這樣一來檢查信件的人也讀不懂，一定要叫呂格爾來，兩個人一起讀，讀了許久才讀完一封信，檢查確定沒有問題，蓋章通過信件放行。呂格爾藉著這一關係，也與德軍結成了朋友。換言之，透過文本的閱讀而取得交談的機會，這在呂格爾的實存經驗中獲取了重要地位。

在被俘虜後的第三年，呂格爾取得了胡塞爾的《純粹現象學觀念第一冊》(*Ideen I*)，開始研讀並著手翻譯。但是，由於當時紙張缺乏，所以呂格爾就將翻譯與註解寫在書的眉批與空白處。不過，由於在集中營裡並沒有多少時間作翻譯，呂格爾在營裡總共只譯了78頁。話說回來，在集中營如此艱難的條件下，能夠精心譯註胡塞爾78頁，其實也已經頗為不易。在戰爭結束之後，呂格爾又繼續翻譯並加上註解與一篇導論，其結果就成為他國家博士論文中的小論文。❻

此外，在集中營艱苦的情況下，他們也開始在集中營進行大學程度的授課活動，後來法國政府也表示支持，並承認當時的學分。這一集中營的教育可以做得十分細膩，這對許多俘虜而言十分重要，藉著上課、唸書，使得許多人得以活下去。呂格爾在這時期講授的內容，後來就成為他的博士論文的主論文（或大論文），也就是《意志與非意志》(*Le Volontaire et l'involontaire*)一書

---

❻ 當時法國國家博士論文要求寫兩篇論文，一篇是原創性的主論文或大論文，一篇歷史性的小論文，後者可以是研究某一哲學家的著作。呂格爾這本關於胡塞爾《純粹現象學觀念第一冊》(*Ideen I*)的譯註就成為他的小論文，至於他的大論文則是《意志與非意志》(*Le Volontaire et l'involontaire*)，英譯本作 *Freedom and Nature*（《自由與自然》）。

的張本。

　　不過，到了戰爭末期，情況變得十分艱苦，雖然呂格爾他們沒有像猶太人那樣被送往煤氣室，但是生活條件日愈惡化，且須一再遷移，從一個集中營遷移到另一個集中營，而且還要長途跋涉，所以沒有多少時間讀書。

　　這樣，一直到1945年，聯軍中的加拿大軍隊解救了呂格爾等一群人，並將他們交給英軍，而後英軍再用卡車載他們到火車站，送他們回到法國，結束了五年集中營俘虜的生活。這時候，呂格爾才得以返回家鄉，第一次看到他五歲的女兒諾愛爾(Noëlle)。

　　這五年集中營生活的存在體驗非常深刻，使得呂格爾早期的作品充滿了實存體驗與信仰。戰後歸來，在他經歷過那麼多苦難之後，又回到學校教書。時任政府官員的安德烈・菲利普派遣他到桑朋(Chambon sur Lignon)的一所學校，這是基督教徒辦的學校，提倡和平主義。呂格爾也就在此認識了同樣主張和平主義的美國教友派信徒(Quakers)，也因此種下了後來呂格爾於1954年赴美國東岸講學的因緣。呂格爾是一個大閱讀者，他所喜歡的生活，就是一方面教書、一方面閱讀，並且寫評論，關心各類問題，文學、哲學、時事……等等都有之。

　　由於俘虜期間已經做了不少研究，呂格爾就在這個時期與杜芙蘭一起出版了《雅斯培與存在哲學》(*Karl Jaspers et la philoso-phie de l'existence*)一書，這本書最主要是集中於思考「界線狀況」，諸如死亡、痛苦、孤獨、失敗、戰爭、罪惡這些問題，並討論如何解讀超越。我想，雅斯培對於呂格爾的影響，還包括他後來對象徵的討論，因為雅斯培曾提出一個「解碼」(decipher)的概

念，意指在界限狀況中透過解讀密碼指向超越，如此便將界線狀況與超越建立起關係。一般而言，雅斯培的思想與其存在經驗有關。雅斯培從小患先天性心臟病，當別人在玩球時，他不能玩，只能隔著自家的籬笆，看著別人踢球。自幼年起，他就體驗到籬笆這一界線。雖然如此，他仍然認為可以透過解碼，找到超越。呂格爾這本《雅斯培與存在哲學》的主旨之一，就是從界線狀況到超越。這與後來呂格爾所提出的象徵概念有關，呂格爾對於「象徵」的定義，是以現前的、第一序、可見的符號，指向不在的、第二序、超越的實在。這一想法可謂與雅斯培的思想有關。

五、大學教授呂格爾

由於呂格爾的早期哲學生命一直受到馬賽爾的啟發，視為忘年之交，呂格爾結束集中營的戰俘生涯，回到法國之後，立刻趕到巴黎去探望的第一個人，便是馬賽爾。呂格爾出版的的第二部書，是《馬賽爾與雅斯培》(*Gabriel Marcel et Karl Jaspers*)。在此書中，他比較雅斯培的「弔詭」思想與馬賽爾所謂「存有的奧秘」，換言之，也就是比較「奧秘的哲學」和「弔詭的哲學」。不過，由於《雅斯培與存在哲學》與《馬賽爾與雅斯培》這兩本書，基本上都是屬於二手研究，因此都沒有別的語言的譯本，只有法文原本。這時期的呂格爾就像一個初期的思想工作者一樣，其研究成果都與自身的經驗和閱讀有關，還沒有原創性的思想。

不過，由於這些書的出版，使得他擁有了一些學術地位，就在1948年轉往史特拉斯堡大學(Université de Strasbourg)。史特拉斯堡大學位在德法邊境，呂格爾想藉此可以多接觸德文。他接的是

希波利(J. Hyppolite)的位子，後者是把黑格爾的《精神現象學》翻譯成法文，也是黑格爾思想在法國最有影響的研究者和代言人。

　　在史特拉斯堡大學這段時期，呂格爾開始構思自己的思想。在史特拉斯堡大學任教的八年時間，也是呂格爾認為自己一生最快樂的光陰，因為平靜的教書、思考與寫作的生活，本來就是他心目中的理想，尤其這八年也是他家庭生活最為和諧幸福的光陰。太太西儂妮、戰前生的兩個兒子若望保祿(Jean-Paul)和馬克(Marc)，在戰時生的大女兒諾愛爾(Noëlle)，和戰後在桑朋(Chambon sur Lignon)生的兒子奧利維(Olivier)，加上在史特拉斯堡又生了艾提安(Etienne)，一家七口和樂融融。史特拉斯堡是一個十分親切的城市，大學十分重視哲學，並邀請呂格爾和古思鐸夫(G. Gusdorf)組織一個推動討論風氣的社團。原先呂格爾曾經參加馬賽爾的「禮拜五下午」討論會，在史特拉斯堡大學，呂格爾和古思鐸夫也組了一個「禮拜天下午」的討論會，大夥兒聚在一起喝咖啡，討論哲學、政治、時事與宗教。呂格爾一直保持著對於時事的關心。

　　史特拉斯堡也是呂格爾得以用和平的方式重新接近並認識德國的地方。他這段時間常赴德國，曾去海德堡拜訪了雅斯培，十分崇仰雅斯培所具有的「哥德式貴族精神」❼。其後，雅斯培因為不滿阿德諾政府對納粹罪行的彌補不足，自我流亡到瑞士，自1948年起在巴賽爾大學任教。期間，呂格爾還帶著他與杜芙蘭一起寫的《雅斯培與存在哲學》一書去看他，雅斯培並且很友善地

---

❼　不過，後來呂格爾也得知，阿蓮忢曾努力促成雅斯培與海德格兩人重修
　　和好。雅斯培是一慷慨的人，他願意把兩人恩怨一筆勾消，但海德格則
　　不願意，理由是「在此言語不足以表達」。

為他們寫序。不過，呂格爾總覺得，雅斯培並不怎麼重視此書，因為該書太過系統化了。後來，一直忠實於雅斯培的赫爾曲(J. Hersch)和阿蓮忈(H. Arendt)，則反過來責怪呂格爾為了海德格而背叛了雅斯培。

在史特拉斯堡的日子裡，呂格爾透過教育與德國人重修和好。原先他在集中營裡，曾因著閱讀雅斯培、胡塞爾、哥德(J. W. von Goethe)、席勒(F. Schiller)，使他雖受德國軍人的折磨，內心裡卻另有一個美好的德國形象，於是，在讀書之時，集中營的衛兵消失了，代之而起的是書中的德國天地，一如兒時在父母雙亡後他逃到書中的天地一般。因此，當他在1948年起開始在史特拉斯堡大學任教時，有許多學生是來自當年的德國軍人，他們因戰爭而輟學。如今，附近地區在戰後劃歸法國，於是他們帶著害怕與罪惡感，來到史特拉斯堡大學上學，心裡還害怕著這裡會禁止講德文。於是，呂格爾就安慰他們，教他們想像自己有著胡塞爾、哥德、席勒等人相伴。就在教育中安慰這些原為德軍的學生與自己修和之際，呂格爾也將自己內心理想的德國與現實中的德國人修和了。

1950年，呂格爾出版了他的《意志的哲學》(*Philosophie de la volunté*)的第一冊《意志與非意志》(*Le Volontaire et l'involon-taire*)，這是他獲取國家博士的主要（大）論文，至於次要（小）論文則是他對胡塞爾的現象學觀念論的第一冊的譯註，也在同年出版。這兩份著作都是開始於集中營被囚的日子。前已提及，他對胡塞爾的現象學觀念論的第一冊的翻譯與註釋，至於《意志與非意志》則主要是他在集中營的講課內容，由於有一位聽課的囚友逐字逐句記錄，並在釋放之後慷慨將筆記本提供呂格爾使用。

可以說，該書主要的結構都已在筆記中呈現：主題與動機，意志的運動，習性、情感、必然性……等等。呂格爾很快地予以修潤，並完成了博士論文。

《意志與非意志》一書，在方法上大致是使用胡塞爾現象學方法，環繞著本質直觀與本質描述的方法，但卻將現象學的問題意識轉向情感與意志的問題，不再像先前胡塞爾、梅洛龐蒂等人比較著重認知、知覺、想像這些問題。呂格爾從此轉向意志和情感的問題，可以說在現象學研究的對象上造成了一個重要的轉折。該套書第一冊可以說是意志的本質學，是使用現象學的本質描述，去處理意志與非意志，並將兩者連結起來。《意志的哲學》第二冊是《有限性與有罪性》(*Finitude et culpabilité*)，目的則是在討論意志的經驗學，處理現實生活中惡的意志，並以經驗方式討論情欲問題，諸如佔有、權力、價值等等。至於《意志的哲學》的第三冊，本來是想要寫有關意志的詩學(poétique de la volonté) ❽，處理人的意志與超越界之間的關係，試圖通過對於創造的體驗的詩學，重返無邪之境。可惜這一部分一直沒有完成。呂格爾後來承認，自己當時的哲學思想剛剛起步，就對自己一生的哲學計畫定下方案，多少有點不智。不過，他也認為，《惡的象徵》、《活喻》、《時間與敘事》……等書，多少具有詩學的意味，因而能以局部的方式，也以各不相同的問題意識，彌補了未完成的「意志的詩學」。

整體說來，呂格爾《意志的哲學》這套書仍有雅斯培的影子在，不同的只是用現象學方式處理意志問題，但在型態上仍有點像雅斯培所著三冊的《哲學》(*Philosophie*)，其中，雅斯培以最後

---

❽　在此所謂「詩學」是採希臘文廣義的 "poiesis"，泛指創作、行動之意。

一冊用「解碼」(Decipher)的方式來討論超越的問題。這本來也是
呂格爾的理想目標，他本想在《意志的哲學》第三部裡處理超越
的問題，可惜一直未能完成。

　　整體說來，呂格爾《意志的哲學》這套書在他一生的思想與
寫作上擁有特殊的重要性，主要是因為此書與他的實存體驗最有
密切相關。呂格爾後來的哲學內容越來越抽象化，有偏離此一原
初體驗的趨勢。所幸，到了晚年，他回到有關自我與敘事的議題
上，又與人的體驗較為貼近。雖然在他對自我的討論中，為了面
對分析哲學的挑戰，仍有語言哲學的抽象性，不過原先對實存經
驗的重視已然再度出現；此外，關於敘事理論，雖是有關小說與
歷史的理論，但仍能經由敘事重構的轉折，表現他對人一生經歷
與實存經驗的關心。整體說來，當他早期時，在《意志的哲學》
一套書中，實存經驗是以比較直接的方式呈現，具有更為重要的
地位，不像晚期必須透過語言哲學與敘事理論的中介方式呈現。

　　在完成了《意志的哲學》之後，呂格爾的學術生命開始有了
重要的轉變，於1957年應聘轉往巴黎索爾朋(Sorbonne)大學。他之
所以接受此一轉變，一方面是因為對於呂格爾這一代的學者而
言，他們心目中學術生涯的理想，就是在巴黎大學任教。另一方
面，則是因為自從他的《意志的哲學》出版以來，他就受到巴黎
學界的肯定，於是就被邀請到巴黎索爾朋大學，擔任普通哲學講
座。

　　在巴黎大學的這段時間，呂格爾將哲學史上的重要哲學家一
一加以講述，例如亞里斯多德、史賓諾莎、尼采、康德、胡塞爾
……等等，並且參與法國人文主義者、位格主義者慕尼也(J.
Mounier)所主辦的《精神》(*Esprit*)刊物，呂格爾常在該刊中撰寫評

論，後來收集出版，成為《歷史與真理》(*Histoire et vérité*)一書，其中包含了當時所寫有關歷史的觀念。做哲學、教書、寫評論，將人在歷史中的行動變成語言，這便是他的工作與生活。不過，我們可以說，自從《意志的哲學》起，實際的歷史已經是他非常重要的關切點，而且這時他也明顯體會到，人的行動是在時間中展開成為歷史，而他的任務就是透過語言來講述之。他的工作就是講話與寫作，使人的行動成為語言。這段時期，呂格爾曾表示：「說話就是我的工作；語言就是我的王國」。可見，在這段時期，行動在時間當中展開以形成故事，這個敘事的問題意識已經存在。

　　不過，由於教書的工作使他必需對不同哲學家的文本加以討論，幾乎每一年都解讀一位作者，並在其中詮釋、整理、提煉出自己的思想。所以，對於呂格爾思想的創性，我們可以稱之為「負重的原創性」。他雖有原創性，但也承擔了許多歷史的重量，這是因為他對自己所閱讀的作者，一個也不放過。這樣子做哲學與寫作，與他的教書生涯很有關係，因為他對哲學史上每一個重要哲學家的文本，都仔細讀過。所以，有許多人讀他的著作，會覺得他並不直接討論問題，卻不斷討論哲學史上的文本、問題與概念。這也是因為他做哲學的方式與教哲學的經驗有密切的關係。且為了教書，多少需要系統性，所以不能像雅斯培或馬賽爾那樣，為了保持經驗的深邃，往往不在乎系統性。

　　此外，在這段時間中，他也開始思考法國大學教育的問題。在他心目中，一個理想的大學應該是教授之間、教授與學生之間互動密切的學術社群。然而，在現實上，索爾朋卻十分令他失望。就教授彼此之間的關係而論，當時索爾朋哲學系陣容很強，

有阿宏(R. Aron)、古維曲(G. Gurvitch)、揚克勒維曲(Vl. Jankele-vitch)、康桂衡(G. Canguilhem)、巴盧拉(G. Bachlard)……等大師。然而，呂格爾常感到，只知道對方寫了什麼，但彼此並不討論，不交談，沒有共同的研究計畫，除了系務會議以外，沒有其他交換意見的時間和空間，更不知彼此過怎樣的生活，彼此很少來往，甚至沒見過彼此的家人。

此外，師生的關係也不好。因為索爾朋大學學生很多，曾經有到十幾萬個學生的紀錄。而且，呂格爾的課非常熱門，教室常常擠滿了人，學生甚至要擠在窗臺上聽呂格爾講胡塞爾、尼采、史賓諾莎、弗洛依德等。但也因為學生太多，沒有更親密的互動，老師與學生之間的關係，遠不如史特拉斯堡大學。這種情形一直沒法子改善，也因此在呂格爾內心，索爾朋儼然是一「智識的沙漠」(Desert intellectuel)。總的說來，大學作為教師與學生的共同社群的理想，完全被忽略了。法國大學究竟應何去何從？怎樣做才比較理想？這類的問題使他在這時期對法國大學制度做了甚多思考與批評。

除此以外，呂格爾也還一直繼續原來反戰與和平主義的思想。在這段期間，法國最大的一件事就是法國屬地阿爾及利亞鬧獨立，這事件引起卡繆、沙特、呂格爾等人很大的關切。由於阿爾及利亞強烈要求獨立，法國派軍鎮壓，於是呂格爾發表反戰言論，也因此曾有警察來搜查他家，並帶他到警察局審問。

六、南特大學與學生運動

由於關心大學教育，而且不滿索爾朋貧乏的師生互動，呂格爾內心總希望建構一個理想的大學社群，也因此當索爾朋大學負責籌設南特大學時，他很快就與格拉班(P. Grapin)、包覺(J. Beau-jeu)，一共三人答應前往，他們三人也先後擔任了該校的校長。創辦一所大學，真可謂蓽路藍縷。剛開始時，南特校區還沒整地，由於泥濘滿地，連行路都困難，甚至連計程車都不太願意前往。為了奠定校基，呂格爾與格拉班合抱了一顆奠基石，搭乘計程車前往，但由於泥濘滿地，難以行禮如儀，只好將奠基石拋在泥濘之中，就迅速離去。

南特大學創辦之後，呂格爾邀請曾經一起度過五年戰俘生涯，一起研讀雅斯培的杜芙蘭，共同創設了南特大學的哲學系。這段期間，他最感到驕傲的，是邀請了三位成名的重要思想家，但未參與教師資格考(agrégation)的雷味納斯(E. Levinas)、杜美里(H. Dumery)、匝克(S. Zac)，一起來系任教，使得該系陣容十分堅強。此外，其他師資則是來自阿爾及利亞歸來的老師，由索爾朋大學直接選聘。可見，這段期間南特大學仍無太大自主權，師資選擇往往還依賴索爾朋大學。

呂格爾雖是南特大學創校的主要人物之一，但是創校時的熱情和理想不久便逐漸遭到現實的挑戰。該校草創初期，問題很多，呂格爾都一一克服，直到1968年真正的挫折與失望來臨。

學校是由營區改建，規劃非常好，有校舍、圖書館、游泳池，像是一個學者社區，著重學生互動。從1966到1968年，呂格

爾感覺到收穫豐富，雖然學生不多，但是彼此互動很好，認識較深，知道每個人的發展，師生都喜歡花較多時間留在學校，使呂格爾感到在巴黎重新尋回了史特拉斯堡大學的氣氛。為了表示大學是個師生互動的社群，呂格爾甚至支持學生進入大學的校務會議。不幸，這就造成了後來1968年學生運動期間學生抗議與師生衝突直接進入大學體制之中。呂格爾晚年對此加以檢討，認為是自己所犯的大錯之一，因為他後來認為，學生主要是來學習的，不是一種職業，不宜參與關於學校管理的專業會議。

但在阿爾及利亞戰爭期間，法國社會已然浮動，戰爭結束，緊接著1968年的學生運動馬上就來臨了。1968年學生運動是從南特大學開始的，原來只是為著像男生可否進入女生宿舍之類的問題，換言之，是社會「性的革命」(Evolution sexuelle)及風氣變革造成的非學院問題，引起法學院學生（多數來自有錢人家庭）和文學院學生（多數來自窮人家庭）之間彼此的衝突，甚至嚴重到必須要警察介入，於是引起法國左派學生的抗議，都集中到南特校區來示威，這一來，1968年的學生運動就如火如荼地鬧開了。其後愈演愈烈，終究演變為鉅型的學生運動，甚至獲得工人的支持，影響巨幅擴大，成為當代法國史上最重要的社會運動之一。

時任校長的呂格爾，當時處理校內衝突的原則，是希望警察不要介入校園，可是教授們的能力又沒辦法維護學校安全，最後，警察終究還是干預了。對於此事，呂格爾抱怨教育部，教育部卻推卸責任，指責呂格爾等人自己都沒辦法保護學校的安全，怎能拒絕警察介入。像這類的官方反應，讓呂格爾感到當權者不願見到大學發揮應有功能。到了1969年，學生已經出現反智的情況，呂格爾甚至被拉到大講堂做自我說明，有一位學生甚至質問

他，「到底你有什麼與我們不同？你有什麼是我們沒有的？」呂格爾回答說：「我比你們讀了更多書。」然而，此時暴力的傾向已然使暴力壓倒知識，學生只會對這樣的回答嗤之以鼻。

　　整體說來，呂格爾對於大學的理想，先是由於對索爾朋大學的不滿，發展為對整體法國大學教育的批評；在轉到南特大學之後，又受到現實鉅變、社運與體制的衝突，使他感到理想的幻滅。整體檢討起來，呂格爾認為，在共享的經驗與宰制的體系，民主自治和層極制度之間，有著難以化解的緊張。他認為，自己的失敗在於想要在一種水平的、共享的關係上，去重建原先垂直的、宰制的關係。

　　在警察進駐校園一星期之後，呂格爾辭校長職。1970年4月，他申請暫時離校休息三年。在那段時間，他應賴醉葉(J. Ladrière)的邀請，轉到比利時魯汶大學講學，在魯汶大學高等哲學院講了「行動的語意學」、「詮釋學」、「行動的論述」等。有關行動的概念，呂格爾大約在1968年前後醞釀，其後越來越趨明顯。在後來的敘事理論中，他主張是由行動發展成情節，再由情節發展成敘事。

　　此外，值得一提的是，即使在動盪的日子，呂格爾仍寫作不輟。他在1969年出版了《詮釋的衝突：詮釋學論文集第一冊》(*Le Conflit des interprétations: Essais d'herméneutiques I*)。值得一提的是，前此，在籌辦南特大學前後期間，呂格爾也於1965年出版了一本討論弗洛依德的專書《論詮釋：弗洛依德專論》(*De l'interprétation: Essai sur Freud*)。呂格爾之所以寫這書，一方面是由於他所受自恩師達爾比也的影響，著重人的本性中的無意識層次。這點在他的《意志與非意志》一書中已有討論，其中呂格爾將性格、

無意識與生命，當作是人的非意志；另一方面，也與他對現象學
的限制的思考有關，因為他總覺得現象學只能處理意識，然而心
理分析所談的無意識則是現象學的「他者」，甚或是其「否證
者」。所以他寫此書的目的不像一般研究者所講的，是為了結合現
象學與心理分析。相反的，他是為了探討並呈現現象學的「他
者」。

　　這本書的寫作與出版，使呂格爾與心理分析學家拉岡(J. Lacan)
發生過節。對此，撰寫了《呂格爾》傳記的多賽(F. Dosse)和撰寫
心理分析史的盧迪內斯科(E. Roudinesco)曾將此事都有清楚交
代。❾事情大概是這樣子：開始時，大約是呂格爾在索爾朋(Sor-
bonne)教書的第一年左右，由於呂格爾前此出版了《意志與非意
志》(*Le Volontaire et l'involontaire*)，已經討論到潛意識，因而受到
拉岡的注意。有一年，呂格爾在羅馬舉行的學術會議中遇到拉
岡，拉岡對他很感興趣。拉岡自認為自己是法國的弗洛依德思想
的詮釋者，是法國的弗洛依德學派代表，因此，他極力邀請呂格
爾去參與他在巴黎開設的研討會(seminar)。呂格爾為了禮貌，而且
也為了自己學醫的長子若望保祿(Jean-Paul)的太太弗蘭莎(Fran-
çoise)在學心理分析，因而也應邀參加拉岡的研討會。不過，呂格
爾是一位哲學家，他對心理分析並不是十分能夠接受，基本上他
有自己的整體計畫，其觀念架構是由夢的解析開展出詮釋學向

❾　F. Dosse, *Paul Ricoeur, Le sens d'une vie* (Paris: La Découverte, 1997), pp.
321–331. 不過，由於此書有許多篇幅是訪問時人錄音紀錄，並未經嚴格
整理，據賴醉葉親口告知，呂格爾對此書頗有不滿。又見E. Roudinesco,
Jacques Lacan, Esquisse d'une vie, histoire d'un système de pensée (Paris: Fa-
yard, 1993), pp. 420–424.

度，而不太在乎與治療相關的討論，至於拉岡所討論的潛意識與透過理性化過程來治療的思想，並不是呂格爾的關心點。

呂格爾在拉岡還沒有出版《寫作》(*Ecrits*)一書之前，就率先出版了《論詮釋：弗洛依德專論》(*De l'interprétation: Essai sur Freud*)，書裡面只有一個小小的註解提到拉岡。這點使得拉岡非常光火，他認為呂格爾雖然使用到他的思想，可是沒有公開承認。然而，呂格爾認為自己所關心的更是弗洛依德思想本身，而不是弗洛依德思想在法國的詮釋或其他的新弗洛依德學派。他覺得弗洛依德的文本自有它本身的意義，可以納入他自己由意義的動力到意義的詮釋學的計畫裡面，所以沒有很大的興趣去討論拉岡。按照呂格爾自己的說法，他其實對精神分析的一些技術性的問題完全沒有興趣，也不瞭解，所以他並不能夠真正瞭解拉岡並且加以運用，他另有他自己的哲學企畫。❿

不過，呂格爾因此而與拉岡結怨，拉岡發動他的弟子攻擊呂格爾。托爾(Michel Tort)甚至在《現代》(*Les Temps Modernes*)雜誌中發表〈詮釋的機器〉(La machine herméneutique)一文，主旨在於指出呂格爾在《意志與非意志》中談到無意識，在《論詮釋：弗洛依德專論》中再度論及無意識，其間到底有何新東西？唯有拉岡的思想而已。如此完全沒有顧及呂格爾本人早就重視弗洛依德，且在《惡的象徵》中已然強調象徵語言在人與無意識之間所扮演的重要性，這點雖亦為拉岡所強調，但呂格爾的主張與拉岡不同。呂格爾旨在連繫象徵語言與無意識，著重探討欲力的動力與能量如何走向意義的建構與詮釋。然而，拉岡的論點卻強調象徵對於欲望的否定，著重象徵語言與無意識的對立。評者完全不

❿　P. Ricoeur, *La critique et la conviction*, p. 109.

顧這些，就強烈批評並質疑呂格爾的學術真誠，為此深令呂格爾感到傷心與失望。巴黎學風加上大學問題，是促使呂格爾對法國感到失望與遺憾，甚至最後決定從法國出走，遠赴美國講學的眾多原因之一。

七、呂格爾的美國經驗

自此以後，呂格爾開始往美國學界發展。從1970年開始，他很規律的每年在芝加哥大學任教好幾個星期，甚或一學期。他相當喜歡自己這一美國經驗。開始時，一方面是因為他對法國教育相當失望，另一方面也是因為好友艾良德(M. Eliade)的邀請。早先，艾良德在巴黎教書，呂格爾便已和他建立了深厚的友誼。艾良德雖然是羅馬尼亞人，他與好友依歐涅思柯(E. Ionesco)一樣，都在法國出版了主要的著作，可惜法國學界卻未善待他，也未設法將他留住，於是艾良德轉往芝加哥大學任教。當他知道了呂格爾在法國失望的遭遇，便力邀他赴美。呂格爾原先自1954年起便有在美國教書的經驗，很喜歡美國校園師生互動的關係。1967年他曾獲芝加哥大學的榮譽博士學位，在離開巴黎後，便繼任該校田立克(P. Tillich)的職位，擔任神學院的約翰‧紐文講座(John Nuveen Chair)，同時很快就被哲學系邀去授課，並參與阿蓮忘(H. Arendt)創設的社會思想委員會(Committee on Social Thought)的活動。

芝加哥大學哲學系學風一向以分析哲學為主，於是呂格爾在此時開始面對分析哲學的挑戰，但仍繼續他一向所關心的問題。他在宗教科學院擔任的是「哲學神學講座」(Philosophical Theology)，雖然他一生都極力保持哲學與神學兩者的分野，也因此感到

這講座名稱很奇怪，不過基本上學校尊重他對課程的選擇，也因此沒有人干涉他開什麼課。哲學系既是以分析為主流，彼時多為邏輯實證論的專家們在當道，呂格爾則被定位在歐陸哲學(Continental Philosophies)的領域。他所講授的範圍從康德、德國觀念論，中經尼采、胡塞爾、海德格，到當代法國哲學家，如雷味納思、德希達等。但以分析為主流的哲學系，對於呂格爾的哲學，總是視之為黑羊，不是特別熱烈歡迎，但他們總需要有像他這樣的人教教康德、黑格爾……與歷史哲學、政治哲學、文學理論與哲學……等課程，藉以溝通歐陸哲學，並和歷史系、政治學系、法學系的師生保持連繫，以架通橋樑。大體而言，呂格爾此時期的學生來自兩方面，一方面是來自神學院和哲學系的學生，另一方面則是來自歷史系、政治學系、法學系的學生。

　　這一美國經驗最令呂格爾喜愛的，是美國校園裡老師與學生密切互動的氣氛，使他在心裡又似乎又重溫了他自任教史特拉斯堡大學以來對大學的理想圖像。至於學術上和哲學思想上，則更密切增加了他和分析哲學的互動，顯示在他晚年的許多著作，如《活喻》、《時間與敘事》、《自我宛如他者》等。這些著作都有很大的篇幅顯示他與分析哲學的對話。究竟是好是壞，則有待進一步的評析。我將在本書第三章討論此事。

八、晚年遭遇與著作

　　無論如何，呂格爾心裡所惦記著的，還是自己參予創校並開創哲學系的南特大學。他自己在《所為之反省》(*Réflextions faites*)（英譯為*Intellectual Autobiography*）中表示：「當我回到南特，這

時南特已經成為巴黎第十大學，就是在這裡，我希望完成我大學
的生涯。」❶呂格爾在1973年便算正式返回該校，並於1975年出版
他那本極為重要的《活喻》(*La Métaphore vive*)。1980年，呂格爾
才在該校正式辦理退休。

返回南特不久，呂格爾於1975年出版《活喻》(*La Métaphore
vive*)一書，其中討論隱喻的問題。先前呂格爾在《意志哲學》裡討
論的是象徵的問題；之後在《時間與敘事》中討論的，則是敘事
的問題。隱喻、象徵與敘事三者，可謂銜接文學理論、哲學思想
與宗教研究的重要主題。呂格爾在《活喻》一書裡討論的是隱
喻。不過，這時候他應該已經開始在準備《時間與敘事》中的一
些構想。呂格爾在1979年在美國寫作並發表了一篇有關法國史學
家對於歷史理論的貢獻的專論，討論歷史的寫法與歷史寫作的理
論。這為其後在《時間與敘事》有關歷史敘事的理論基礎方面奠
下了基礎。

呂格爾在1979那年返回法國講學的結果，就是《時間與敘
事》。值得一提的是，法國國家科學研究中心(Centre National de
Recherche Scientifique)之下，設有一個胡塞爾資料中心，由呂格爾
擔任該中心的主任。呂格爾在1980年從巴黎大學的南特校區實際
退休。這段時期，他的思想已經從「象徵」轉到「隱喻」，再轉到
「敘事」，其中主要關心的敘事型態分為兩種，一是歷史的敘事，
一是文學的敘事。如果要由先前詮釋學、心理分析的討論等等，
轉往《時間與敘事》，有幾篇文章是其中重要的關鍵，其一是〈文

❶ P. Ricoeur, *Intellectual Autobiography*, in *The Philosophy of Paul Ricoeur*, The Library of Living Philosophers, edited by L. E. Hahn (Chicago: Open Court, 1995), p. 26.

本的典範〉(The Model of the Text)，收在《詮釋學與人文科學》
(*Hermeneutics and the Human Sciences*)一書中；其二是〈解釋與理
解〉(Explanation and Understanding)，基本上是討論由文本到行動
到歷史的過程(from text to action to history)的關係；其三是〈敘事
的時間〉(*The Narrative Time*)。從這三篇文章可以看到呂格爾從詮
釋學思想轉往敘事理論的三個重要轉折。

　　1986年，呂格爾接受愛丁堡大學的邀請，於2月前往主持紀福
講座(Gifford Lecture)，講學的內容最後再經他大加增訂之後，其成
果就構成了《自我宛如他者》(*Soi-même comme un autre*)一書的主
要內容。紀福講座原先設計的目的，是為了邀請知名學者講授有
關「自然神學」的內容，為此，呂格爾在該講座中主要討論的是
語言、行動和敘事的自我，然而，由於講座之後連續發生的喪子
與喪友之痛，使他在傷心之餘，經仔細考慮之後，加上對倫理、
道德、實踐智慧等的討論，並加以修潤和整理，終於形成了《自
我宛如他者》(*Soi-même comme un autre*)一書。

　　關於他的喪子與喪友之痛，是呂格爾晚年最感椎心刺骨的實
存事件，即使呂格爾在他既枯燥又重複的《思想自傳》中，仍然
要打破只論思想，不論私事的慣例，陳述自己的傷痛，可見他在
其中真正感到刻骨銘心的悲痛。事情是這樣的，1986年當呂格爾
講完紀福講座之後，赴布拉格參加帕托區卡(Patocka)的討論群，萬
萬沒有想到，就在這期間，他的兒子奧利維(Olivier)跳樓自殺了。
呂格爾在整理《自我宛如他者》(*Soi-même comme un autre*)一書
時，有一段文字專門寫到他的兒子，可見這一悲劇對他的打擊很
大。他一直責備自己未能及早傾聽到兒子內心的孤獨、絕望與求
救的訊息，並早一點伸出援手。之後，就在他喪子之痛未消，隔

沒幾週，呂格爾返回芝加哥大學，正好趕上好友艾良德的臨終。短短時間內，連續失去自己的愛子與摯友，是呂格爾晚年內心最大的傷痛。

九、結　語

本章的主要用意，是向讀者交代呂格爾一生中最重要的存在體驗、其與呂格爾的著作的關係，以及其主要著作中彼此的關係。從上述的陳述可以看到，呂格爾的一生及其思想自傳，的確顯示他的一些重要生活痕跡，會與他的思想發展和問題意識的提出有關，並表現於其著作之中。不過，由其實存體驗所興起的問題意識，雖然並不一定會影響文本自身的結構，至少會影響文本的源起與形成。換言之，從生活中產生了思想的意向，而思想的意向更經由結構化的過程而成為文本。生活中所形成的原初理解，是事物向人的體驗開顯的結果，而人的思想意向的形成，則是人的理解經由詮釋而形成的。至於其著作，則是經過了進一步的建構而形成文本的結果。

本章的陳述主旨在於表明，這一由「開顯」而「詮釋」而「建構」的過程，是與呂格爾一生的故事有密切關係的。至於其思想在概念化，取得結構，構成文本之後，便有其獨立於作者意向的意義，可經由他人與後世來不斷予以解讀。由此可見，敘述故事與概念建構不是相對立的東西，而是雖有別卻仍密切相關，雖斷裂而仍彼此連續的。兩者的關係可以在我的對比哲學框架中獲得界定。❷

---

❷　我所謂「對比」就是差異與互補，延續與斷裂之間的一種相互的辯證，

　　以上我們既然已敘述了呂格爾一生故事中的重要情節，在以下各章節中，我們將進入他的哲學思想的幾個重要構成部分。由於呂格爾的思想豐富，著作繁多，我們在本書中所論者，僅為他最富於原創性的思想。在我看來，前期呂格爾思想中，最重要的便是其意志哲學。在後期的思想中，最值得論述的便是其自我詮釋學與敘事理論。尤其是他的《時間與敘事》一套三本巨著，可謂呂格爾胸懷大志，欲承接海德格的《存有與時間》之作，而其中最重要的就是他的三層再現論。因此，在以下各章中，我們首先要在第二章討論呂格爾的意志哲學；第三章討論由海德格的《存有與時間》到呂格爾的《時間與敘事》的思想發展，以及呂格爾敘事理論的興起。第四章則評析呂格爾的三層再現論。最後，第五章討論呂格爾的自我詮釋學，這是晚年的呂格爾要在主體的廢墟中，透過自性與他性的辯證，重建自我的嘗試。若就主體哲學是整個近代最重要的遺產，而後現代則旨在進行由「主體」朝向「他者」的轉移，就此而言，呂格爾的自我詮釋學的意義更為深長，值得深論。最後，附上呂格爾〈邁向那一種存有論?〉一文中譯，以供讀者閱讀參考，由於該文甚長，註解甚多，為節省篇幅，註解只好割愛，僅譯正文，以饗讀者。

　　構成對象的研究與對象本身的結構與動力。

第二章 痛苦、惡與非意志
——呂格爾的意志哲學

一、引　言

　　痛苦與罪惡是人類生活中最為深沉的存在體驗，也是最為深刻的哲學問題。呂格爾的現象學在現象學運動中造成了由認知朝向情感的轉折，痛苦與罪惡也是他的哲學思想中最重要的關懷之一。

　　正如我們在前章所述，呂格爾由於自小失怙、父母早亡的淒苦經驗，以及二次世界大戰期間五年的集中營俘虜生涯，使得他對於人類的痛苦與惡的問題特別敏銳，也使他相信，痛苦與惡的產生，有事物自來，非意志所願的一面，但也有出自人的自由決定，並因此而將惡與痛苦帶入世間的一面。一般而言，他似乎更著重人所帶來的痛苦與惡，即便是有關「事物自來」的部分，他也比較強調人的非意志中的必然性，而少論及宇宙論的必然性。也因此，呂格爾對於痛苦與罪惡的哲學思考較傾向於人學的詮釋，而較忽視痛苦與罪惡的存有論與宇宙論定位。對於人所帶來

的痛苦和罪惡，他自從《意志的哲學》(*Philosophie de la volonté*)的
第一冊《意志與非意志》(*Le volontaire et l'involontaire*)一書開始，
便將之定位於人的自由與有限性的對比張力上。雖說呂格爾本人
在《意志與非意志》一書中並不使用「對比」(contrast)，而是使用
「弔詭」(paradox)一詞，不過，他的意思若以我所謂的「對比」，
也就是既差異又互補，既連續又斷裂的關係來表達，會更為清
楚。

　　呂格爾的《意志的哲學》(*Philosophie de la volonté*)原先計畫寫
三冊，後來實際上只完成兩冊。第一冊《意志與非意志》(*Le
Volontaire et l'involontaire*)，是他獲取國家博士的大論文，原為他
在集中營授課內容，且論文的主要結構都已在獄中筆記中呈現，
例如：主題與動機，有意志的運動、習性、情感，以及對必然性
的順從……等等。《意志與非意志》一書在方法上大體上是使用胡
塞爾的現象學方法，環繞著本質直觀與本質描述的方法，不同的
是他將現象學的問題意識轉向情感的、意志的問題，而不再像先
前胡塞爾(E. Husserl)與梅洛龐蒂(M. Merleau-Ponty)等人較為著重認
知、知覺、想像這些問題。呂格爾在《意志的哲學》中轉向意志
和情感的問題，就此而言，可以說他在現象學研究對象方面造成
一個重要的轉折，這也是他對現象學的貢獻所在。

二、「個性」、「無意識」與「生命」

　　就我看來，《意志與非意志》一書中最為有趣的主題，是呂格
爾針對人所體驗到的必然性所論「個性」、「無意識」與「生命」
三者的討論，藉此，他得以用現象學的方法，描述人的自由與有

限性之間的「弔詭」。

㈠個　性

首先，「個性」或「性格」(caractère)是呂格爾一再回來討論的
主題。對於caractère一詞，譯「個性」或「性格」皆可。就某一獨
特個人的性格而言，稱為「個性」；就每一個人皆有其個性言，稱
為「性格」。呂格爾認為，「我的個性就是我的自我：是我的本
性，是在一切心情變化、身體與思想的韻律之上的穩定性。」❶呂
格爾在《意志與非意志》一書中雖然討論了許多有關克拉吉(L.
Klages)、海曼(Heymans)與勒森納(Le Senne)的性格學(caratérologie)
論點，比較是屬於心理學的內容，而較乏哲學性。❷不過，其真
正的哲學討論還在於運用現象學方法，提出性格的現象學分析，
藉以呈顯人的自由與有限性之間的「弔詭」。❸關於個性，呂格爾
認為有以下幾點特別值得注意：

---

❶　"Mon caractère, c'est moi: c'est ma nature, dans ce qu'elle a de plus stable par
　　delà le changement des humeurs, les rythmes du corps et de la pensée." Paul
　　Ricoeur, *Le Voluntaire et l'involuntaire* (Paris: Aubier-Montaigne, 1967), p.
　　332.

❷　主要是討論克拉吉的《性格學原理》(*Les principes de la caratérologie*)，
　　海曼的《女性心理學》(*Psychologie des femmes*)和勒森納的《論性格學》
　　(*Traité de caratérologie*)和《說謊與性格》(*Le mensonge et le caractère*)等
　　著作中的論點。

❸　值得注意的是，亞里斯多德在《尼可馬古倫理學》(*Nicomachean Ethics*)
　　有關於意志與非意志、必然與非必然、快樂與痛苦的討論，也論及各種
　　不同性格的人。亞里斯多德在《詩學》中的悲劇論，也討論「人物性
　　格」。這些論點應該對於呂格爾都有相當啟發。

1.我的個性不只是我外在的符徵(signalement)，而是隸屬於我的內在本性。我的個性是如此地貼近於我的自我，以至於我無法加以反對。我的個性印記在我所採取的決定，在我的努力以及我知覺與欲求的種種方式之中。總之，我的個性影響我的全體自我。

2.我的個性就像我的自我一般，是不可分割的，這是我樸素的存在本有的不可分割性，而不是我主動採取的不可分割性。也因此，用形象、類比、隱喻等來談論個性的各種表現，要比性格學用經驗的調查和抽象的拼湊來討論，更能接近真實。用問卷調查研究性格，不如用自我反省，透過想像的實驗，嘗試體驗各種不同的感受和動機，反省語言的轉折、字源與隱喻。呂格爾甚至認為，此類的研究，即使是針對片語隻字，皆可以比心理學辛勞的調查結果走得更遠。

3.我的個性不是一個種類、一個集體類型，而是一個獨特而不可模仿的自我。自我並不是一個普遍觀念，而是一獨特的本質；性格是一具體的整體，代表了我這一個獨一無二的個體。

4.個性，就某層意義言，就是命運。誠如德謨克里圖斯(Democritus)所言：「一個人的性格造就了他的命運。」康德與叔本華也都明白這點。然而，自我仍然擁有完整的自由。一方面，個性內在於所有我所願與我所能之中，不可分割，不可模仿，無以克服。換掉了我的個性，也就等於換了另外一個人。因著我的個性，我被限定、被投擲在個別性之中，我承受我被給與的個體性。另一方面，我之所做所為，仍是出自我自由的決定。

呂格爾對於個性的討論，最關心的就是自由與決定之間的辯證。雖然個性決定了我的命運，但人仍然是處處自由的。由於沒

法子具體明說，他甚至大膽猜測，「我的個性再如何不變，也只是我自由的存在姿態。似乎我能有一切美德和一切惡習……舉凡一切屬於人性者，對我而言都不是禁止的。然而，我的命運就在於以同一手勢實踐慷慨或吝嗇，以同一聲音語調說謊或講真話，以同一步調走向善或惡。」❹個性並不必然限定我的自由，反而實現了我的自由。

　　綜合上述，呂格爾所關心的，正是透過個性所突顯出的自由與有限性之間的對比張力。而這一點也在無意識和生命中呈現。

㈡無意識

　　其次，是所謂「無意識」(L'inconscient)的問題。呂格爾認為在個性所顯示的「不變的」(l'immuable)與「自由的」(le libre)之間的關係之下，還有一個更屬謎樣難明的關係，存在於「隱藏的」(Le caché)與「自由的」(le libre)之間。所謂「隱藏的」，也就是隱藏的心理狀態，遠比心理分析所謂的「無意識」(L'inconscient)的範圍來得更廣，因為其中還包含了道德學者所譴責的「偽裝的熱情」和心理分析所討論的「無意識」，而兩者實難加以分割。尼采曾經很高明地討論了兩者，不過，呂格爾在《意志與非意志》一書中主要是針對後者，這也是他第一次繼承他的老師達爾比也，檢討心理分析的「無意識」理論。❺呂格爾藉著心理分析的「無

---

❹　Paul Ricoeur, *Le Volontaire et l'involontaire* (Paris: Aubier-Montaigne, 1967), pp. 345–346.

❺　其第二次更詳細討論心理分析，是在《論詮釋：弗洛依德專論》(*De l'interprétation: Essai sur Freud*)，也因為該書的出版，使呂格爾與拉岡發生了極不愉快的衝突。事見第一章。

意識」概念，用以指出近代自笛卡爾以來的意識哲學的不足，但同時也藉此檢討心理分析的不足。他說：

「我必須立刻表明，閱讀心理分析的著作，使我確信其事實與歷程的存在，如果人仍圈限於一種狹隘的意識概念之中，則仍無法予以瞭解。然而，反過來說，我並沒有被弗洛依德主義的學說所說服，尤其無法信服這為維也納心理學家透過其方法論與治療程序所建立的無意識的時在論。」❻

由於心理分析揭露了無意識的層面，使得呂格爾確信近代以來意識哲學的不足。此時，呂格爾仍然使用來自亞里斯多德傳統的「形式」與「質料」的區分，來討論這一問題。在亞里斯多德而言，人所能認識的僅只是事物的「形式」，至於「質料」則是無法認識的。同樣，對於呂格爾，意識反省所能及的，只是其當前思想的形式，絕無法穿透人所「情受」── 兼含「情感」與「接受」之意 ── 的質料。無意識本身雖不思想，但它是一種未接受限定的質料，也因此會反抗一切由思想所帶來的光明。

(三)生　命

最後，關於生命，不同於海德格在《存有與時間》中視「此有」(Dasein)為生命的存有學與存有物的基礎，❼相反的，呂格爾在《意志與非意志》一書中將生命視為我意志最為基礎的必然性，它滋養無意識的潛能及其衝突，並賦予個性以最獨特的方向。一切最後都消解於生命之中。呂格爾認為：「只要我有生命，我就能『在世』，我就能『存在』。」❽可見，呂格爾認為生命是人

---

❻　Paul Ricoeur, *Le Volontaire et l'involontaire*, p. 353.

❼　Heidegger, *Sein und Zeit* (Tübingen: Max Niemeyer Verlag, 1972), S. 50.

之所以存在與成為在世存有的先決條件。

呂格爾受到法國哲學家德比郎(Maine de Biran)的影響，注重生命的受動性。在他看來，生命有以下幾點特性：

1. 生命是被體驗到而非被認識到的。在我的理性未能向我解釋之前，就有某種模糊的感受像我揭露了我的生命。

2. 我身體的情受意識向我揭露了：我的生命是不可分割的。我是一個活生的整體，生命是一循環在諸功能之中的統一性。我可以說我有許多肢體、許多情緒、許多想法；然而，我只有一個生命。

3. 生命的必然性來自前兩特性。我們所體驗到的不可分割的生命，正是自我未經意願選擇的先在置定，我赤裸裸的存在：我發現我存在。我是因著出生而帶到此世、安置於此世。存在的行動與存在的狀態在思想上雖有別，在生活中卻為一。

我們可以說，呂格爾在《意志與非意志》一書中的哲學目標之一，是建立「有限性」與自由的對比張力，藉以作為惡興起的存在境遇。這點尤其在他對性格、無意識和生命的分析中表現得最為清楚。對他而言，人的性格顯示人是自由的，但此自由只能以某種特定的方式表現。呂格爾說：「性格的研究將我們導向一弔詭的命題：一切自由都是一無限的可能性連結著一種構成性的偏執。自由是一有限的無限。自由是不可分割的存在能力，也是既與的存在方式。」❾ 其次，無意識的研究也顯示人的自由的第二項弔詭：人是自由的，一切都得經由人的同意；然而，人卻不得不同意無意識中的要求。呂格爾說：「我只能對於我思想的形式負責

---

❽ Paul Ricoeur, *Le Volontaire et l'involontaire*, p. 385.

❾ Ibid., p. 384.

任，然而同時思想是受滋養於一幽暗而隱藏的臨在……且限定形式與不限定質料的此種弔詭綜合只能在一不可回逆的方向上閱讀和了解。」❿ 最後，對於呂格爾而言，生命是自由與必然的弔詭的第三種，也是最後一種形貌。換言之，有生命才有自由，沒生命就連自由也沒有了。可見，自由是與生命這一純粹事實必然的連結在一起的。總之，就性格而言，自由與一種有限的存在方式相連；就無意識而言，自由與一種不限定的質料相連；就生命而言，自由與一種生命存在的純粹事實相連。

《意志與非意志》一書的另一個目標，而且是一開始便揭櫫的目標，是對於過去的意識哲學或反省哲學的批判，透過人的需要、情緒與習慣，指出這些都是意識所不及的層面。反省哲學所假定的意識的透明性其實並不存在，更何況意識所能反省，或反省所及的，僅只是其本身的某種形式，而不及於其以情感為主的質料。以「需要」為例，人內心的需求其實是最隱微難明的，因其絕對無法形成任何明確的表象，僅能略有意識及之，其中又混同著身體的需要，整體而言，無法呈現於清楚的意識之前。情緒也是同樣隱微難明，難以捉摸。至於習慣則更是一種「遺忘的力量」(pouvoir de l'oubli) ⓫，使得意識對之總難以穿透。習慣雖非無意識，而僅為未反省、未注意、實際的我思的形式之一 (une forme du Cogito irreflechi, inattentif, pratique)。不過，一旦意識要對習慣加以反省，對此隱微而又熟習的力量加以反省，則又好似進入一無窮盡的回憶，直至迷失於幽暗之中。由此可見，需要、情緒與習慣的心理學推翻了「意識透明原理」與「意識的絕對自主」，並

---

❿　Ibid., p. 382.

⓫　Ibid., p. 356.

且提示了一條走近原先自我意識所不及的領域。呂格爾認為，弗洛依德的《日常生活心理學》對於日常過失、說錯話、寫錯字、遺忘、刻板行為等的研究，對此領域的揭露頗有貢獻。

三、惡、有限性與有罪性

如果說《意志的哲學》第一冊是意志的本質學，用現象學的本質描述去連結意志與非意志，則其第二冊《有限性與有罪性》(*Finitude et culpabilité*)，目的則在於討論意志的經驗學，專門處理現實中惡的意志，並以經驗方式討論情欲問題，諸如佔有、權力、價值等等。至於《意志的哲學》第三冊，本來計畫要寫有關意志的詩學(poétique de la volonté)⓬，處理人的意志與超越界之間的關係，並通過對於創造的體驗的詩學，重返無邪之境。可惜這一部分，一直沒有完成，乃至最後放棄。

整體說來，呂格爾《意志的哲學》這套書在他一生的思想與寫作上有特殊的重要性，因為此書與他的實存體驗最為密切相關。呂格爾後來的哲學發展可以說越來越抽象化，一直要到晚年才又回到「自我」與「敘事」的主題，雖然他對自我的討論為了面對分析哲學的挑戰，仍有其抽象性，不過，基本上在此原先對實存經驗的重視又再度出現；此外，關於敘事理論，雖然是有關小說與歷史的理論，但仍經由敘事重構的轉折，出現他對實存經驗的關心。不過，整體說來，實存經驗在早期的時候，在《意志的哲學》中是以比較直接的方式呈現，具有更為重要的地位，而

⓬　在此所謂「詩學」是採希臘文廣義的"poiesis"，是指創作、行動的意思。

不像後來必須透過文本中介的方式呈現。

　　呂格爾對於「惡」的解析一方面是哲學的，主要也是人文的，換言之，是以人為中心的哲學思考。他提出「會犯錯性」(faillibilité)概念，做為一純粹反省性的概念(un concept de pure réflexion)，不是透過圖像、象徵或神話，而是透過哲學概念的提出，從而使得惡獲得某種可理解性(intelligibilité)。「會犯錯性」概念指出，惡的可能性是立基於人性中最深切的構成因素。由於人在構成上便是軟弱的，也因此可能犯錯，這使得惡可以被哲學反省所接近。也正因為人的「可犯錯性」，呂格爾認為，一點也不意外的，罪惡是因著人而進入世界的。因為人是唯一帶有這一不穩定的存有學構成的存在物，會比自己更偉大和更渺小。❸呂格爾提出「會犯錯性」概念來解釋惡，同時也就顯示他的惡的哲學的人文性。他以人為思考惡的問題的中心，認為惡是由於人而帶進世界的，因為只有人具有此一「會犯錯性」的存有學結構。這點使得他不特別以哲學方式去思考痛苦與惡的宇宙論向度，至多只將後者交付神話來處理。

　　「會犯錯性」概念顯示在人性的構成，或呂格爾所謂「人的存有學構成」中，有某種難以克服的差距，使得人「會比自己更偉大和更渺小」。此一差距在呂格爾而言，並非存在於人的有限性與無限性之間，或存有與虛無之間，後一種想法最清楚地表現在笛卡爾《形上學沉思》第四沉思中所謂人的「有限的智性」與「無限的意志」之間的差距，或者說，人是存在於上帝與虛無，或最高存有者與虛無之間。然而，呂格爾不接受笛卡爾這樣的分

---

❸　P. Ricoeur, *Finitude et culpabilité*, Tome I, *L'homme faillible* (Paris: Aubier-Montaigne, 1960), pp. 21–22.

析，其理由有二：

其一，他不願將惡的問題視為是置於兩種能力——「有限的智性」與「無限的意志」，之間的差距。

其二，他不願將人視為是存在於兩個存有學領域：有限與無限之間。

相反的，人之所以會有差距，之所以會當做兩面的中介，其原因是因為這中介性本就內在於人自身之內。呂格爾說：「人是中介，並非其介乎天神與野獸之間；而是在他自己之內，從自我到自我之間，人是居間的；人是居間的，因為人是混合的，而人之所以是混合的，是因為人扮演中介。」❹ 也因此，他不同意當代思想家以人的「有限性」來看待人性的實在。相反的，他強調以人的「超越性」做為人性的實在。

在我看來，呂格爾所謂人的超越性，是從人的自我走出來分析的。他提出所謂「超越的反思」(réflexion transcendantale)做為處理惡與痛苦問題的方法。「超越的反思」一詞在此並不同於康德意義下的「先驗的反省」，後者是對於對象在主體性中的可能性條件的探索。然而，對於呂格爾而言，超越的反思「並不是從自我出發，而是從在自我之前的對象出發，並從這裡上升到可能性條件。」❺ 「也因此，反思不是向內自省(introspection)，反思需經由對象的迂迴，反思是對於對象的反思」❻。用我的話來說，反思需先自我走出，才能進而自我返回與自我提升。

呂格爾認為，對於人及其想像力的中介性的考量，其起點是

---

❹　Ibid., p. 23.

❺　Ibid., p. 25.

❻　Ibid., p. 36.

反思的作用在人之中，在感性與智性之間所做的切割或分裂。對呂格爾而言，反思的結果就是切割，在切割之後，一方面有感性接受事物的臨在，此往往是經由直觀交付於事物的存在；另一方面則有思想對於事物意義的規定，通常是透過論述，經由命名而作出區辨，並將名稱連繫在語句之中。反思的進步就是切割的進步，於是，越切割便越離開臨在性越遠。在我看來，呂格爾在《意志的哲學》中提出的此一觀點，實際上為後來語言的優先性的想法鋪了路，也因此使其實存經驗被反思的切割與語言的優位所替代，一去不復返。

其實，在我看來，反思具有雙向的透明性，應不致於造成切割，相反的，應從對比的角度來看，一方面有斷裂性，另一方面仍有連續性，在斷裂性與連續性之間有某種不可分割的張力，二而非二，一而非一，是謂對比。換言之，感性中的臨現仍以某種方式在反思的透明性中臨在，只是經由反思中語言或論述的介入而帶來張力，然而，張力並非切割。呂格爾所謂的切割，其實只在概念或語言的引入所造成的斷裂性中有意義，然而，我們仍不可忽視其間的連續性。就這一點而言，呂格爾以反思即切割的論點，似乎仍有所不足。

不過，呂格爾所謂人都是先走出自己，才能返回自己，這一點是正確的。人的超越性表現在人的開放性上。人的開放性優先於人的有限性，有限性並非最先向人開顯的，而是物體、生物、人最先向我呈現。人先是向世界開放，才能進而發現有限性並予以超越。超越包含了走出自己，向世界開放；以及走出有限，向無限開放。以身體為例，身體所呈現的，首先不是其有限性，而是其向世界的開放。此一「向……開放」媒介或接引了自我與世

界，無論是知覺、欲望、受苦或行動，都是出自人向世界的開放。在知覺中，事物向我臨在；我有欲望，則是指出我對外物的依賴或對外物的缺乏；在受苦中，我不是孤立地承受，而是因著我向世界的開放而不斷受到世界的威脅；在行動中，我藉著我對世界所能做的事情而向世界開放。

總之，在知覺、欲望、受苦或行動中，都先呈現了人的開放性，然後再呈現人的有限性。由於人在知覺、欲望、受苦或行動中所呈現的僅只是某一側面，僅只是某一觀點，然而此外還可以有其他觀點、其他側面，也因而覺察人的有限性。以知覺為例，呂格爾認為，由於人的知覺具有側面性，因而可以以「然後……然後」的方式，一再而再的進行知覺。總之，由於知覺的受動性是由「開放性」與「側面性」構成的，人才能進而理解人的有限性。

在此我們必須對呂格爾這一論點略做檢討。首先，欲望並不與知覺、受苦或行動等居於齊平的地位，相反的，卻是比他們更為原初的動力。而且，欲望也並不只是一「依賴外物或對外物的缺乏」的經驗，相反的，欲望是人指向他者的基本動力，是人之所以具有開放性，之所以會向世界開放的存有學依據。作為動力，欲望不只是依賴或缺乏，而是更積極的指向他者的動力，是生命的衝力，是人所藉以尋找並完成生命意義的根源動力。由於欲望的指向他者，因而人才向世界開放。換言之，有「指向」才有「開放」。

此外，在人對己身的體驗中，並不只有對世界的開放的體驗，而且也有對自己的「親密性」的體驗。「開放性」只是體驗的身體的對比之一端，此外「己身」也顯示為自己最親密的一部

分。雖然人的自我不只是身體，但人若沒有身體也就沒有自我。
呂格爾在此只指出身體的開放性是不足的，這是因為他缺乏一徹
底的對比哲學之故。此外，人在知覺中不一定立刻只呈現某一側
面。我們很可以假定，在人的知覺中首先已經有某一完型的完整
呈現，其後經由注意力的切割，才有所謂「側面」或「觀點」的
出現，以及不斷「然後又……」「然後又……」的知覺歷程。

呂格爾認為人的「會犯錯性」在於人內在於自我的差距，此
一差距除了表現在超越的反思層面以外，也表現在實踐的方面，
也就是人性的整體的層次。在前一層次所論的「意義」與「側
面」等重要概念之上，呂格爾進一步指出「性格」、「幸福」與
「尊敬」三個概念。他從先驗的反思而提出的「側面」概念，表
現為人性在實踐上的有限性，也就是人的性格。人的性格，自從
一個人出生就伴隨著一個人，是一個人在實際存在中「情受」的
側面。性格是一個人在世的定在，不只是一個中立化的觀點，而
是一個「情受」(affectif)的側面，且由於人的此一情受側面，而使
得有任何事物會讓我感到興趣。人在現實中所表現的種種有限性
的方面，諸如「側面」、原初的自愛、自我保存與慣性等等，綜合
而成為「性格」一詞，而「性格」在這一切之上，又加上一個整
體性，也就是我的存在有限的整體性。呂格爾認為：「性格是我的
存在的有限的開放性視為一整體。」❼

從《意志與非意志》一書開始，呂格爾便強調，人的意志有
其情受根源。也因此，他會認為欲望有其受動性也有主動性，欲
望有其開放性也有其封閉性，正如欲望是向世界的指意，但也仍
只是一有限的觀點。他說：「實際上欲望是缺乏某物，也是衝向某

---

❼ Ibid., p. 75.

物。」 ❶ 經由欲望的特殊化，成為對此物或彼物的欲望，因而成為可明說的。

平心而論，呂格爾的確已經掌握到欲望的受動性與主動性、開放性與封閉性、指意與觀點之間的對比。然而，在此種種對比中，究竟何者為優先？呂格爾似乎沒有清楚交代。是的，欲望的確有此種種對比，然而，在我看來，欲望更是以其主動性、開放性、指意動力，優先於其受動性、封閉性與限定觀點。我以欲望為吾人主動向他人他物開放，從內在指向意義的原初動力，至於進一步指向此物或彼物，成為對此物或彼物的欲望，變成「我要此物或彼物」、「我缺乏此物或彼物」，那都是在實現過程中所接受的限定。總之，欲望作為生命的衝力，優先於欲望作為缺乏；欲望作為指向意義的動力，優先於欲望作為對此物或彼物的欲求。

四、惡的「機緣」、「源頭」與「能力」

整體說來，呂格爾單從自我內在的差距來界定的「會犯錯性」，似乎無法說明為什麼人會作惡。呂格爾也清楚的意識到這一點。他在《有限性與有罪性》一書的結尾中，曾明白表示：「在會犯錯性的現象學與惡的象徵論兩者在方法上的裂縫，其實只表達了人內在會犯錯性與罪過之間的裂縫。」 ❶ 換言之，可犯錯性只說明了過犯與罪的可能性，並不能說明過犯與罪的現實性。從可能犯罪到實際犯罪之間，有一裂縫，甚或可以說有一跳躍。

在呂格爾看來，「會犯錯性」對於人的犯錯或墮落而言，具有

三重意義：它是人犯錯或墮落的「機緣」，是其「源頭」，也是其「能力」所在。茲加以詳細說明如下：

首先，會犯錯性是一機緣(occasion)，它使得罪惡的出現成為可能。就此而言，對會犯錯性的現象學描述大不同於倫理學上的善惡論斷。會犯錯性還談不上有善有惡，然而倫理學卻要訂定善惡規範。就理論上言，在描述層面，只能說人在其存有學構成中有某種差距，人在其開放性與側面性之間有差距，也因此人在其自身中就綜合了價值與非價值。然而，倫理學則進一步假定了價值與非價值之間的鴻溝，人不但有能力為善或為惡，而且應該行善避惡，從可能行善轉成必要行善，從行善能力的實然轉成了行善避惡的規範，從事實便成了使命。就某種意義言，會犯錯性的現象學言未及惡，然而倫理學已然善惡分明。就惡的出現而言，會犯錯性的現象學所言過早，倫理學則已所言過晚。

對呂格爾而言，「將哲學理解為倫理學，不但預設了價值與非價值之間的抽象的二元對立，而且假定了一個已經失去目標的具體的人，這就是哲學家在其思路歷程一開端所發現的人。這是巴爾曼尼德(Parmenides)在其走過日與夜之門之後所帶領的人，是柏拉圖從洞穴中拉出，走向陽光的陡峭途徑之人，是由笛卡爾從偏見中掙出，透過誇大的懷疑而導向真理的人。人，就其為哲學在思路起點所採取的，已然是步入歧途，迷失了，因為他已經忘懷了源頭。」[20]

呂格爾這段話並不是在批評倫理學，或批評像雷味納斯(E. Levinas)那樣以倫理學為第一哲學(Ethique en tant que philosophie

[20] "L'homme ne peut être mauvais que selon les lignes de force et de faiblesse de ses fonction et de sa destination." Ibid., p. 159.

première)。他的主旨應在於指出，如果哲學或倫理學忽視了人在情受與欲望中自我的差距，也就是人的根源中的可犯錯性，這樣一來哲學所思考的就是「已然步入歧途、迷失、已然忘懷源頭的人。」這意思是說，人的可犯錯性不但是一機緣(occasion)，而且是一源頭(origine)。

就會犯錯性作為一源頭而言，雖然由過犯的可能性到實際犯罪有一跳躍，但是此一跳躍亦可以從可犯錯性為起點來加以瞭解。按照呂格爾的話來說，「人只能按照其職能與其命運的力道方向與弱點而變壞。」❷ 不過，呂格爾也承認，是因為人先有了惡行，才會發現人的會犯錯性做為惡的源頭。正如同有仇恨、有鬥爭，人才會發現尊重的互為主體結構構成了不同意識之間的差異性；由於有誤會與謊言，才使語言的原初結構揭露了意識的同一性與別異性；由於有吝嗇、暴政與虛榮，人才會覺識到擁有、權力與價值。換言之，是因為先認知墮落，人始得以認知源頭。不過，呂格爾在此區分發現的次序(l'ordre de la découverte)與存在的次序(l'ordre de l'existence)。就發現的次序而言，人的確是先發現罪惡的事實才會追溯會犯錯性做為其源頭；但就存在的次序而言，人是先有會犯錯性做為其源頭，才會進而墮落而有犯罪的事實。

也因此，「對於惡的描述」應有別於「對源頭的呈現」，前者往往是人在經驗中發現的事實，後者則往往必須訴諸想像與象徵，方得以呈現，此為神話之所為。當然，不能忘記，在神話與象徵之中，人既有其原初的會犯錯性，也有其原初的無邪善性。正如《聖經》所示，亞當(Adam)與夏娃(Eve)在樂園中是一片無

❷ Ibid., p. 160.

邪，但已有了接受誘惑的會犯錯性。若無善就無惡，無原初的無邪也無法理解何謂玷污。也因此，呂格爾指出，「墮落的神話只有在一創造與無邪的神話中才成為可能的。」❷

由於接受了馬賽爾對於問題與奧秘的區分，呂格爾認為，惡寧可說是一個奧秘，而不只是一個問題而已。❸對於惡的探討，需從對惡的經驗的現象學開始，經過對於惡的起源與理由的形上沉思，再進入對於惡的感受與行動。有關人針對惡應有何存在態度，我們於下節再論。

最後，會犯錯性也是一種犯錯的能力。人內在的不一致性或失衡也是一種墮落的能力(pouvoir)。我之所以會傾向於墮落或犯錯，那是因為從會犯錯到實際犯錯也是一種能力，構成了所謂的「跳躍」、「過渡」或「惡的置定」。換言之，在惡的置定中，我們發現了由無邪到墮落的過渡，而這是立基於我能如是過渡，也因此而如是地置定惡的能力。

也因此，人的會犯錯性不只是人犯錯或墮落的機緣，更也是其源頭，也是其能力所在。這三者從哲學上說明了從會犯錯性到罪的產生之間的跳躍或過渡。

五、惡、罪與痛苦

首先，就惡的經驗而言，包含了罪惡(péché)、痛苦(souf-

---

❷　Ibid., p. 161.

❸　「奧秘環抱我，而問題則是在我之前。」見P. Ricoeur, *La Critique et la conviction*, Entretiens avec François Azouvi et Marc de Launay (Paris: Calmann-Lévy, 1995), p. 44.

france)、死亡(mort)等，其中痛苦(souffrance)常被視為是惡的主要指涉，反而忽略了罪惡，甚至與之相區別。一般認為，痛苦(souf-france)是被動承受的，而罪惡則是主動觸犯的。其實，無論承受之苦或所犯之罪，這兩者都包含在深沉的惡的奧秘之中。

　　基本上，呂格爾雖承認惡的奧秘性，但並不因此使他對於惡的宇宙層面特別加以思考，反而將注意力放在人所犯的惡，也就是道德惡的問題上。就某種意義而言，呂格爾認為惡是因著人的道德惡而進入世間的。不過，我們必須在此先行指出，早在人的短暫歷史出現在大宇長宙之前，宇宙中已經有種種所謂「物理之惡」，諸如死亡、痛苦、強欺弱等等現象出現了，而他們應是立基於宇宙的存有學結構上的。

　　在呂格爾而言，道德惡所指稱的是人的某一行動成為歸咎(im-putation)、控訴(accusation)、責難(blame)的對象。所謂「歸咎」是指將認某一主體必須為某一可做道德評價的行為負責；「控訴」則是指認某一行為觸犯了某一社群的倫理規範；至於「責難」則指稱某一判斷使得某一行動的作者被認為是有罪且應當受罰。就最後一點而言，有罪者受罰，與痛苦者受折磨，有了某種共同點：它們都承受痛苦，唯一不同的，是受罰是一種經由判斷並以外力所加諸的痛苦。

　　在這三點上，道德惡與痛苦是有區別的。其一，就歸咎而言，道德惡歸咎於某一個承擔責任的當事人；而痛苦則是出於被動接受的，其原因可有種種的不同：例如出自物理性的對反、病痛、身體與心理的殘障、死亡的可怕、個人的厭惡感……等等。其次，就控訴而言，控訴指稱某一行為歧離了道德規範；至於痛苦則是相反於人本性所向的快樂，也減損了人在生理、心理、精

神上的完整性。其三，就責難而言，人因犯罪而受罰，並藉此平撫良心的罪惡感；至於痛苦，則因為人是痛苦的犧牲者或受害者，因而往往對之以悲哀(lamentation)。

不過，惡仍往往被哲學或神學視為罪惡與痛苦的共同根源，一方面，罪所引起的處罰，往往須以身體或心理的痛苦加諸道德惡之上，以為懲戒，無論是體罰，剝奪自由，羞恥或懊悔。另一方面，痛苦的重要來源之一，是由於人為的罪惡所造成的。有人造孽，就有人受苦，更且，一個人犯的罪往往就會使另一個人承受痛苦。呂格爾認為，在此，悲哀的叫喊往往更為悽惻動人，因為有某人的惡行造成了他人的痛苦與犧牲。特別是在這裡，讓我們可以在呂格爾純粹理性的討論中，體察出實存體驗的內涵，尤其是他五年集中營生涯所承受的苦難。不過，呂格爾仍訴諸理性的論述，甚或詮釋他人的作品與論述，諸如達味的聖詠或馬克思對於人的商品化、異化之分析。將自己的實存體驗論述化、理性化，是呂格爾一向的作風。

不過，對於呂格爾而言最重要的是，惡的經驗都是經過象徵中介，尤其人類的重大痛苦與罪惡往往都是透過神話來表達的，而這些象徵與神話不能用現象學處理，卻必須用詮釋學加以理解。換言之，惡的現象學必須濟之以惡的詮釋學。這可由以下兩點顯示。

第一，神話往往顯示，道德惡或罪往往是來自更強大而難馴的力量的引誘。神話表達了人已然隸屬於一個早已存在的惡的歷史的感受，使得人即使行惡，卻總覺得仍然有某種被動性在，甚至於在有罪的同時，仍覺得自己也是受害者。

第二，受罰往往被視為是罪有應得的，然而，神話也表達，

受苦似乎有意識或無意識地被視為對個人或集體過犯的懲罰。傳統社會如此，即使現代社會亦在所難免。

從以上這兩點看來，惡似乎聯結了罪與痛苦，而有一深沉宛如奧秘的統一性在其中。

再就人針對惡應有何存在態度來立論。呂格爾認為，對於惡，人必須加以思考、行動和感受，三者兼備。首先，就思考而言，惡的問題顯示存有神學(onto-theology)的失敗，但這點仍邀請人去思考惡所顯示的困局。針對此一困局，人須採取行動，進行靈修。不過，行動與靈修並不是做為答案，而是作為一種回應，使困局變成創造性的作為，使人在行動與靈修之中繼續思考。

其次，必須對惡採取行動，也就是不屈服於惡，卻要向惡挑戰；因為一個人所受的痛苦，往往是因為另一個人所犯的罪所造的孽。犯罪就是使另一個人受苦。因此，一切倫理或政治行動，只要能減少人對人所犯的暴力，便會減少世界上受苦的比率。不過，呂格爾並沒有信心人是否可以將人造的苦抽除，果能如此，就可以看出剩下的屬於世界本身的惡是那一些了。

最後，還有情感。呂格爾認為人對惡的回應，除了思考與行動之外，還要加上情感的層面。此所謂情感，不只是哀傷與抱怨，而是經由哲學與神學沉思所增益的智慧。人必須將無知整合到有智慧的對抗之中。對於惡，人不必自責，卻必須告訴自己：我不知道為什麼有惡，事情是自己發生的，世界之中本來就有偶然性，這是將抱怨予以靈修化的起點。

六、呂格爾對《聖經》有關「惡的源起」的詮釋

呂格爾對於惡的看法，最後還可以在他對《聖經》中有關所謂「惡的源起」的敘事文的詮釋。正如我們在其生平中所論及，呂格爾自幼便是，而且一生都是虔誠的基督教徒。他對於惡的看法，深受基督教的影響。在前面關於惡的神話的論述中，《聖經》有關於惡的源起的敘事文，也就是《聖經》中關於亞當、夏娃違背上帝命令，被逐出樂園，以及加音殺害雅伯爾，犯下第一椿罪行的故事，是呂格爾心中對於惡和罪的根源依據，或也可以說是某種理想型。

在討論呂格爾的看法之前，我想先行指出，基督宗教，如同佛教，是在世界上最為關心人類的痛苦和罪惡的宗教之一。❷❹ 基督宗教對於所謂「救恩」的主張，最肯切的理由是為了拯救人類出離痛苦和罪惡。基督宗教解釋痛苦和罪惡的源起，是參照世界的形成與人性的構成來加以討論的。基督宗教認為，神造世界與人神關係是人的其他關係的根源。這看法是立基於其以上帝為萬物之造物主和對人類的痛苦和罪惡的關懷與同情。❷❺ 從《聖經》看來，包含忌妒、仇殺、戰爭、病痛、死亡、奴隸、流離失所、天災人禍……等的種種痛苦和罪惡，其本質皆在於人與人、人與

---

❷❹ 在此「基督宗教」(Christianity)一詞泛指天主教、基督教、東正教和英國聖公會等以信仰基督為主的宗教制度，至於「基督教」僅指稱宗教改革之後的新教。呂格爾是一基督教徒。

❷❺ 在本文中，「神」「天主」「上帝」通用，不另作區分。

自然的和諧關係的破滅和衝突，而這些都是來自於人和神原初關係的破裂。基督宗教對於痛苦和罪惡的源起的解釋，是訴諸於世界的創造與人性的構成，並以神人關係作為人性結構的基本要素。

　　在討論到基督宗教對於人性論的看法之時，馬上會想到「原罪」的學說。對於有些神學家而言，原罪代表人性中的幽暗面，是繼承自人類的原祖。原罪的源起是來自亞當和夏娃違反了上帝頒布的一條禁令。有不少的中國學者也因此認為，基督宗教的「原罪」，相反於儒家所言的「性善」。然而，當我們把所謂的「原罪」的故事放進《聖經》的文本中加以解讀，便可以看出，所謂的「原罪」所說的其實是「惡的源起」，換言之，是原初上帝創造為善的人性的墮落，使得人、神關係破裂，更由此原初關係破裂導致人從與自然的和諧狀態分離，進而造成人與人關係的衝突。

　　換言之，在《聖經》舊約〈創世紀〉當中，關於亞當和夏娃的墮落的整個敘事文本，恰好顯示人性原初是被造為善的，但由於在人性發展過程當中的一些傾向，使得人的主體性趨向於自我封閉，因而斷絕了與上帝的和諧關係，成為痛苦和惡的源起。也因此，與其稱之為「原罪」，不如稱之為「原惡」或「原過」。

　　呂格爾在《惡的象徵》一書中已經討論其所謂的「亞當神話」(Le mythe adamique)。須注意，他不用「原罪神話」一詞，而用「亞當神話」，是因為他認為後者關係到「惡」的源起，但並不是「罪」。他在該書中指出，亞當神話區分了惡的根源(origine radicale)和萬物與人性之善的源起(origine originale)。他認為，「該神話以人為惡之根源，這是發生在創造之後，而創造在上帝的創造行

動中有其絕對源起。」❷ 可見，在《惡的象徵》書中呂格爾已經把惡的進入世界與世界的創造和人的濫用自由聯繫起來，並認為惡的源起假定了先前世界的源起。不過整體說來，在《惡的象徵》一書中，他對於亞當神話的討論，正如該書第二部第三章的標題「亞當神話與末世論的歷史觀」所示，是放在末世論的歷史觀脈絡中的。

在此我們更感到興趣的，是呂格爾晚年將惡的出現與世界的創造聯繫起來的討論。呂格爾在1998年與拉歌克(A. LaCocque)共同出版的《思考聖經》(*Penser la Bible*)一書中，分析惡的源起的故事。❷ 呂格爾對於惡的源起的敘事文討論，是放在對於「創造」的思考之中。在該書第二章〈思考創造〉中，他指出：「〈創世紀〉第二章、第三章提及三種開端，我們可以用三個同心圓予以圖示：世界的創造，人類的創造，惡的創造／反創造。」❷ 換言之，按照呂格爾對於〈創世紀〉的詮釋，他將惡放置在緊接著宇宙的創造、人的創造之後，一方面是為了表明因著人，惡進入了世界；另方面惡也假定了世界的受造及其結構。

基本上，呂格爾區分「惡」與「罪」。亞當、夏娃違背上帝命令，這是「惡」的源起。然而，這並不是罪。到了敘述加音殺害親兄弟雅伯爾，《聖經》始稱之為「罪」。所謂「原罪」其實不是

❷ P. Ricoeur, *La symbolique du mal* (Paris: Aubier-Montaigne, 1960), p. 219.

❷ P. Ricoeur & A. LaCocque, *Penser la Bible* (Paris: Edition du Seuil, 1998).該書雖為合著的型態，但除了序是合寫的之外，各章分寫，呂格爾與拉歌克各六章，共計十二章。呂格爾對於惡的創造，放在全書第二章〈思考創造〉。

❷ P. Ricoeur & A. LaCocque, *Penser la Bible*, p. 77.

罪，而是人想望超越自己的界限，甚至不惜離棄與上帝的關係。原罪必須放在創造作為「分離」的過程中來審視。

呂格爾從三個角度審視「創造」之意。他區分創造作為「分離」(séparation)、創造作為「奠基」(fondation)、創造作為「開端與延續」(commencer et continuer)。關於「惡的創造／反創造」，他是放在創造作為「分離」中來討論的。呂格爾延續魏斯特曼(Cl. Westermann)和玻桑(P. Beauchamp)對於〈創世紀〉第二章、第三章的解讀，認為其中有一神與人「分離的前進，集其高潮於上帝的退隱與人從樂園被逐出。」❷換言之，創造是一原初的分離，藉之世界得以存在，而世界作為一受造物，本就不同於造物主。呂格爾說：「基本上創造區分了受造物與造物主，並藉此同時標示了上帝原初的退隱(retreat)與受造物的實際本性。」❸至於亞當、夏娃違背上帝的命令，吃了知善惡樹上的果子，照呂格爾看來，則是將惡引入了世界，並因此遭受懲罰，使人從樂園中被逐出，一方面失去樂園所象徵的人與上帝的親密性，另一方面也使人開始承擔對自己和對他人的責任。

呂格爾強調惡與法律的關係，並將法律首先理解為存在的結構。他將上帝對於亞當、夏娃的命令，解釋為受造秩序的結構，也因此就是法律(La Loi)。按照《聖經》，「上帝創造了人之後，將之安置於樂園，並使地面生出各種好看好吃的果樹，生命樹和知善惡樹在樂園中央。」❹隨後，上帝給人下令說，「樂園中各樹上的果子，你都可吃，只有知善惡樹上的果子，你不可吃，因為哪

---

❷ Ibid., p. 67.

❸ Ibid., p. 66.

❹ 《聖經》，〈創世紀〉，2: 9。

一天你吃了，必定要死。」 ㉜呂格爾認為，「這一命令對人而言是受造秩序的一個結構。法律(La Loi)隱含了人的界限(Limite)，而界限是有限的人的構成因素，不同於神的無限。」 ㉝由此可見，呂格爾認為罪惡來自對法律的違背。先有法律，而後有罪惡。呂格爾將吃知善惡樹上的果子，視為人想要突破人性法則，或人性的界限，如同神一般「能知善惡」，同時，選擇了知善惡樹也就選擇了相反生命，因而會導致死亡。惡代表了人與神的關係的進一步分離，但這尚不就是罪。

整個〈創世紀〉第二、三章有關亞當、夏娃違背上帝命令的敘述，在呂格爾看來可區分為誘惑、違背禁令、審判與趕出樂園。對於呂格爾而言，蛇的誘惑的意義其實是人因著不信和懷疑而損及原有與上帝的親密關係。蛇所誘惑的內容是「吃了這果子，你們的眼就會開了，將如同神一樣知道善惡。」就此看來，誘惑的本質就在於「欲望無限，蘊含了跨越限制」㉞。為此，亞當、夏娃違背上帝命令，吃了知善惡樹的果子。至於審判，按呂格爾，可分為隱藏、揭發和宣判處罰三個階段。隨後則是亞當、夏娃被趕出樂園，對於呂格爾而言，這是整段敘述文的終結，其旨意在於宣告人神親密性的結束，從此完成了「分離」的過程。

在此，我們須進一步對呂格爾的論述加以檢討和補充。在我看來，〈創世紀〉所提出來的是一個善的存有論和神的肖像(Imago Dei)的人性論，兩者都支持了人性的原初之善。詳言之：第一，人的存在的環境是由萬物所構成的。這些萬物，按照〈創世紀〉的

㉜　《聖經》，〈創世紀〉，2: 16–17。

㉝　P. Ricoeur & A. LaCocque, *Penser la Bible*, p. 67.

㉞　Ibid., p. 72.

文本，當每一次上帝創造它們之後，都宣稱它們是「善的」。這一點奠定了人得以興起的一個存有論基礎，人是從善的存有論的基礎上興起的。

第二，人是上帝按照祂的形像所創造的，正如〈創世紀〉上所謂：「上帝於是按照自己的肖像造了人，就是照上帝的肖像造了人；造了一男一女。」❸❺既然上帝本身是至高的善，祂的肖像本身也應該是善的，而不是惡的。所以人性的被造本然也是善的。

第三，人性天生就具有認知的能力和自由意志，也因此必須要為自己的行為負責。這些認知的能力和自由意志就奠定了所有道德的善的先驗基礎。

至於惡的來臨，是由於人濫用他的自由意志，並且割裂了他與上帝之間互為主體的關係。這個關係，原先是由一個行動的盟約所表現的。按我的看法，與其像呂格爾那樣將上帝的命令視為法律，視為界限，不如將之視為一種關係中的約定。但由於人打破了這個約定，於是斷絕了人和上帝之間的關係，使得人封閉在自己主體的薄倖和武斷之中，把自己從與上帝的和諧關係之中割裂開來，也就是在這神人和諧關係中斷之後，人開始有痛苦、罪惡和死亡。痛苦、罪惡和死亡，是由於原為神的肖像的人性自我封閉，因而墮落的結果，也是人拒絕了與上帝之間的關係之後的結果。這個過程不能用「分離」一語交代。如果只是分離，人不必負很大的責任，畢竟分離是創造過程的完成。然而，所謂「原罪」或「原過」誠然不是罪，但卻是人自我封閉、割斷原有的親密關係，其中，人要負很大的責任，包含對自我封閉和斷絕與他者關係的責任。

---

❸❺ 創1, 27，見《聖經》（臺北：思高聖經學會，1992），頁10。

　　換言之，在基督宗教看來，人性既是按照上帝的肖像而造，原初即是善的。然而人在經驗領域中，在運用其自由意志的時候，就有可能、而且實際上也會選擇自我封閉，甚至否定了與上帝的和諧關係，也因此出現了墮落的情況。從《聖經》上的敘述看來，人在墮落之後，必需經由勞動，才能生存；經由努力，才能維繫良好關係。不像從前在樂園裡，可以自發地享有存在，無邪地活在良好關係之中。更可悲的是，從此開始發生像加音妒忌、謀殺其親弟亞伯爾之罪，以及爾後無窮的痛苦。加音妒忌、謀殺其親弟亞伯爾是在自我封閉之後，進而忌妒和謀害，換言之，有了暴力的介入。

　　總結說來，〈創世紀〉中的人性論，人性本來是善的，但也是會犯錯的，或說是會墮落的，而其墮落的真相就在於否定自己與他者的關係，而封閉在自私的自我欲望之中。

　　在中國哲學裡，這種人性會墮落的情況是經由道家對儒家的反省顯示出來的。儒家肯定人性在先驗方面是本善的，然而老子的批評卻指出，人性在現實的社會當中，會逐步地變質和墮落，正如「失道而後德，失德而後仁，失仁而後義，失義而後禮。夫禮者，忠信之薄而亂之首」一語所交代的。換言之，人性在現實界當中的墮落與變質的過程，是由於對道的遺忘和迷失的結果。經由道家的反省，顯示出本善的人性也有墮落的傾向和可能。而在基督宗教〈創世紀〉的人性論，一方面既指出存有學上和先驗上人性的本善，另一方面又指出其墮落和變質的傾向。

　　比較起儒家與道家來，基督宗教肯定每一個個人有更多的自由意志，也因此必須對其行為負更多的責任。在這種情況之下，基督宗教承認了人主體性的自由與自律性，但也指出，人對主體

的自由的不當運用，甚至會導致自己與他者的斷裂，把自己從他者，甚至絕對的他者—上帝—相割離，甚至拒斥了與上帝的和諧關係。❸

　　不過，如果人可能自我封閉於上帝之外，上帝的愛仍是無限寬廣，甚至這樣自我封閉的狀態，也不可能阻止祂的愛的穿透。聖‧奧古斯丁(St. Augustine)如是說：「即使我在地獄裡面，你也會在地獄中。因為即便我下到地獄，你也在地獄中。」❸這就表示上帝的愛也會穿透地獄。而所謂「地獄」，指的應是人完全自我封閉，陷落於純然痛苦中的狀態。但是，如果人不斷地拒絕上帝，上帝也不會拒絕任何的存在。由於祂無限的愛，祂會救援任何一個存在。而所謂的救恩，就是神的恩寵和人性自我提升、自我轉化，朝向無窮的完美的歷程，相互合作的結果。在這個過程當中，人性總有墮落的機會，甚至會步入純粹的主體自我封閉、自我膨脹的情境，而這正是所謂的「原罪」觀念所要提防的。

　　我以上補充，其著眼點在於用「盟約」替代呂格爾對於「法律」的過度詮釋，用神的愛與人神和諧的關係，替代他對人的有限性與界限的過度強調。換言之，用對人的善性、開放與責任的強調，避免在「分離」的過度詮釋中，減損了人的主動性，裂損了一直都在的神人之愛的關係。

---

❸　在基督宗教的要理中，「地獄」所代表的就是一種個人拒絕上帝，完全切斷與他者的關係，排斥他自己完美的可能性的一種存在的狀態，而以之為人性最大的痛苦所在。

❸　St. Augustine, *Confessions*, translated by R. S. Pine-Coffin (London: Penguin Classics, 1961), p. 4. Italics in the text.

七、結　語

　　最後，在結語中，我們要從對比哲學的角度，提出幾點對於惡與痛苦的分析，作為對於呂格爾論點的補充。其實，痛苦是每一個人在日常生活中都會有的經驗，大體上可以分為經驗的、社會的與形上的三層面。經驗的，例如因為外力撞擊所帶來的痛苦，或因為身體的機體生病感到疼痛或不適，或是因為生離死別或遭受不義對待所帶來的心理痛苦；社會的，例如因為富欺貧、強淩弱所造成的社會不義甚或人為的苦難；形上的，諸如人因「常懷千歲憂」、「念天地之悠悠」所造成的形而上的煎熬與憂苦……等等。人世間有此種種痛苦，不一而足，真可謂人生處處是苦，如同佛教所言，「生即是苦」；或天主教所言，世界是一「涕泣之谷」。

　　從哲學角度分析起來，痛苦是一個展現對比張力的場域。首先，在經驗層面，且讓我們扣緊身體立論。我將身體區分為機體的身體與體驗的身體。就機體的身體而言，一方面，痛苦能夠告知醫生與病人，病痛或身體內不正常現象之所在，也因此，對病理學而言，是十分令人歡迎的現象。如果不知道痛苦，往往就不知道病之所在，也就無法治療。因此，痛苦對於臨床的診治具有正面意義，並常能協助醫療行為。但另一方面，痛苦也會影響機體的食欲與營養狀況，甚至危及機體的一般情況，也因此，在一切醫療行為中，痛苦總是要避免或要在醫療行為中消除的感受。總之，傾聽病人陳述痛苦，是醫生與病人的對話開端與原初關係之建立；而且，醫生在治療時總以消除痛苦為第一要務。

　　再就體驗的身體而言，痛苦不只是身體某一部分腫脹、破損或潰爛，而是誠如梅洛龐蒂所言，因著痛苦，世界變得難以接近。然而，另一方面，正因著面對痛苦，更顯示人的生命意志，並感受到主體的尊嚴。

　　人的身體是人與自然的相遇相合之處。身體中的欲望是朝向意義的原初動力，一旦身體的異他性與親密性的「對比」降為「對立」，於是出現痛苦的基本現象。我這身體雖是我的，但痛苦似乎向我顯示，身體也隸屬於世界的規律，凡是不合此規律者，便會帶來病痛或死亡。就像在生命之初，在懷孕之時，受孕的卵子必須要先能在子宮裡著床，才能夠進一步孕育出生命來。如果沒有著床，它就失敗了，不可能孕育出生命來；或者，在懷孕過程中由於疾病或其他自然因素而流產，也可視為是一種自然淘汰的方式。身體的痛苦向身體的親密性挑戰，指出身體並不完全是我的，它也向世界開放，並接受世界的規則規定。痛苦是在身體中對於人的主體性與自主性的超越，也是挑戰。

　　其次，就社會層面而言，一方面痛苦顯示了社會中內在的惡，暴露出正義的缺乏，就像暴力或冤獄造成某些人生活上的痛苦，甚至使某些人覺得生不如死。但是，另一方面，一部分人的痛苦也會激起社會的同情與愛心，譬如每當發生天災人禍，社會上便會發起各種愛心運動，引起熱烈的迴響。受苦的人總會在社會上扮演愛心的催化劑，引發社會的仁愛與淨化過程。總之，在社會層面，痛苦顯示出主體自我之不可自我封閉，也不可自我過度膨脹；社會面的痛苦更顯示了溝通遭到扭曲，以及暴力與宰制的肆無忌憚。

　　最後，就形上學層面而言，雖然像聖‧奧古斯丁、聖‧多瑪

斯等大哲學家都認為惡並不存在，他們從形上學角度認定惡只是善的缺乏。然而，承受痛苦也被視為是淨化靈魂，接近天主的方法，甚至耶穌基督被釘在十字架上所承受的痛苦，也被視為是救贖的根源，可見，痛苦既是促進向善的動力，甚至也是復善之因。這種善惡雜陳的情境，其實是人的存在的有限性的表徵。

對我而言，在形上層面，痛苦讓我們感受到存在的有限性，也顯現存在的開放性。痛苦顯示現實性與可能性、建構的實在與實在本身之間的差距，也因此顯示了對現實的撕裂與對所有建構的解構的現實性，而不只是其必要性而已。事實上，在存在的領域中，在實在界中，解構是不斷地在進行的，而這正是惡與痛苦的存有學基礎所在。

第三章　從海德格《存有與時間》到呂格爾《時間與敘事》

一、引　言

　　本章與下章主要是想討論呂格爾的《時間與敘事》(*Temps et récit*)。這一部書可以說是呂格爾晚年哲學企圖最為遠大的著作。其中含藏著由海德格《存有與時間》的哲學,經由高達美的中介,吸納文學理論、歷史理論與結構主義的貢獻,朝向「時間與敘事」而發展的企圖。大略言之,呂格爾這一部書所討論問題的重要性有三。

　　第一,就哲學問題的重要性而言,「時間」與「敘事」兩者的關係本來就是一個非常重要的哲學問題,「時間」是西洋哲學最關心的問題之一,諸如亞里斯多德、聖·奧古斯丁、康德、黑格爾、胡塞爾、海德格等大哲,皆有許多對於時間的深入討論。此外,無論是社會學、史學和文學等,這些領域都涉及敘事文的寫作,敘述文體是這些學科論述方式的共同結構。最後,由於今後的文化越來越朝多元化發展,各種文化差異越來越受到重視,然

而，在許多文化傳統中並沒有概念的建構，甚至沒有知識體系，其知識與文化都隱藏在故事的敘述之中，並藉著說故事而傳承和綿延。也因此，對於敘述文的哲學探究愈顯重要，也頗具未來性。

　　第二，就當代西方哲學史而言，《時間與敘事》一書有一值得注意的特點：呂格爾此書有銜接海德格《存有與時間》的企圖。從《存有與時間》轉向《時間與敘事》，至少在呂格爾的構想中，是想藉此延長並完成海德格的哲學企劃。在爾後的討論裡，我們必須要衡量，究竟他成功到什麼地步。換言之，《時間與敘事》在什麼意義之下，的確承接或窄化、或轉折了原來海德格《存有與時間》的問題。

　　第三，就呂格爾本身思想的發展言，該書可以說是他先前思想的綜合。呂格爾對自己思想的綜合，表現在兩本著作上：《自我宛如他者》和《時間與敘事》。《自我宛如他者》一書是返回他所關切的、承接近代以來的「自我」的問題，並且加上他與芝加哥學派的互動，與其對英美哲學的關心，對分析哲學的熟悉，並把分析哲學的方法帶進來，接上他對倫理學及詮釋學的思想，綜合在《自我宛如他者》一書。至於《時間與敘事》中的主題，可以說早在其哲學生涯開端就已出現。其實，在呂格爾哲學生涯一開始，就表現對人的行動的關心，由行動進而走到情節，是十分自然的發展；加上一開始他就關心文本，而行動在文本裡的展現，就成為故事的敘述。

二、《時間與敘事》承接海德格的《存有與時間》

從《存有與時間》轉向《時間與敘事》，中間是不是有一承接的關係？如何由《存有與時間》轉向《時間與敘事》？基本上，海德格關心的是存有的問題，此一問題在《存有與時間》中的提出，基本上是做為「存有的意義」的問題出現。對海德格而言，真正的現象學就是存有學。對他而言，所謂「現象」就是那能夠以自己的方式自行開顯者。換言之，「存有」也就是一個能自行開顯的動力，傳統哲學稱之為「存在的活動」(Actus existentiae)。海德格不用此一傳統字眼，而稱之為「存有」，其意為「能自行開顯者」，它超越我們對它所形成的概念。至於所謂「學」，基本上不宜將它視為科學之學，而應把它當作一種揭露性的言說，換言之，現象學是藉著揭露性的言說，讓存有以它自己的方式，自行揭露。

其實，整個《存有與時間》所關切的，是要透過人的時間化的過程，來看存有是如何揭露的。在《存有與時間》最後總結時，海德格指出，迄今他所做的，是從時間化的過程來瞭解存有。人在時間化的過程中不斷地自我走出。其所謂「存在」(existence)就是指人的不斷自我走出。透過人的自我走出而有時間化的過程，而存有就在人的存有理解中顯示。《存有與時間》是在人的存在的時間化過程當中來看存有學差異，人不是一般的存有物，不像桌子、書等等，因為人是會超越的。從人的超越性看出存有與存有物之間的差別，是為存有學差異。其最後目的是希望能對

一般存有學作討論，也就是討論存有本身。但是，《存有與時間》
的作法是在人的時間化過程中，以及人的存在的超越過程中來談
論的。所以海德格說：「現象學就是存有學，但是為了解析這個存
有學的任務，我們覺得有必須要建立一套基礎存有論。」❶

所謂「基礎存有論」的意思是，以人的存有「此有」(Dasein)
做為討論「存有」的基礎，所以它的主題是「此有」，意即「存
有」顯現在「此」。存有的意義的問題，並不等於存有本身，後者
是指從人的存在來討論存有的問題。海德格說：「我們的研究所使
用的方法是詮釋，我們對現象學方法的瞭解，是把它懂成是一個
詮釋。」❷ 這是哲學史上很重要的一個轉折，是由現象學往詮釋學
的轉折。海德格在此列出「詮釋」的三個主要意義：

1.所謂的詮釋的第一個意義，是要從人的存有理解來勾勒出
存有的基本結構。人的存在本身，早在形成概念、形成科學、形
成語言之前，就已有對存有的理解。這是一個存有學的企圖，要
從人的存在對存有的理解出發，勾勒出整體存有的結構。

2.詮釋的第二個意義，是在勾勒出存有的結構以後，進而勾
勒出任何存有學研究所依賴的可能性的條件。如此一來，便由人
的存有理解所展現的存有結構，轉變成全體存有學的結構，這是
一項更寬廣的計畫，也是海德格的最後目標。

3.詮釋的第三個意義，是對人的存在的「存在性」(Existential-
ity)的解析，視為是一種詮釋，這點正是《存有與時間》所要做
的。

---

❶ Heidegger, M., *Being and Time*, translated by J. Macquarrie & E. Robinson
(New York: SCM Press, 1962), p. 61.

❷ Ibid., p. 61.

　　海德格的「詮釋」並不同於先前的狄爾泰。狄爾泰只想把詮釋當做一種方法，透過它來達到對意義的理解。詮釋只是做為理解的方法論。對狄爾泰而言，「理解」與「解釋」相區別，自然科學的認知方式是解釋，其要旨是運用因果關係，去說明一個普遍的自然的法則如何規定一個個別事件的產生。至於精神科學的認知方式，則是理解，是人對於歷史事件、行動、作品……的意義的把握。理解所針對的是意義，解釋所針對的則是因果。但是，什麼是詮釋？狄爾泰認為詮釋是對於作品與行動結構的掌握，以便達到理解。詮釋只是一種達到理解的方法。

　　到了海德格，則完全改變了，詮釋是對於人的存在的存在性的解析。海德格認為，必須先懂得人，才能懂得人文科學（例如歷史科學），也才有知識論的方法可言。所以，詮釋應該是更原初的，理解也不只是做為認知的一種方式，而是人的存在性結構之一。這是海德格對於狄爾泰所做的重要轉折。

　　簡言之，海德格的《存有與時間》所追問的是存有的意義，而存有的意義必須在人的時間性裡顯示出來。現象學就是存有學，存有學所採取的方法，基本上就是「詮釋」。❸

　　但是，「詮釋」在這裡的意義是相當原初的，是指對於人的存在的存在性的解析，透過此一解析，才可以進一步闡明人本身對

---

❸　須注意，海德格在晚年亦放棄了詮釋學的企劃。在《朝向語言之路》(*On the Way to Language*)一書中，海德格曾將其詮釋學在《存有與時間》(*Sein und Zeit*)中之進路與其後之發展作一區分。參見該書所收錄之〈一個日本人與一個探問者關於語言之對話〉(*A Dialogue on Language between a Japanese and an Inquirer*). Cf. Heidegger, *On the Way to Language*, translated by P. D. Hertz (San Francisco: Harper & Row. 1971), pp. 1–54.

於存有的理解，並將此一存有的理解顯題化，成為一對於存有的結構的把握，並進一步再以此作為所有存有學研究的基礎，探討全體存有學的架構。

如此一來，可將原先詮釋的意義次序重排，由本來的1-2-3，轉變成3-1-2。「詮釋」的第三個意義在《存有與時間》中變成是最重要的意義，是對於人的存在的存在性的解析，而且此一基礎將成為歷史學或其他人文科學對於人的討論的存有論的基礎。知識論是在存有論之後，而不是優先於存有論。

在這樣的情況下，人的時間化過程展現為人的三種存在模態。其一是「境遇感」(Befindlichkeit) ❹，代表人對自己的「已是」有所感知。人都是被投擲到一個已經存在的狀況，沒有辦法加以改變。「過去」是建立在人的「已是」之上，有「已是」才有「過去」。同樣，有「能是」才有「未來」，對於「能是」，人的存在模態就是理解，而所謂「理解」，就是理解人自己存在的可能性(Seinskönnen)。換言之，每個人在能形成概念之前，多少都已知道自己可能成為什麼。理解，就是理解存在的可能性，而不只是懂得某一作者主觀的意向。理解與境遇感連在一起，都是最原初的存有的模態。針對現在，則有所謂表詮(Rede)，用言或默來表達出意義。海德格對於人的本真的存在性結構，基本上是從人的境遇感、理解、表詮三者來立論，也就是從人的已是、能是、正是三個時式，發展出「是」或「存有」。

海德格在《存有與時間》中所做的，是對於人的存在性的存在解析(existential analysis)。這點不同於高達美在《真理與方法》

---

❹ 在中文學界中，本人最先將Befindlichkeit譯為「境遇感」，主要針對該詞有發現自己所在處境並有所感之意。

中以「交談」做為範式。高達美認為，人在讀歷史作品之時，與作品最適當的關係是對話，也因此他以交談做為討論意義的範式。到了呂格爾，則轉變為以文本為範式，因為他認為交談稍縱即逝，然而在時間中會存留下來的，則是文本。從海德格的存在性解析轉到到高達美的交談，再轉到呂格爾的文本，可以說是主要的發展過程。

　　從《存有與時間》看來，所謂存在解析是從「可用之物」(Zuhandenheit)的層次開始，分析出「此有」的層面，藉以開顯存有。換言之，就是從人周遭環境中的工具（包含符號）開始，但是海德格不停留在這層面，因為工具的使用基本上含有使用者的關心。透過此一關心，可以進一步解析出人的境遇感，從境遇感揭露已是，解析出理解，以揭露能是，並進而有所表詮。存在解析的方向不停留在工具層面，而是用工具來揭露此在的存有。

　　大體上，海德格對語言的討論，是放置於人的本真的存在結構中。按照他的存在解析，是放在從「理解」到「詮釋」到「說出」(Aussage)的脈絡中。首先，語言是從詮釋之中再說出。其次，在表詮中則有言有默——靜默也可以用來表詮，像所謂「無聲勝有聲」的情形，也是很重要的意義表詮方式。言默與傾聽兩者一樣重要，傾聽也是建立在表詮上。對此，我們必須簡單的加以討論，藉以看出文本(text)的地位應如何規定。

　　在《存有與時間》第32、33節裡，海德格討論的是從「理解」到「詮釋」，直到「說出」(Aussage)成為「語言」。大體而言，可以用以下的架構表達：

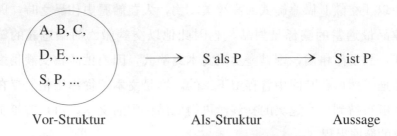

我認為，海德格並不反對「說出」或反對「文本」，對他而言，科學並不是更精確，而只是更窄狹，因為它是建立在「說出」的結構上。詮釋與理解之間的關係，是「先在結構」(Vor-Struktur)與「宛若結構」(Als-Struktur)之間的相互循環。進一步，則有「說出」(Aussage)，海德格又稱為「判斷」(das Urteil)，這是傳統邏輯的講法，在今天我們稱之為「語句」(sentence)。

海德格想追溯語言直到其實存的意義。他指出，「說出」(Aussage)有三個意義：第一、「說出」的意義是「指出」(Aufzeigen)，「指出」的意思是讓所指的東西從自身被看見(letting an entity be seen from itself)。

第二、「說出」的意義是「賦謂」(predication)，也就是邏輯上說的「賦與謂詞」之意，邏輯上說 "S is P"，其中P是當作S的謂詞，譬如在「這張桌子是長方形的」一句中，「長方形」是「桌子」的謂詞。一個語句形成的過程，包含了謂詞化的作用，因為必須要有一個主詞、一個謂詞，並透過繫詞把謂詞賦予一個主詞。海德格舉生活中之物為例：「這把榔頭是重的」(The hammer is heavy)，其實我們對於榔頭與其所在的環境早已有很多體會，然而，一旦說出這句話，整個體會的內容就會隨著所指出的意義而窄化下來了。又如當我們說：「這張桌子是長方形的」，其實我們

對桌子及其周遭早已有很多感受。一旦說出這句話，便經由指出，讓這張桌子顯露出來，而忽略很多其他脈絡。

第三，「說出」是意指「溝通」，就是說出話來與別人溝通，讓別人看出我們所指的那件東西具有我們所講的那個性質。但是，對於海德格，重點不在於溝通的形式，而在於溝通共同境遇感以及共同理解。在人與他人的共在(Mitsein)中，透過溝通，使別人達到對彼此的共同境遇感與共同理解的掌握。

原則上，我認為「說出」(Aussage)本來應該放在語言的部分來說，為什麼會放在「理解」後面來講呢？基本上是為了要指出以下這項關係：由「先在的理解」到「宛若的結構」到「主謂的結構」，即由「理解」到「詮釋」到「說出」的過程。但是，基本上「說出」應該是屬於「表詮」。在《存有與時間》第34節，海德格討論「表詮」(Rede)，論及「語言」，其基本上的目的還是要回歸到境遇感與理解。

海德格認為：言說做為一種表詮(discourse/Rede)，包含了幾層意義。

1.是言說「所論及事項」：因為人說話的時候都是說到某物，這是涉及「到底這言說是關於什麼？」的問題。大體上，這是前述「指出」之意所指出的東西。

2.是言說「所表詮內容」：也就是關於該事項到底說了什麼。與前面連起來講，「賦與謂詞」所說的就是表詮的內容。

3.「溝通」：人透過「說出」來溝通，一般而言這是實存地體驗到的，至於提供資訊其實只是溝通的一種。海德格認為，溝通是在分享共同境遇感及共同理解。溝通既是共同境遇感和共同理解的分享，便應將語言還原到當下的說出。

若就「敘事」而言，這裡會發生一個問題。有一些民族的文化傳統，往往是透過故事，尤其是口說的傳統(Oral tradition)，代代相傳，每一代的人都是透過過去傳下來的故事來理解文化傳統。不過，海德格卻主張，凡有所說，都是為了溝通共同的境遇感和共同理解。他對於過去和傳統所採取的是「溫故知新」(Widerholen)的態度，將傳統還原為存在上的理解和共同理解，基本上這是將溝通定位在當下的說出。不過，這其中恐怕仍存在著難以解消的張力。

4.「自我表達」：在說出、表詮之時，此有表達它自身，人透過說話把自己表達出去。這是把語言放在人的自我走出，放在存在的自我走出的過程。「說出」也就是自我表達、自我走出的一種方式。換言之，「說出」本身就是一種自我表白，其所表白者，正是人自己不斷走出的存在的過程。

由此可見，海德格對於語言的分析，基本上其所採取的模式是人的存在性，他要回歸到人的境遇感、理解，透過語言的說出，分享共同境遇感與共同理解。至於「別人」，對他而言，總是含藏某些危機，所以他要把「人們」放在非本真的存在樣態。海德格雖然著重溝通與自我表白，卻很少去顧及溝通的另一方。在這裡，他依然存在著某種齊克果式的個人存在。海德格所關心的問題，基本上還是個人怎麼獲取他本真的存在。人與別人雖可以理解為共在，也因此可有共同境遇感與共同理解，可以透過溝通來分享。可是，每個人依然必須自己邁向死亡，只能由自己去面對死亡。所以，存在是屬己的，由於它屬於人自己，也因此人才可以達至本真。

然而，對於高達美而言，此外還有交談的層面，人可以與對

方透過交談來開顯存有。至於呂格爾則進而以文本為範式。以文本為範式，於是他由與說話的理論轉成閱讀的理論，在閱讀時有作者、也有讀者，不能只強調一個人本真的存在。然而，海德格強調透過說話，來自我走出，表達共同境遇感與共同理解，其中最重要的還是自我的決斷。在此，文本若有地位，是在於閱讀文本時，可以讀到其中所揭露的存在的可能性，換言之，文本還得還原為我的理解，也就是我所理解的存在的可能性。共在(Mitsein)對於海德格而言，仍含藏著變成「人們」的危機。然而，歷史所講的往往是群體的故事，無論是一個部落的故事，一些社團的起起落落，一個帝國的興衰，甚或其中合與分的過程。對此種種複雜的過程，若只運用海德格的「此有」(Dasein)、「存在」(existence)……等概念，沒有辦法完全予以涵蓋。

　　話雖如此，海德格仍然預備了一個重要的基礎。這其中很重要的一點，是存有的揭露。在高達美而言，存有的揭露轉變成為真理(Wahrheit/Truth)。不過，無論是海德格所講的存有，或是高達美所講的真理，都是呂格爾的敘事的最後目標。換言之，呂格爾敘事理論的最後目標便是指向存有的開顯，指向真理。不過，或許由於他總難以忘懷在集中營裡的實存體驗，在其中閱讀雅斯培、馬賽爾等人對於存在的瞭解，呂格爾對於存在的瞭解不只是自我在時間中的走出這樣一個單純的存有學意義。呂格爾的存在還包含著人一生的故事：例如人的苦難與死亡，雅斯培所講的存在的界限狀況，死亡、犯罪、戰爭等等，或馬賽爾所講的存有的奧秘，某種宗教體驗裡揭露的奧秘，人的忠誠……等等。所以，呂格爾的存在概念要比海德格的存在概念更為豐富而複雜，因為其中包含了具體的實存體驗及其曲曲折折，更包含了人的界線、

尊嚴與人可能有的遠景，而不只是一個單純的存有學意義的存在。

不過，從海德格到高達美到呂格爾，基本上有著共同的最後目標。海德格透過理解、詮釋到語言，一直下貫，對於把所有的語言還原到其實存的意義，提供了一個討論的基礎。海德格所講的理解，也擺脫了先前對於理解的限定，譬如狄爾泰以理解做為一種認知的模態，其要旨在理解作者的主觀意向。這種想法有其限制，因為主觀意向往往一去不復返，作者已死，無從查證。相反的，海德格則認為人所理解的是存在的可能性，如此一來，讀一篇文本可以從其中讀出自己存在的可能性。

這對呂格爾而言，海德格完成了「理解」的典範轉移。不過，呂格爾對此又有所增益，譬如增加對文本的語言結構的考量，尤其在他接受結構主義語言學和分析哲學的影響之後，更為注意語言的結構面，例如敘事文中的情節(plot)與型構(configuration)，其中結構的考量變得更為重要。也因此呂格爾認為，針對文本，不能夠只講理解，進一步還須加以解釋(explanation)。原來狄爾泰所謂自然科學的「解釋」的作用也必須重新尋回。在狄爾泰言，是以因果關係來解釋一個事件。譬如在一部車子的進行過程當中，由於司機突然煞車，乘客會往前傾撞，這類現象若訴諸慣性定律，便可加以解釋。不過，在今天，狄爾泰這種解釋範式已然不再適用。對於呂格爾，所謂「解釋」不再是一種「因果解釋」(causal explanation)，而是轉變成為「結構解釋」(structural explanation)，換言之，所謂「解釋」就是「提出結構」，譬如對於文本的結構、對於敘述文的情節的掌握，而不是提出因果關係。這點在呂格爾那裡獲得了進一步的發展。

三、對高達美《真理與方法》的承接

原則上，高達美繼承海德格，視存有的開顯為真理，他也發揮海德格對肇始於笛卡爾「我思故我在」的近代主體哲學的批判，力求從主體的侷限中超越出來。他認為在對真理的經驗中，人走出自我，迎向存有的開顯。這點從人對藝術作品的經驗中便可以看出來，當人觀賞一件藝術作品而有所瞭解時，觀賞者已然從自我走出，讓畫的訊息向他揭露。理解的經驗本身就是自我的走出。藝術如此，歷史亦然，因為歷史的意義終須在傳統裡面展現。

高達美的「傳統」概念，對於海德格有所補足。海德格沒有把文本與經典的重要性放在傳統中來討論。前面提及的「溫故知新」，基本上是從人現在的存在處境以及對未來存在可能性的理解去詮釋傳統。其中傳統的地位並不十分明顯。但是，高達美《真理與方法》的寫作方式，就是在詮釋傳統的過程中，將亞里斯多德、柏拉圖……等希臘哲學家，以及康德、黑格爾、施萊瑪哈、狄爾泰……等德國哲學家的思想，納入自己的思想體系。所以，傳統在他的思想中扮演了重要的角色。所謂「傳統」就是在時間的流變中形成的客觀意義，似乎不能只化約為我當下的理解與境遇感，相反的，我之所以有所了悟，是因為我獲取了傳統的意義，我由於閱讀了經典，忽然間懂了一些意義。所謂「自我」也只是人在獲取傳統的意義時出現的一點火花，自我不是終極的，也不能給予最後的判斷。

傳統有其多樣性與不同的傳衍方式，其中像書寫的歷史，像

神話、口說的故事，像史詩、民間傳說，各種各類的故事……等等，這些各種不同形式的故事的傳衍形式，後來在呂格爾統統整合入「敘事文」(recit/narrative)的概念中加以處理。

此外，高達美還有一個很重要的概念，那就是所謂「實效歷史」(Wirkungsgeschichte/effective history)。❺歷史如果要對我現在有意義，要能在時間中繼續發生作用，都是經過每一代人不斷沉澱，不斷重新構成的歷史。所以，真正的歷史都是「實效的歷史」，後者顯示出每一代人與歷史之間的張力，人必須在自己現在存在的狀況之下重構歷史。實效歷史這個概念，顯示出歷史本身是經過一再敘述、一再構成的。不過，到底此一不斷敘述與構成的過程是什麼，高達美沒有加以詳解。

經由呂格爾，我們已然可以指出，實效歷史就是以「敘事」的方式重構的，以「敘事文」做為一種展現或是敘述實效歷史的方式。大體上，就文本構成上說，無論是口說的傳統(oral tradition)或書寫的傳統(written tradition)，都是透過敘述的方式去展示實效歷史。所以，必須經由不斷的一說再說，以顯示實效歷史的地位。

從以上可以看到，呂格爾怎樣承接高達美的「傳統」和「實效歷史」的概念，並賦予它一個更精確的概念，一種寫作與敘說的方式，一個文類，那就是「敘事文」。

此外，呂格爾此一詮釋學思想的轉折還有很重要的一點。海德格以對人的存在解析做為範式，其中隱含了齊克果式對個人存在的強調。實現生命意義的是個人，每個人必須面對自己的死亡與屬己的存在去實現自己的本真性。這點在高達美裡發生重大轉

---

❺ Wirkungsgeschichte一詞也是本人最先將其中譯為「實效歷史」。

折，高達美把人對語言的瞭解與對語言意義的掌握，建立在「交談」的範式上來思考，且無論是欣賞藝術、看畫、讀歷史、讀經典……都包含了某種交談。沒有人能操縱一次真正的交談，朋友促膝長談，與其說是要說服對方，譬如在談判和傳播媒介中的情況，在高達美看起仍然有著太強的主體性的意義。在真正的交談裡面，沒有人能操縱意義的浮顯。朋友在彼此真心交談時，沒有人知道會談出什麼來。因為在交談的過程中如果有真理的揭露，那時你不再只是你，我不再只是我，而是我們共同體驗到真理透過交談揭露。就如前述觀畫的情形。當人對一幅畫有所了解的時候，已經自我走出，同樣地，在真正的交談裡，人時時準備捐棄成見，放棄自我，讓真理在交談中開顯出來。真正的交談就是雙方隨時可以超越各自的主體性，而且沒有一定非要堅持不可的固定論題❻。

　　高達美既以交談為範本，他會怎麼看待文本呢？最適當的語言是交談，至於文本，高達美會認為書寫本身就包含了自我異化。人在閱讀一篇文本時，必須設法克服此一異化，以達到理解。所以，針對經典作品，雖是詮釋學最重要的文本，但總有理解的困難，因為文字都會有文字障，都有異化的危機包含其中。所以，從交談的眼光來看，高達美認為面對一文本的最好辦法，就是運用交談的方式去讀，與文本交談，並將之還原為交談。也因此，高達美討論到柯靈烏(R. G. Collingwood)所提出的「問答法」(question and answer)，當閱讀一文本時，在心中問它到底是什麼意思，然後再尋求解答，如此一問一答，在內心裡進行不斷的

------

❻　H.-G. Gadamer, *Wahrheit und Methode*: *Grundzüge einer philosophischen Hermeneutik* (Tubingen: Mohr, 1990), S. 387.

對話。當柯靈烏自傳翻譯為德文之時，書名改為《思想》(Denken)，高達美曾為它寫序，十分重視柯靈烏所講的問答法，並認為問答的意思其實就是交談。所以，對高達美而言，克服文本異化危機的辦法，就是將其還原為流動性的交談。

不過，話說回來，文本仍有某些東西不能完全付諸交談，因為文本既已成為文字，已然克服特定時間與空間的限制。像柏拉圖、亞里斯多德等人的文字，到今天我們還可以閱讀它，也還可以讀得懂，揭露其中存在的可能性，可見它們相當程度超越了時空。這樣一來，它們是不是真正能夠以像與朋友交談的方式來對待呢？文本有其殘餘，也就是它成為固定的符號以後的沉澱，會抵抗讀者把它還原為一種交談的關係。換言之，文本還有因為符號的固定化而產生的距離，並不是我們能夠用交談中的臨在性來予以處理的。高達美說：所有的書寫都是已經異化的說話，所以必須把符號再轉回說話及其意義。他其實是想用交談來轉化文本，因為意義在文本裡面已經經歷了一種自我異化，意義已因著書寫而異化，所以，詮釋學的任務就在於還原文本為交談，如此一來才有親臨感、才有臨在性。

不過，別忘了，符號仍有非臨在、不透明的地方，不可以全部翻譯為臨在性。文本的結構並不能翻譯為說話的結構。例如，當我們閱讀到某一故事情節，其中無論是語法結構或是故事情節，都不能還原為交談，不能翻譯回說話，經由交談來替代。情節是情節，不能把它交談化，也沒辦法透過交談化窮盡所有的情節。交談沒有辦法完全處理那些已經獨立於時空、有其自主性的符號與其內在結構。換言之，沒法子以交談完全處理文本。

總之，就當代詮釋學史的發展而言，從《存有與時間》到

《時間與敘事》的轉折，簡單說來，值得注意的首先是存有學優先性的建立。雖然呂格爾的最終目的是要返回海德格所謂存有的開顯，但是，存有對海德格而言，是能自行開顯的；至於高達美則是透過傳統中的經典、藝術品，經由歷史和交談來揭露真理，此時已經走向與文化相關的行動與作品。海德格透過人的自我超越、不斷自我走出以開顯存有，此一過程並不限於文化，因為人在時間中不斷地投置新的可能性，人的存在當然要比歷史、藝術或人際互動還要更為高超與廣闊。然而，高達美將之轉向經典、藝術品、歷史和交談等，也使之更為具體化、脈絡化。

　　基本上，不論是海德格的存有或是高達美的真理，在呂格爾來講，都是最終目的。呂格爾在《詮釋的衝突》一書中也明白表示，他的最後目的還是海德格所開展出來的存有思想。不過，他賦予了存有一個比較屬於存在主義的色彩，就是雅斯培或是馬賽爾所嚮往的，人在實際存在中的體驗，不只是在人的自我走出中開顯存有，而是在人一生的故事、種種實存狀況中，無論是體驗存有的奧秘，或是體驗界線狀況，或置身集中營的體驗，甚至是作為一個虔誠基督徒的宗教體驗。但就存有學的優先與終極目標來講，應該是一致的，只不過呂格爾不認為可以走捷徑，直接進入存有，他認為必須要轉個彎，經由方法學上的迂迴(détour méthodologique)，走長路，經迂迴，才能達到存有。在這點上，他不同於海德格與高達美。當然，方法迂迴的設置，主要是因為呂格爾認為有必要面對結構主義、語言學、知識論，尤其與分析哲學宗教現象學、聖經解釋……等等，必須經過迂迴才能夠達至存有的開顯。呂格爾講敘事文、說故事，也是這一迂迴計畫的延伸。

在這個意義下，從《存有與時間》，經過《真理與方法》，轉到呂格爾的《時間與敘事》之後，基本上是從「敘事」去理解人的時間性；人在說故事的時候，就會把自己的歷史性、歷史經驗與其中種種存在的可能和核心關切點，都帶到語言上，說出來了。說故事基本上是一種表白與說出人的歷史性的一種方式。而透過人的歷史性，人得以在歷史中開顯存有，如此一來，透過此一方法的迂迴，把時間、敘事與存有聯繫起來。方法迂迴的必要性使呂格爾不直接從人的時間性或人的時間化過程去達至存有，而是要從文本與敘述故事來迂迴達之。這一點與高達美所謂的傳統與實效歷史密切相關，只不過呂格爾更著重文本的地位。

總之，針對詮釋學在《存有與時間》以後的發展，其主要的轉折是從海德格以存在解析做為詮釋的範式，轉成高達美以交談作為範式，再轉到呂格爾以文本為其範式，也就是以經由書寫的符號而固定的言說(a discourse fixed by written signs)為其範式。

四、「解釋」與「理解」之典範轉移

其次，則是「解釋」與「理解」的關係之改變。對於這一點，呂格爾早在《時間與敘事》之前就已經加以討論了。呂格爾透過「文本」的範式重新解決「解釋」與「理解」之間的關係，使得兩者之間的關係也有所調整。本來，在狄爾泰時，解釋與理解是用來劃分自然科學與精神科學的知識論性質，並使精神科學得以與自然科學相抗衡的一種作法。解釋是自然科學在知識論上的運作方式，理解則是精神科學在知識論上的運作方式。所謂「解釋」是用因果關係來規定一物理事件，後者若獲得該項規

定，便獲得了解釋。至於「理解」則是透過同理心的運作，以設身處地的設想去瞭解作者的創造力。從作者的生命產生作品，是為創作；閱讀則是從作品倒回去理解這個創作過程。換言之，由作者的生命力到作品，是為創作，由作品回到他的生命力，則是理解。而所謂「意義」則是生命力與其表白之間的關係。

　　不過，對於呂格爾而言，到了海德格，理解不再是一種知識論的運作或認知方式，相反的，知識論假定了人的存在。所以若要懂得人文科學、精神科學，要先懂得人是什麼？人就是存有在此(Dasein)，以不斷在時間中自我走出的方式開顯存有。這樣，使得人的自我走出優先於科學，而在這自我走出的過程當中，人的理解是他存在的一種模態。人做為一個存在，本身就能理解、就能懂自己存在的可能性。如此一來，重點在於理解，而把解釋給遺失了。人的境遇感、理解與表詮是人的存在的最本真的模態，解釋變成非常不重要。

　　在這樣的情況下，呂格爾希望重建兩者的關係。理解仍是存在的可能性的揭露。呂格爾認為理解的新的典範，是由海德格建立的。但在解釋方面，就必須要訴諸語言學的結構主義。結構主義因著索緒爾(F. de Saussure)而使得解釋的典範有所改變，從因果解釋轉變為結構解釋。所謂「結構」就是一些因素彼此之間的可理解的關係，若掌握此一關係，就掌握了它的結構。相反的，因果關係也應可從這一可理解結構加以規定，換言之，在語言學或是其他人文社會科學中，解釋的模式已然轉向結構解釋，自然科學也可以在這其中取得定位，換言之，自然科學的重點也是在於勾勒出其所考量因素之間的可理解關係，因果的解釋應該重新在結構的解釋裡取得新的地位。

　　進行解釋，就是尋找結構。這可以區分兩方面來講，一、是語言的結構，從語詞、到語句、到論述這樣的結構。二、是情節上的結構，就是由許多事件及其敘述彼此連結起來成為一個情節，而情節便是在時間中發展的動態的結構。在語言學上，結構主義往往傾向於非時間化的語言結構。然而，這兩者其實有著密切的關係。在呂格爾看來，理解與解釋之間有一種新的關係，因為一方面凡是人都有一種先在的理解，只要出生，做為一個人，就有某種先在的理解，但是這先在的理解並不一定就能成為一種學問。也因此，先在的理解一定要經過解釋，提出結構加以張舉，如此經過結構化的過程，也就是經由解釋，才會使「先在的理解」變成是「學問的理解」。學問的理解與先在的理解中間的差異，就在於經過了結構的鍛鍊。換言之，呂格爾把理解與解釋的關係，轉變成一種新的辯證關係，而它們是相需而互補的。

　　可見，呂格爾是把海德格所謂的理解，也就是人對於存在的可能性的理解，尚未表現為語言或任何特定的生命企劃之前的理解，視為是一種先在的理解。進而，他區分「先在的理解」與「學問的理解」。先在的理解必須經由一些可理解的結構，雖然這不僅限於結構主義所講的語言結構，而應加上情節的結構，如此一來才能夠達到真正的學問的理解。換言之，至少須經由解釋，以排除理解的幻覺。當然，此所謂幻覺不再是康德意義的先驗幻覺，而是排除自以為是的理解，以達成學問的理解。

五、文學和語言理論中的敘事文及其中意義的辯證

英國學者史考樂(R. Scholes)與凱洛格(R. Kellogg)曾將「敘事文之意義」定義為界於擬構世界(fictional world)與實在世界(real world)之間的關係：「敘事文之意義，是指下列二者間關係之功能：一為作者擬構出來的世界，另一為實在世界、可覺知之世界。」❼檢討起來，此一定義僅就「指涉」面來看待意義問題，也因此他們會認為敘事文有兩個可能的意義，其一為表象，其二為例解。他們說「擬構與實在二世界間之關聯，若非表象即係例解。」❽但他們完全忽略了，文本的世界就像結構主義者所提示的，自有其一定之結構，此結構可決定並製造出內在於文本之涵意。換言之，他們的定義忽略了意義的涵意面。

就呂格爾看來，意義問題是一件更為複雜的事體。廣義的意義有其主觀面與客觀面。意義的主觀面包含了發言者（或敘事者）之三重意義：自我指涉、說話行動中之「做辭面」(illocutionary dimension)與期待聽者認可之意向。至於意義之客觀面，即嚴格意義下的意義，則包含了兩個雖不同但相關的層面，也就是「涵意」與「指涉」。呂格爾說：「吾人可能意指言說些『什麼』(what)，或言說之『關於什麼』(about what)，此中『什麼』為其涵意，而『關於什麼』即其指涉。」❾

---

❼　R. Scholes & R. Kellogg, *The Nature of Narrative* (New York: Oxford University Press, 1966), p. 82.

❽　Ibid., p. 84.

呂格爾之所以區分「涵意」與「指涉」，主要是為了綜合下列二者：其一為弗雷格(G. Frege)對「涵意」與「指涉」(Sinn und Be-deutung)所作之邏輯區分 ❿；其二為本維尼斯特(E. Benveniste)對「字詞」與「語句」(les mots et les phrases)所作之語言學區分。 ⓫對於本維尼斯特而言，只有從語句的層次以上開始，我們才能區分言說的「什麼」與「關於什麼」。從此一層次開始，我們才面對了語意的問題，並且必須將涵意與指涉區分開來。至於在語句以下的記號學(semiology)層次中，則無指涉的問題。一個記號(sign)只會指涉同一記號系統中之其他記號。然而，誠如呂格爾所指出的，「到了語句，語言才指向超越自身之外。然而，涵意是內在於言說，而且在理念上是客觀的；至於指涉則能表達出語言藉以超越自我之活動。換句話說，涵意經由語句而使得指認的功能與賦予謂詞的功能相互關聯起來，至於指涉則進而將語言與世界聯結起來。」 ⓬

就敘事文而言，涵意實際上遠較上段引文所闡述者更為複雜。因為後者僅就語句的層次來討論涵意，並認為涵意是在語句中使指認的功能與賦予謂詞的功能相互關聯；然而，敘事文實際

❾ P. Ricoeur, *Interpretation Theory. Discourse and Surplus of Meaning* (Texas: Texas Christian University, 1976), p. 19.

❿ 參見G. Frege, *On Sense and Reference*, trans. Max Black, in *Translation from the Philosophical Writings of Gottob Frege*, Peter Geach and Max Black (eds.) (Oxford: Basil Blackwell, 1970).

⓫ E. Benveniste, *Les niveauux de l'analyse linguistique*, in *Emile, Problèmes de linguistique générale I* (Paris: Gallimard, 1966), pp. 119–131.

⓬ P. Ricoeur, *Interpretation Theory. Discourse and Surplus of Meaning* (Texas: Texas Christian University, 1976), p. 20.

上是由一系列彼此內在相關的語句所組成的。按照李維史陀(Cl. Lévi-Strauss)的結構主義的解析，神話性的敘事文(myth-narrative)的涵意是由結構規則所規定的，此所謂結構規則乃是由數目有限且彼此對立的「神話元」(mythèmes)所構成的，此中所謂的「神話元」實際上是指吾人所探究的某一神話中的幾個主要構成因素，是由最短的句子分別加以敘述的。依照布洛普(V. Propp)的形式主義的分析，像民間故事之類的敘事文(folktale-narrative)的涵意，是由其中許多功能性的行動(functional actions)彼此的串連所決定的。

　　無論如何，敘事文的意義有其適宜於進行結構性解析的結構面。呂格爾指出：「第一種閱讀方法，可以用文學批評之各種結構學派作為釋例，他們所採行的進路不但是可能的，而且是合法的。」❸基本上，呂格爾本人並不曾自創某一種結構主義的主張，他對結構解析的討論只是把它當作一種方法，用以指出涵意實屬敘事文意義之結構面，更用以顯化此種解析之可能性條件，以便能用之於為詮釋學之反省鋪路。

　　呂格爾指出，涵意與指涉實際上是處於一種辯證的處境。語言只有在使用之時始有所指涉，換言之，只有將其實現於說話之行動，語言方有所指涉。但說話行動中的結構，則形成了涵意。呂格爾說：「一句話在某特定處境中，並依於特定用時法所作的就是指涉，這也是說者在說到實在界時所作的。某人指涉某物於某一特定時間，此是一事件，一說話事件，此一事件之結構則是來自涵意，說者之所以能指涉某物，實乃基於或經由涵意之理想架構。換句話說，說者之指涉意向穿越了涵意。」❹以上呂格爾所

---

❸　Ibid., p. 81.

❹　Ibid., p. 20.

言，多係就說話行動而論，但其情形實與敘事文相類。敘事文之涵意亦體現在結構面上，也就是情節的佈局上；至於其指涉，則與隱於其後之敘事者的先在理解，及其所指向的世界或存在的可能性相關連。

呂格爾認為，一篇敘事文假定了一敘事者及其身為在世存有(Being-in-the-world)之存有學條件。史考樂與凱洛格稱呼一敘事文作品為「一個擬構的世界」。呂格爾卻不認為一篇敘事文自身擁有其世界，它甚至不是一個世界。然而，呂格爾也指出，「正因為吾人生於此世，且受所處環境之影響，更因為吾人在環境中有所理解，因而進行自我引導，使我們有話要說，我們纔要將自己的經驗表白為語言。」❶ 在呂格爾來說，此一「把經驗表白為語言」涉及了「指涉」之存有學條件。在一件敘事文作品中，是由敘事者將其所經驗或嚮往之世界，無論是歷史的或虛擬的，帶入敘事文之中，亦經由如此的作法，將指涉的面向引進了敘事的作品中。

敘事文之涵意決定於其結構，而任一結構解析均對應於吾人稱作「解釋」的知識論運作；至於指涉問題，則隨敘事文之存有學的或存在的詮釋而顯現，因而要求有「理解」的知識論運作。涵意與指涉既處於一辯證之關係，則與兩者相關的解釋與理解亦必處於辯證關係，也因此呂格爾認為解釋與理解、自然科學與人文科學之間，雖各有不同，卻仍有強烈的連續性。過去這兩者由於狄爾泰以自然主義者的觀點來看待解釋，以主體主義之觀點來看待理解，因而使得兩者為之分裂。然而，呂格爾則是以記號學取代自然科學，使之成為自然科學與人文科學中的解釋作用的新典範，因而確立了二者之間的連續性。同時，由於呂格爾視海德

---

❶ Ibid., pp. 20–21.

格的「理解」概念具有決定性的意義，他所謂的理解，遂非如狄爾泰所強調應透過同理心設想而進入他人生活的認知能力，而是某種對於存在的可能性的領悟。呂格爾將以上兩種知識論運作合而觀之，遂主張若欲分析敘事文之意義，必須從對其涵意面之結構性解釋開始，而終結於對其指涉面之存有論理解。

　　關於呂格爾對於敘事文的結構面與指涉面，我們還可以在下一章所謂的「三層再現論」中有所發揮。在此，我們願意特就其與其他學派思想的關係詳作分析。

六、結構主義對敘事文的結構解析

　　依照呂格爾的主張，結構性解析之可能性條件是基於對「敘事文」(récit)與「言說」(discours)的區分，這是本維尼斯特在一篇重要論文〈論法文動詞的時間關係〉中所做的區分。❶他將「言說」定義為：「舉凡假定了一個說者和一個聽者的說話，而且前者有意要以任何方式來影響後者。」❶在人稱方面，言說可以任意運用動詞的你、我、他⋯⋯等任一人稱，這始終指涉到敘述之情境。至於在言說所使用之動詞時式方面，除了不定過去式外不作任何限制，但此已為言說所放棄之不定過去式，卻是歷史性敘事文之標準型式；現在、未來與完成式乃言說之三個基本時式，然而皆被排除於歷史性敘事文之外，不予採用。正如本維尼斯特所言，敘事文「關涉到對話時間中某一確定時刻所發生之事實的表

---

❶ E. Benveniste, *Les relations de temps dans les verbes Français*, in *Problèmes de linguistique générale I* (Paris: Gallimard, 1966), pp. 237–250.

❶ Ibid., p. 242.

白，在敘述中絲毫沒有敘述者的介入。」**⑱** 也因此，其中絕不會用到我、你之類的人稱，而只能承認第三人稱的形式。至於敘事文之時式，本維尼斯特說：「歷史的語句包含三種形式：過去式（簡單過去式或確定過去式），未完成過去式（其中包含有語尾加——rait形式的所謂條件式）和越過去式(plus-que-parfait)……至於現在式則被排除在外，只有很稀罕的例外，有超乎時間的現在式，例如定義的現在式。」**⑲**

在「言說」之中，敘事者居於甚為重要的地位，這可以由其中所用的人稱是「我／你」(Je/vous)、其所用的時式表現當前之經驗，以及其對此經驗所作之詮釋……等等看出來。反之，在敘事文中，無論是歷史性或虛構性的敘事文，敘事者似乎均無關緊要，因為敘述這些事件時所表現出來的方式，顯得好像是事件本身在發生，甚至是事件在敘述自己。誠如本維尼斯特所說的：「說真的，此處再沒有敘事者的地位，諸事件之敘述，儼如此種敘述就在事件出現於歷史的水平線時便產生了。在此沒有任何人說話；諸事件似乎在自行敘述。基本的時式是過去式，過去式是不涉及敘事者人稱的事件之時式。」**⑳**

結構性解釋之所以能決定敘事文之內在涵意，須符合以下的條件：敘事者之主體性與其對所敘述事件之詮釋必須先行排除。在將敘事者的敘事行動與其所述內容分離的情形下，結構性的解析主要只限定在那些表達內容的符號上運作。

布洛普(V. Propp)對俄國民間故事所進行之形式解析**㉑**，是布

---

⑱ Ibid., p. 239.

⑲ Ibid., p. 239.

⑳ Ibid., p. 241.

勒曼(Cl. Bremond)、葛萊瑪斯(A. J. Greimas)與李維史陀(Cl. Levi-Stauss)等人所採用的結構性解析之先驅。布洛普自己所設定的目標是達到一立基於形式符號體系的系統性分類，為此他提出一種既非直覺、亦不屬經驗性的功能性描述。經驗性描述只能針對故事做一番表面上的、流水賬式的記載；相反的，功能性描述則是有系統的，使可變的價值隸屬於不變的價值。所謂「可變價值」乃指一個人物的無關本質的行動及屬性，例如：他的姓名、長相、在故事中出場時的細節等；這一切均是取決於、依賴於布洛普所謂「功能性」的各種穩定的、不變的價值。所謂「功能」(function)的定義是指一個人物之行動對於整體故事情節之展開居於重要地位者。布洛普曾列出一份內含三十一項功能的目錄，其彼此之間的組織是遵循一定的強制性順序而構成的。藉由這些功能性的直線連鎖，產生了一個全部「好故事」所遵行的原型，因而形成了一套「敘事邏輯」(logic of narrative)。

其後，布勒曼與葛萊瑪斯兩人，依照布洛普循的時間順序所排列出來的功能，將其單線發展的次序改成多線或樹枝狀的發展次序，於是就形成兩人所謂的「結構性分析」。李維史陀進而將此一敘事邏輯的時間順序取消，改為由數個非時間性的對立元(non-temporal oppositional elements)所形成的「組合邏輯」(combinatory logic)，這就是李維史陀對於神話敘事文所作的結構性解析。

布勒曼主張：每一功能均會揭示一個新的選擇，而每一行動若非揭開某些選擇，就是封閉某些選擇。一個故事的結構是決定

---

❹ 參見V. Propp, *Morphology of the Folktale* (Bloominton: Indiana University Press, 1958).

於其顯現新選擇的關鍵性行動，於是，他將布洛普前述的直線系
列轉換成為一樹枝狀圖形，此圖形是由一系列相對立之抉擇所形
成。❷藉此，布勒曼試圖建立一「敘事之可能性的邏輯」(la
logique des possibles narratives)，其任務在於研究「排列為敘事文形
式之全體系列事件所必須遵行的邏輯規定，若不遵行則該敘事文
便會成為不可理解的。」❸在此一情形下，布勒曼提供了一個更為
豐富的敘事文之定義。他說：「一切的敘事文皆一種把一串連貫
的、有人類興趣的事件，整合在一個統一的行動中之言說。」❹連
貫、整合與人類興趣乃此一定義之三個基本主題，此三者合起
來，提醒我們，一切行動皆是出自人的投射。

　　葛萊瑪斯在其名著《結構語意學》(Sémantique structurale)一書
中，進而將布洛普所列出之功能目錄，重新製成一表，其列表之
方法乃將諸彼此對立之選擇組合形成一敘事邏輯，此邏輯所遵照
之秩序是依照「轉換語意學」(transformational linguistics)的模式而
構成的。❺葛萊瑪斯基於一種二元模式，重組布洛普之目錄，形
成一系統的成對排列，例如「禁止」相對於「違犯」。其新的對立
元目錄排列如下：

1. 缺乏

---

❷　Cf. Cl. Bremond, *Le Message narratif*, in *Communications* N°4 (Paris: Le
　　Seuil, 1964).

❸　Cl. Bremond,. *La logique des possibles narratifs*. in *Communications* N°8
　　(Paris: Le Seuil, 1966).

❹　Ibid., p. 62.

❺　參見A. J. Greimas, *Sémantique structurale* (Paris: Larousse, 1966), pp. 172–
　　221; A. J. Greimas, *Du sens*, *Essais sémiotiques* (Paris: Le Seuil, 1970), pp.
　　157–230.

2.禁止　相對於　違犯

3.探問　相對於　提供

4.欺騙　相對於　共謀

5.惡行　相對於　不足

6.接引、聯接的時刻　相對於　開始對抗的行動

7.出發

8.第一項考驗　相對於　主角之迴應

9.接受輔助

10.地方性移動

11.鬥爭　相對於　勝利

12.標示

13.原有不幸或缺乏消失

14.返回

15.追逐　相對於　救助

16.匿名抵達

17.難題　相對於　解答

18.承認

19.暴露　相對於　變形

20.懲罰　相對於　結婚

　　在將轉換律應用於這些簡單的關係後，葛萊瑪斯殫思竭慮地構想出了一種「行動元結構」(actantial structure)。此種行動元結構可以說把布洛普與布勒曼所列出的依時間之進行秩序予以非時間化了。不過，其間仍有某種時間的遺跡──尤其是表現在「抗衡」與「成功」的一組功能組合形式中，因為後者無法轉換成一種初級的符號範疇(elementary semic category)。㉖

　　進而，李維史陀在對神話敘事文所作之結構性解析中，實現了將敘事邏輯的時間順序完全消除的工作。他消除敘事邏輯之時間性，使之成為一由非時間因素構成之組合邏輯，並稱這些因素為「神話元」。李維史陀說：「正如同一切語言的作品一般，神話是由一些構成單位所組成的。神話的構成單位通常包含著有那些正常介入在語言結構中出現的單位，我們把適切地屬於神話範圍，而且是一切單位中最為複雜的因素，稱之為巨型構成單位。」⓫

　　李維史陀認為，每一神話皆由「神話元」之鏈鎖所組合。所謂「神話元」乃由「主詞—謂詞」之形式構成的最短語句，研究者可以循數學比例，將其安排成一對一對相互對立的組合。例如，在重組伊迪帕斯(Oedipus)這一神話時，李維史陀將其中的神話元分列為四行：在第一行可以看到「過度的親戚關係」，例如伊迪帕斯娶了自己的母親，安提崗妮(Antigone)埋葬了普利尼西斯(Polyneices)；在第二行，則有「不足之親戚關係」，例如伊迪帕斯殺了自己父親，艾提歐克累(Eteocleis)殺了親兄弟普利尼西斯；第三行，可以見到「人之自主性」，後者否認了人在大地中的根源，例如卡達摩(Candamos)屠龍，伊迪帕斯殺了人面獅身獸(Sphinx)；在第四行，可見到「人的依賴性」，例如伊迪帕斯的腳腫，如植物般立根於地面上。將這些相對立之關係組合起來：第四行比第三行，就如同第二行比第一行($4:3 = 2:1$)。此一數學比例亦即該神話之結構原理。

　　由此可見，對於李維史陀而言，神話實乃一種調和各種對立

⓫　A. J. Greimas, *Sémantique structurale* (Paris: Larousse, 1966), p. 205.

⓬　Cl. Lévi-Strauss, *Anthropologie structurale* (Paris: Plon, 1958), pp. 232–233.

元的運作性邏輯。神話有助於吾人窮究一切由二元過渡到一元的種種可能性模式。也因此，按照李維史陀之見解，神話的目的在於提供我們一種消解對立之邏輯模式。㉘

　　從上述對布洛普之形式主義解析，以及對布勒曼、葛萊瑪斯和李維史陀的結構主義解析所作的概略陳述，我們可以抽繹出他們的論證中的兩個基本要點：

　　第一：關於敘事文涵意之結構性解釋，其可能性條件是立基於敘述內容與敘述行動、敘事符號與敘事者的先在區分。換句話說，就是奠基於先行排除它們的存有學關聯。

　　第二：由布勒曼到李維史陀，其間有一種將敘事邏輯之時間性加以消除的趨向。這意謂著，結構性解釋在逐漸化約敘事文之歷史性與貫時性(dischronicity)的情形下，有走向系統性與共時性(synchronicity)之趨勢。結構性解釋若要成功，就必須付出此一代價，而喪失所有有關人的歷史性之指涉。

　　呂格爾的詮釋學，針對以上困難而提出以下兩點：第一：重新發現敘事者與其敘述的行動；第二：經由敘事邏輯之存在性詮釋，重新與人的存在的歷史性相會合。他認為，若要徹底解決敘事文的指涉問題，其關鍵端在於敘事者之重新發現，以及敘事者參予人類的歷史性。

七、存在性詮釋之必要性

　　敘事文之結構性解釋預設了敘事者及其敘事行動之區分。敘事文不用第一人稱現在式，誠如本維尼斯特所說，其敘事之方式

㉘　Ibid., pp. 235–240.

有如所敘述的事件自行展開，自行敘述一般。至於一切對敘事者之指涉，則依巴特(R. Barthes)的做法，僅能視其為敘事者之符號，因而必須將之納入整個語言學的符號系統中。❷可是，依照呂格爾之詮釋學觀點，敘事文之存在性詮釋是始自重新發現敘事者及其敘事行動。這兩者正是敘事文之兩項存有學預設。敘事行動本身就是一種傳達的行動，其所傳達者是一個看法或一個重構過的世界。一篇敘事文預設了一敘事者與其接收者（讀者）。正如同巴特所形容的：「正如同在敘事文內部有一交換的大作用（分配在施者和受者之間），同樣的，對應而言之，敘事文作為一種對象，亦為某種溝通之產物，有一施敘事文者，有一受敘事文者。」❸

不過，就巴特的結構主義解析而言，問題在於敘事者與接收者之符號是如何與其他符號整合起來，納入一個結構的整體之中。他的興趣不在於敘事者之主觀動機，亦不在於敘事行動對於接收者所造成之效果等問題上，而在於那使得敘事者與接收者的符號能和其他符號整合起來的組織語碼(the code of organization)。呂格爾認為，這正是符號學之限制所在，它只能問符號及其語碼的問題。至於呂格爾的看法則認為：符號系統在存有學的層次上預設了一位敘事者，而且此一敘事者能透過符號的使用來開顯其世界，並藉著溝通，使其接收者亦能分享此一世界。可見，在世存有與其共存(Mitsein, Being-together)是用敘事文來達成溝通的兩個存有學條件。

質言之，「見證」(witness)與「傳統」(tradition)兩種範疇的敘

---

❷ R. Barthes, *Introduction a l'analyse structural des récits*, in *Communications* N°8 (Paris: Le Seuil, 1966), pp. 18–20.

❸ Ibid..

事文，證實了此一對敘事者與其存有學關聯的重新發現。一篇見證式的敘事文或自傳式作品，其寫作總是會用第一人稱完成式以替代不定過去——例如卡繆(A. Camus)之《異鄉人》(L'Etranger)。完成式為過去的事件與敘事之當下建立起一活生生的關係。正如本維尼斯特所說的：「現在完成式是用見證、用參與來敘述事實者所使用的時式；它亦是任何要傳達他們報告之事實給我們，並且把這事實與我們現在關聯起來的人，所選用的時式。」❸自傳式的敘事文直接指向了敘事者的存在與其對自己所經驗之世界的詮釋。

　　此外，敘事之行動經由與傳統之聯結，而得以與所述事件處於同一歷史潮流中。敘事者與其所敘述的歷史事件，皆是隸屬於同一歷史洪流。經由傳統，所敘述的事件與敘事者產生了有意義的聯結。

　　對敘事文進行結構性分析，始於區分「敘事文／言說」。相反的，呂格爾詮釋學之存在性詮釋，則始於重新發現敘事者及其敘事行動，經由此一發現，使敘事文成為人的言說的一種，變成一種敘事性的言說(narrative-discourse)。當敘事文與言說複合之後，想要明辨出其指涉面，就很容易了。從語句層次起，吾人必須由「文字所說的是什麼」中區分出「文字所說的是關於什麼」。敘事文自有其指示的功能，但這並不意謂著一篇敘事文必然是一種實在界的表象。從表象觀點來看指涉問題，這是有些作者長久以來的成見，這一成見有兩項有問題的預設：首先，以為模仿(mimesis)即意謂著一仿造之影本(copy)；❸其次，以為在言說或敘事行

---

❸　E. Benveniste, *Problèmes de linguistique générale I* (Paris: Gallimard, 1966), p. 244.

動展開之前，實在界早已完成且為人所知。

　　上述第一項預設，使長久以來閱讀亞里斯多德的《詩學》(*De Poetica*)時產生了扭曲，誤將模仿(mimesis)混同為影本(copy)。事實上，亞里斯多德所說的模仿並非一種影本。亞里斯多德主張詩的任務在於創造一吾人在現實生活中找不到的情節(muthos)，此情節有自己的邏輯：一開頭、一發展順序與一結尾。❸此情節與敘事邏輯相類，是人創造的產品，亞里斯多德稱之為一創作(poiesis)。悲劇之所以要模仿人的行動，並不是要作人的行動之影本、表象或複製品，而是以一更廣泛、更好的方式，來重新塑造人之行為。因此，敘事文作品中所作之模仿，實際上是一創造性的模仿(a creative imitation)。

　　另一方面，上述的第二個預設主張一種靜態的實在觀，但一敘事文之創造性模仿，卻照亮了任何表象語言均不曾得知的實在。例如，經由伊迪帕斯神話的創作，人們才知覺到自己有一種伊迪帕斯的傾向(Oedipian drives)。小說並不像歐爾巴哈(E. Auerbach)在其名著《模仿》(*Mimesis*)一書中所說的，只是為了表象某一實在，而是旨在創造一種實在。正如古德曼(N. Goodman)在其所著《藝術之語言》(*Language of Art*)一書中所說的，是一種「重造的實在」(a reality remade)，他說：「以表象為影本之理論，一開始便行不通，因為它沒有能力確認究竟要影製的是什麼，……在表象一對象之時，吾人並不是要影製出這樣的解說或詮釋，吾人卻

---

❸　參見Auerbach, Eric, *Mimesis, Dargestellet Wirklichkeit in der abendlandischen Literatur* (Bern: C. A. Francke A G Verlag, 1946).

❸　Aristotle, *De Poetica*, translated by Ingram Bywater (Oxford: Oxford at the Clarendon Press, 1924).

是要去成就它。」❸

　　根據此一對模仿的新解，呂格爾認為有（布洛普與布勒曼意
義下之）功能模仿、（葛萊瑪斯意義下之）行動模仿、還有人物模
仿。敘事文的作品是由人物模仿所組織成的。隨著人物模仿而來
的，最後還有存在的模仿(mimesis of existence)，在其中，所有的
故事均按照如缺乏、禁止、違犯、欺騙、共謀、惡行、不足、出
發、鬥爭、勝利……等等樞紐概念而展開。然而，這一切正是雅
斯培(Karl Jaspers)所謂的人類存在之「界限狀況」，人皆會遭遇這
些狀況，並且在這些決定性的狀況中來導向自己的歷史。真實的
歷史與虛構的故事都交會在人的存在的基本歷史性上。然而，依
據呂格爾的說法，這兩者是不同的，真實的歷史由於向我們展現
了迴異的史實，也因而向我們展開了可能的世界；相反地，虛構
的故事由於向我們展現出不真實的世界，遂引領我們去觸及實在
的本質。❺

　　但是，我們仍可以說，歷史與故事都有界於敘述（或寫作）
歷史之行動與人存在於歷史中之事實之間、在寫作歷史與具有歷
史性之間，一種相互隸屬的關係。換句話說，「歷史性即是對應於
敘事的語言遊戲之生命形式。」❻所有這些功能、行動、人物與存
在，皆將敘事活動與我們的歷史性關聯起來。創造性模仿乃敘事

---

❸　N. Goodman, *Language of Art, an approach to a theory of symbols* (Indi-
anapolis: Hackett, 1976), p. 9.

❺　P. Ricoeur, *Hermeneutics and the Human Sciences, Essays on language, ac-
tion and interpretation*, edited, translated and introduced by J. B. Thompson
(Cambridge: Cambridge University Press, 1981), p. 296.

❻　Ibid., p. 289.

文之本質。呂格爾說:「唯當有了『做』與『活動』,才會有創造性模仿,而創作的『活動』正是在於情節的建構。此外,創造性模仿之所模仿者,不在於事件的現實性,而在於事件之邏輯結構及其意義。」❸ 經由敘事文之創造性建構及其所揭示之歷史性的邏輯,遂促進了人的歷史的進步。這就是何以會有敘事傳統的原因所在。

依此觀點看來,神話的指涉亦存在於人的歷史性與界限狀況之中。因為神話都是有關事物源起的敘事文,神話中所敘述的基本事件都在歷史中沒有地位,相反的,他們都是被放置於歷史以前的時間中,總是用in illo tempore(從前……從前;那個時候……)這類時間性的話語做為開頭。神話在本質上都是由一種把過去的原初時間與今日的時間聯結起來的敘事文所構成的。此外,神話總與典禮之儀式相聯結,神話之敘述自有其儀式的層面,經由將其儀式化,神話才能像一個行動的典範一般,繼續影響某一社會團體的生活世界(life-world)。人唯有經由此種有關源起之敘事文,才能從日常時間中躍起,溯回原初時間,由凡俗的時間返回神聖的時間。神話之敘述使得人們能與古始、與原初同在。神話的意義亦由於與神話相關之儀式,因而再度活躍起來。是故,神話也指涉到人的存在之界限狀況。

總之,就呂格爾的觀點言,敘事文作品的指涉是在人存在之世界及其歷史性。這點只有當人對敘事文進行存在性的詮釋之時,才會明白地顯示出來。

根據以上分析,吾人可以明顯看出,呂格爾對敘事文之意義抱持著一種較為均衡的觀點。在他看來,敘事文之意義是由一涵

---

❸ Ibid., p. 292.

意面與一指涉面所組成，二者之間有一相互辯證的關係。

　　1.所有敘事文皆有一由其自身內在結構所決定之涵意。透過提出結構之歷程，吾人可對文字進行解釋。結構主義的解釋可以分作兩個進路：一是提出接續之邏輯(a logic of succession)；另一則是提出一非時間化之結構律。但結構主義者的發展似乎趨向於非時間化，並且偏重於形構面。由於呂格爾對此有所不滿，於是提出敘事文兩面兼具的觀點，兼具連續與形構（或順序與形式）兩方面。呂格爾說：「任一敘事文皆以不同的比例，兼具時間性與非時間性二面向。」❸且此二面向正處於辯證之關係。他說，「不錯，此一結構極為弔詭，以致於每一敘事文皆可以視為是在其插曲面和其形構面之間的一種競爭。」❸依照呂格爾的意見，涵意之辯證是順序邏輯(sequential logic)與形構邏輯(configurational logic)之間的辯證。

　　2.所有敘事文作品均有其指涉。結構主義者將其分析自限於語言學符號的範圍內，只能停留於涵意的層面，全然忽視了指涉的層面。呂格爾的存在性詮釋旨在將敘事文重新整合於言說內，並且將之視為一種溝通方式。如此一來，遂重新發現了敘事文作品之存有學條件。其次，呂格爾亦重新將敘事活動整合於人的存在之歷史性中，並建立起敘事性與歷史性之間的相互關係。

　　3.在重新發現了敘事者與其歷史性之後，我們便有一新的憑藉，可以對敘事文之結構性解釋有新的看法。從今以後，吾人對敘事邏輯與結構律所關切的，不再是結構或律則本身，而是其與

---

❸　P. Ricoeur *Hermeneutics and the Human Sciences, Essays on language, action and interpretation*, p. 278.

❸　Ibid., p. 279.

人的歷史性之關係。在此，我們便觸及人類行動的自由與約束的問題。人的行動被迫服從於某些結構規範，並且必須被整合入共同行動之系統中；然而人的行動亦能自由地對各種選擇下最後的決定，並且因此創造出對該系統的原創性詮釋。敘事文的意義是說明人類行動中這兩個互動面之最佳例解。首先，敘事文在其本有結構中有著某些明確的限制，敘事文也因此才有其涵意；其次，敘事者在面對各種選擇時，可以自由地做下決定，可以自由地對該系統做出自己的詮釋，以創造出自己的世界。敘事文就如同人一般的歷史性，亦由決定與自由所組成。人是自由的，但有其限制；人是被決定的，但仍有其自由。此一界於人存在之自由與決定之間的相互作用，是敘事文之結構性解釋與存在性詮釋的討論所獲證的最佳道理，也是本人的對比哲學的另一例證。

第四章　呂格爾的三層再現論及其檢討

一、從「模仿論」到「三層再現論」

　　針對敘事文，呂格爾最重要的理論之一便是其所謂「三層再現論」。此所謂「再現」，是取自希臘文mimesis一詞，本來有「模仿」之意，也有「再現」之意；在此不宜譯為「模仿」，而以譯「再現」為佳。基本上，「再現」的概念比近代哲學的「表象」(representation)意義更為廣泛。近代哲學把影象、概念、理論等視為實在的一種表象。「再現」一詞則可以包含模仿、表象、構成等意義，為此我們把mimesis譯為「再現」，這是由於中文的「模仿」通常指的就是「簡單的模仿」(simple imitation)，但是對於「創造性模仿」(creative imitation)的意義就表現不出來。換言之，中文的「模仿」一詞至多有描述性(descriptive)的再現之意，但卻表現不出建構性(constructive)的再現之意。然而，譯為「再現」就可以兼具建構之意，而不只是描述而已。這樣一來，「再現」這個語詞便可以表現更為積極而寬廣的涵義。

　　說到簡單的模仿(simple imitation)與創造性模仿(creative imitation)的區分，就涉及亞里斯多德與柏拉圖藝術哲學思想上的不同。

呂格爾的再現論受亞里斯多德很大的影響，然而亞里斯多德認為悲劇是一種創造性的模仿，不同於柏拉圖的簡單模仿論。

首先，柏拉圖的模仿論認為藝術作品是模仿自然，甚或模仿人造物，例如畫一幅山水，或畫一雙鞋子。實物本身是模仿理型，而畫家所畫的鞋子、自然、樹……等等，則是模仿的模仿，最沒有實在性(reality)，或可以說其實在性層次很低。第一層的實在是理念，第二層實在是自然物與人造物，第三層的實在則是模仿的模仿。可見，柏拉圖所謂的模仿論是一簡單的複製，也就是說用表象來加以複製。❶

至於亞里斯多德的模仿論所主張的，不是簡單的模仿，而是一創造性的模仿。換言之，模仿不是如實照抄，也不只是描述。亞里斯多德認為，戲劇模仿行動中的人。❷ 悲劇模仿更高尚的人的行動，喜劇則模仿較卑劣的人的行動。❸ 可見，所謂模仿是把人的行動變得更好或是更壞（滑稽），以便使其典型化。戲劇是模仿人的行動與行動的展開，並不是如實照抄，而是經過典型化並加以擴大的結果。

不過，我們也可以指出，亞里斯多德其實只是一個比較實在的柏拉圖主義者。因為柏拉圖的理型雖是所有事物的典範，卻是渺不可攀、無跡可尋。亞里斯多德把理型拉下來，拉到時間裡來

❶ Plato, *La République*, Livre X, 597a–598d, in *Oeuvres Complètes*, Volume 1 (Paris: Gallimard, 1950), pp. 1208–1209.

❷ Aristotle, *Poetics*, 1448a 29, in *The Complete Works of Aristotle*, edited by Jonathan Barnes, Volume II (Princeton: Princeton University Press, 1984), p. 2318.

❸ Aristotle, *Poetics*, 1449a 32, 1449b 25. Ibid., pp. 2318–2319.

予以實現，認為凡事物皆必須在物理時間中變化，而人則必須在歷史時間裡面行動。對他而言，悲劇模仿人的行動，但是人在行動中所要展開的，還是他的形式本質，只不過這本質不能當下開顯，卻需要在時間中才能展開。亞里斯多德認為柏拉圖的理型必須在時間中展開。換言之，亞里斯多德所做的，是把柏拉圖的理型視為事物的形式，拉到時間中來予以展開。他是一個更實在的柏拉圖主義者。

悲劇由於需要在時間中展開，所以需要分幕演出，行動也要有情節，而情節則要有佈局。如此一來，才能使觀眾看了之後，有洗滌的功能。所謂洗滌，不是說受到劇情感動，哭了一陣子之後，心情恢復平靜；而是因為同情、憐憫、害怕而滌淨了心靈。進一步說，「滌淨」是因為追隨時間中人的行動的展開，因而使自己的形式更趨於純粹。「滌淨」是讓在參與演出的過程中，使人的形式在時間中更趨向純粹。可見，真正的「滌淨」還是根據柏拉圖的形式來規定的，只是需經一段時間中的開展，使形式以更純粹的方式呈顯出來。換言之，「滌淨」基本上是在以更純粹的方式呈現形式，而不只是心理的後果，像速食麵的人生哲學一樣，去聽一聽，以淨化心靈；或是看了戲，哭一陣子，達到心靈平靜。「滌淨」不只是一種心理的後果，它最後還得從形上學的角度來看，從形式的純粹呈現來看「滌淨」的作用。總之，在時間裡需要情節佈局，基本上還是為了讓人能以更純粹的形式出現。

其實，無論說故事、寫小說或寫歷史，都是透過敘事性的語言對於諸多事件之間的關連予以重構(reconstruction)的結果。重構並不等於模仿。在亞里斯多德意義下的模仿，是模仿形式在時間中展開的過程。它雖需要某些語言的表象，也需經由詮釋，但其

基本目的還是形式在時間中的呈現。敘事文雖然與此有關，可是它更趨向於語言對實在的重構。無論是小說的重構或歷史的重構，都仍然是一種重構。呂格爾之所以使用亞里斯多德mimesis一詞，是因為它讓我們回到亞里斯多德所謂「情節的佈局」(emplotment)，亞里斯多德認為悲劇是一種模仿(mimesis)，為此呂格爾用mimesis這個概念，以返回亞里斯多德理論，做為基礎，以進行討論。不過他這樣做也隱含困難，就是mimesis與reconstruction之間會存在著某種緊張關係。

二、呂格爾的「三層再現論」

　　呂格爾在《時間與敘事》(*Temps et récit*)一書中提出了「三層再現論」。❹這裡所謂的「三層再現」，第一層指的是某種改造過的海德格式「先在理解」。呂格爾所謂的「先在理解」已經被語意、語法以及論述的結構所介入，他的先在理解已經不完全是海德格式的先在理解。呂格爾的第一層再現（簡稱「再現1」）就是指人在時間中，有主動、有受動的整個存在與行動過程。不過，這過程按照海德格式先在理解的原意，是尚未語言化、尚不能討論的，因為一討論就已然使用語言，而後者正是呂格爾的工作，他並且開始討論有關到底是誰在做，做什麼，進而前進到行動的結構，到象徵的使用，到時間向度的出現。我們可以看出，為了面對分析哲學與語言學的挑戰，呂格爾已將行動中的先在理解予以語言化。為此，對我而言，他的先在理解是一個「已明說的先在理解」(an articulated pre-understanding)，已經不等同於海德格式

---

❹　P. Ricoeur, *Temps et récit*, Vol. I (Paris: Seuil, 1983), pp. 85–136.

的先在理解。我稱海德格式的先在理解為一種「未明說的先在理解(unarticulated pre-understanding)，這是一種尚沒有被明說成一個特定計畫，或說成一特定語言的，人先在對於存在的可能性的掌握。海德格曾花很長的篇幅去講如何從理解，到詮釋，到說出的過程，即使在他所謂「詮釋」的階段，都還不一定成為語言，因為詮釋只擁有「宛如結構」(Als-Struktur)。❺

　　第二層再現（簡稱「再現2」）指的是敘述行動的語言和時間被某種佈局所結構化，換言之，是在故事的情節裡進行佈局。所以，到了「再現2」(mimesis 2)，亞里斯多德所講的情節(plot)、佈局(emplotment)都被納入考量，成為所有故事基本的「共同形構」(configuration)。❻藉著情節、佈局及其彼此之間的組織，把所有的事件形構成為一個曲曲折折的故事。故事有開端，有前進、有高潮、有轉進，有終結。亞里斯多德對此則說有開端、中間、與結尾，這是亞里斯多德的三段式戲劇論。但亞里斯多德這三段式並不一定被所有的人接受，像依歐涅思柯(Ionesco)的荒謬劇(theâtre d'absurdité)就完全要打破亞里斯多德三段式關於開端、中間、結尾的區分。就此而言，呂格爾還是比較受到亞里斯多德的影響，他認為最後還是有開頭、有中間、有終結。不過，平心而論，敘事文雖都具有某種共同形構，然此一概念應該可以容受各種結構的形態，不一定要局限於開端、中間、與結尾的三段形態。

　　可見，「再現1」就是指人的行與受，主動與被動的整個存在與行動的過程，其中雖含有理解，但已經由語句、言說與象徵所

---

❺　M. Heidegger, *Sein und Zeit* (Tübingen: Max Niemeyer Verlag, 1972), S. 151.

❻　按在configuration一詞中，"con-"有共同之意，"figuration"則是形構之意，因此我將configuration譯為「共同形構」或簡稱「形構」。

明說。這一個部分，呂格爾稱之為「前構」(pre-figuration)，可以經由「再現2」的形構發展出來。最後，經由與讀者的關係，在「再現3」中則可以達到「再構」(re-figuration)，因為此時讀者藉著閱讀的行動，會把故事讀回去，從故事中建構出一個世界來，此時便會涉及指涉的問題(reference)。一個故事的指涉就是讀者從其中所讀出的世界。至於「再現2」的「形構」的部份，講的是結構(structure)的問題，涉及敘述文怎麼組織、怎麼佈局。對於哲學上所謂意含(sense)與指涉(reference)的問題，呂格爾將之安置在「再現2」與「再現3」兩層面來討論。對呂格爾而言，由結構所決定的意義是涵意，當語言走出自己，指向一個實在，則有所謂指涉。

三、敘事活動與人性經驗的時間性

呂格爾的基本假設是：敘述故事的活動(narrating a story)和人性經驗的時間特質(the temporal character of human experience)兩者之間存在著一種相關性，而且此一相關性並不是偶然的，卻呈現一種超文化的必然性。所有說故事的活動，無論是非洲的、拉丁美洲的、歐洲的，其說故事的形構也許不一樣，但是說故事與人性經驗的時間特質之間的聯繫，卻是超越文化的、必然的聯繫。❼

首先，當時間是經由敘事的模態所明說之時，它便成為人性的時間。換言之，在說故事之時，時間變成是人性的，而不是宇宙、物理的時間。從海德格的《存有與時間》到呂格爾的《時間

---

❼ P. Ricoeur, *Temps et récit*, Vol. I, p. 85.

與敘事》，出現了一個基本的轉折，就是在後者中，時間變成是歷史性的或是虛構性的，變成是說故事的時間。基本上這點攸關人的存在，其中有一個實存的時間，在人的存在當中體驗到受苦受難或主動進取，經由人的再說，例如以呂格爾本人的實存故事為例，他在某年某日被捉到集中營，遭受折磨，三餐不繼……等等，這時實存的時間就變成了敘事的時間，於是，時間變成是最人性化的了。

其次，說故事的時間如果能夠展示整個實存時間，也就變成是存在時間的展示條件。換言之，說故事不只是隨便說說，而是在說故事時，把整個人實存的存在體驗與存在時間展示出來，這時，說故事就獲取了它最高度、最充實的意義。事實上，這裡的時間就是實存時間，而且所謂「實存」本來就是從人性的角度來定義的。

本來，所謂存有並不僅限於人的存有，也因此有所謂區域的存有論(regional ontology)，處理不同區域的存有，如形式性的存有、物理性的存有……等。而且，時間也不只是人的時間，此外還有物理時間。在古希臘哲學中，區別了物理時間(physical time)和悲劇時間(tragic time)，而且兩者本來就有密切的聯繫。人活在天地之間，既立基於大地之上，也承受整個自然環境的影響。在我看來，現在我們對於時間的瞭解，必須回到這兩者的聯繫點上，並在自然中重新定位人，不能夠太以人為中心。

我們可以說，呂格爾的《時間與敘事》把原來海德格的實存時間(existential time)轉為敘事時間(narrative time)，這中間是有某些窄化的情形出現，而且這一窄化，也造成了海德格的詮釋學與呂格爾的詮釋學之間的緊張關係。本來這一緊張關係在呂格爾稍

早思想中，情況比較好些，畢竟，那時呂格爾的詮釋學是以海德格的存有開顯為終極目標。但在晚期《時間與敘事》與《自我宛如他者》兩部著作中，就出現了一些比較顯著的問題。這點隨後再論。

探討時間與敘事之間的中介關係，主要的關鍵就是「再現1」、「再現2」、「再現3」三者，而且是由「再現2」來媒介由「再現1」到「再現3」的過程，這就是它的連繫樞紐之所在。❸這裡所謂的樞紐，是指中介性的樞紐。文學裡面最重要的就是這「再現2」，即情節佈局所在，作為一個轉捩點、中介點，它可以打開整個佈局的世界，並且建立作品的結構。

呂格爾認為，對於構成佈局最重要的形構運作(configurative operation)，其主要意義就在做為「再現1」和「再現3」的中介。所以「再現2」的可理解性是來自它的中介功能。但是，呂格爾這裡所謂的可理解性仍值得檢討。如果說「再現2」在整個三層再現中，或在再現的三個環節中的關係裡的可理解性，是做為它們中介的地位。但如果我們講的是佈局的可理解性，佈局之所以可理解，是因為有A事件、有B事件、有C事件……等等，且它們被一可理解的結構連接起來，如此一來，「再現2」的中介功能是來自它的可理解結構。於是乎這就應該倒過來講：有了佈局的結構之後，「再現2」才能扮演中介的角色。也就是說，「再現2」之所以可理解，是因著佈局的結構而賦予它以可理解性，更因為這可理解性，才能由「再現1」到「再現2」到「再現3」，層層轉進。

呂格爾是在「前構—形構—再構」三環中界定「再現2」的可理解性，並認為後者是出自它的中介功能。賦給全體敘事文以可

---

❸　Ibid., p. 86.

理解性的就是佈局。關鍵在於：文本的形構中介了實際存在的行動（或說實踐領域裡的前構），與讀者對於作品的再構。後者包含了聽故事、讀故事在內，但由於呂格爾以文本為範式，所以比較重視閱讀。這個中介理論表明：作者的佈局是瞭解整個敘事文的鑰匙，而讀者的閱讀的行動則將三個再現環節貫串起來。

值得注意的是，在此所謂「中介」(mediation)，是一個辯證的概念，可理解為諸環節之間的轉進，這一意義應該可在費希特(J. G. Fichte)、黑格爾(G. F. Hegel)的辯證思想中獲取資源，我將它翻譯作「中介」。另外，佛學裡還有「接引」一詞，意指「接引」到彼岸，「接引」覺悟者，可供參考，也可視文脈使用。

四、對呂格爾「再現1」的解析與檢討

情節的創作是出自人在時間經驗當中所做的「創作的組合」，情節的組成基本上是建立在、且紮根於行動世界裡面的先在理解。不過，對於呂格爾而言，這一先在理解已經是被語言明說的先在理解。對於呂格爾而言，此明說的先在理解包含了「可理解的結構」、「象徵資源」與「時間性」三者。❾

第一，「可理解的結構」，為呂格爾所謂行動語意學奠立基礎。我們須指出，我們說「可理解」，基本上是因為在結構裡面之諸因素彼此有某種關係，於是使該結構成為「可理解」的。但這並這不一定馬上會達到語意與語用的層面。亞里斯多德在《詩學》中說，戲劇模仿人的行動。呂格爾針對敘事文而言則認為，既然要模仿行動，就需要有一個先在的能力，且可以透過一些結

---

❾ Ibid., pp. 88–100.

構性的因素指認出哪些是行動，分辨人的行動與物理運動的不同。人的行動不等於物體的運動。在這點上，呂格爾已在運用行動語意學，換言之是以已經明說為語言的方式來看行動，使得先在理解(pre-understanding)一轉就轉成了語意學(semantics)。

第二是其「象徵資源」，所有的行動都已經有了象徵的介入，不管是在儀式裡面的行動或是日常行動，都有之。平常我們看一個人行動，會說這個人做得好、做得壞等等，已經有某些道德評價在內，換言之，所有的創作都會牽涉到倫理問題。亞里斯多德《詩學》裡面說，最後說來，所有的人要不是好人就是壞人。總之，可以指認出行動怎麼透過象徵而中介的。呂格爾在此引用卡西略(E. Cassirer)《象徵形式的哲學》(*Philosophy of Symbolic Forms*)裡的想法，把「象徵」定義為一種文化性的符號中介。❿因為人都是活在文化裡面，所以對於某一文化中的所有行動，凡是隸屬該文化的人，都可以理解，因為它都具有某種象徵的意義。例如舉手的行動，也許是在叫計程車，也可能是打招呼，也可能是投票，這在不同脈絡裡都有其象徵意義，它已經注入了文化的意涵。

第三是時間的特性，因為一個行動之所以能夠被說，以及為什麼需要去說，都因為它具有時間的特性，就如同在英文、法文、德文⋯⋯等語文中，動詞都須取得某一時式，才能被說出。這表示行動都須在時間中展開，才可能透過語言被說出來。

呂格爾認為，「再現1」中所含藏的概念網絡(reseau conceptuel, conceptual network)為「再現2」的可理解架構奠定了基礎。如前所

❿　E. Cassirer, *Philosophy of Symbolic Forms*, trans. R. Mannheim (London: Yale University Press), 1953.

述,「再現2」中有情節及其佈局,而佈局的結構是根源於先在理解。不過,這是呂格爾式已明說的先在理解,其中第一部分是區分行動與運動,行動的要素等等,其中已具有可理解的架構。也因此,「再現2」的可理解結構是紮根於「再現1」,立基於我們能有意義地使用的概念網絡。在海德格式的先在理解裡,只有對存在的可能性的把握,根本還沒有達到概念網絡的地步,也沒有到達行動語意學的程度。然而,在呂格爾那裡,它已經轉成一概念網絡。透過它,可以區分物理運動和人的行動。

呂格爾認為,需要有一個概念網絡來區分人的行動與物理的運動。值得注意的是,雖然這兩者有別,但仍有很密切的關係,其中涉及人文科學與自然科學之間關係的問題。換言之,它們並不是完全斷裂的。

第一、行動有目標(goal),而運動只有結果(result)。我們通常說,行動是為了什麼(quoi/what)而做。在自然科學裡研究的運動雖有結果,但我們不能說它是目標。結果也許是透過預測或解釋而得,但並非透過動機所指向的目標。物理運動是有結果,人的行動則是有目標的。

第二、行動有動機。人總可以詢問:為什麼(pouquoi/why)做這個? 為什麼(why)做那個? 至於物理運動則有其原因(cause)。動機與原因大不相同。

第三、行動有行動者或行動主體。這是有關誰(qui/who)在做的問題,無論做什麼事,都會變成他的作品或是他做的事,並須由他負責。

第四、主動或受動（承受）。這是有關如何(comment/how)的問題,行動的主體到底是在主動採取行動或只是被動承受。

第五、行動有互動面(avec qui ou contre qui/with whom or a-gainst whom)。凡是行動都是與別人互動，而互動有三種型式：「合作」、「競爭」或「鬥爭」。

以上就是呂格爾所謂的「概念網絡」，藉此我們可以辨認出人的行動。呂格爾認為，每一敘事文都假定了這五點。**⓫** 然而，我們必須指出，這一概念網絡已經是在回答"what", "why", "who", "how", "with whom or against whom")等問題，且通常都是用一些語句說出來的。換言之它已經是被語言明說的，並不再是原初的理解。

一般而言，一個最低限度的敘事語句，其所說的是在某個情況下「某甲做丙事」(X did A)，而且也說「某乙做丁事」(Y does B)。其結果就是：敘事文皆有主動與承受作為主題，乃至於受苦、受難，也都是承受的一部份。由此可以看出，呂格爾所採取的是行動語句的形式。面對分析哲學，他採取了這種語句分析的形式。本來我們在指認行動的時候，的確已有先在理解，我們都懂某丙、某丁是叫做行動。譬如當我走在路上時踢一顆石頭，「我踢一顆石頭」與「有一個石頭在滾動」，這是兩件事。我們可以區分這兩者，也就此來判斷責任問題。可是一般而言，這樣的一個理解還沒有被明說出來，至於呂格爾所謂的行動語句和概念網絡，都已經是語言表白的結果。換言之，它不僅是詮釋(interpretation)而且已經到了說出(Aussage)的地步。這一點是值得注意，也是值得檢討的。

第二個部分就是會進入到論述階段。先在理解既已說出，成為語句之後，如果將所說出的"X did A"和and "Y does B"兩語句連

⓫ P. Ricoeur, *Temps et récit*, Tome I, pp. 88–89.

起來，就形成一個論述了。敘事文不只有前述的概念網絡，而且有其論述面。這就不只是行動的語意學，而且包含了語法學的一面。在此，語法可區分為兩種，一是「範式性」(paradigmatique)，一個是「序列性」(syntagmatique)。這是取自結構主義的名詞。一般而言，語法的作用旨在規定語詞與語詞之間，符號與符號之間使用的關係。

譬如說：「我牙痛」，這語句是序列性的。至於所謂範式性，「我」是人稱代名詞，它列入「我—你—他」的結構關係；「牙」是名詞，列入「牙—手—腳」的結構關係；「痛」則是形容詞，列入「痛—熱—冷」的結構關係等等。語法規定這些詞類彼此的關係及其組合規則，使我們能夠作出有意義的語句，這些語句其實只是語法所規定的關係的某種排列組合的結果之一。

結構主義本來主張所有的「序列性語句」都是來自「範式性結構」，所以，「範式性結構」具有個優先性。但是，在此，呂格爾的主張恰好顛倒過來。他認為結構主義所講的「範式性」的優先性，在說故事時一定行不通。因為在說故事時，語句一定會變成「序列性」的，譬如會說：「我牙痛」。「範式性」的語句，屬於一種「共時性」(synchronique)的結構，而此結構可以不斷地排列組合，不管時間為何。但是，「我牙痛」就有我或你或他，有行動，而行動就有過去式、現在式、未來式，具有時間性，也就是有「貫時性」(diachronique)。基本上，敘事文的論述結構的語法，主要是具有序列性，而不是範式性的。

在此所謂貫時性的意思，是說故事須經歷一段時間，「時間上的更動」，與「結構上的排列組合」的意思不一樣，它即使是換了主講者，換了閱讀者，總還是可以回溯閱讀。基本上這就指出，

故事有其時間性。換言之，敘事論述具有某種時間性的結構，而呂格爾希望逐步透過結構來呈現時間。故事的情節最後也是立基於這一基本的語句結構。所謂情節就是把事件作次序排列，安排成為所說故事的全體展出。換言之，對於整個故事而言，情節所扮演的角色，就好像在先在理解時，在行動中，已經有一些序列性的語句。引進序列性的結構，是為了用以條理人的行動，而我們在實存經驗之中，早已受到這樣的條理。

呂格爾認為，在轉成序列性的語句之時，也就是在說出"X did A" and "Y does B"這樣的一個故事時，這一說就使範式性結構獲得了實現性與整合性。首先，就實現性而言，本來在範式裡面，還沒有說出來什麼，有的只是一個語法上的規定，本來範式裡面所隱含著只是潛在的意義，現在一說，它就實現了。其實，人在會使用語法之後，即使腦筋裡有這架構，知道關係代名詞、動詞等等及其彼此間的關係，但這只是一種潛在能力，宛如索緒爾所講的「語言」(langue)，可是一旦由語言說出，變成「說話」(parole)，此一潛在能力就獲得了實現。

其次，就整合性而言，前面有關語意層面的五大要素，主體、動機、場合、方式等，在用語言說出來的時候，說者會把它們整合成語句，成為：某某人在某某時間因為什麼原因而與某別人做了某事。這樣的一句敘事語句就把全部五大要素，把行動的各種特殊因素，都整合起來，成為一個故事。

我覺得，在義理上，令人感覺比較不安的，正是這一點。因為，按理說，第一種再現的層次，是要顯露出我們在先在的理解裡已有某些結構的浮現。如此一來，進一步在「再現2」時，此種結構就可以變成是形構運作的基礎，可以進一步用佈局來加以形

構。可是，問題在於，就語法、語意、語用的關係而言，呂格爾所謂第一層的概念網絡，其實是建立在行動的語意學上，而他在第二層再講語法，主要是論其序列性結構。然而，我認為，「語法」本是優先於「語意」的，因為首先要有語法規定語詞的形成規則、語句的形成規則，以及語句的轉換規則，始能進一步由簡單的語句轉換為更複雜的語句。先有語法的規則，然後才能討論語意的問題。

按照語法、語意、語用的關係，我比較傾向於把語法放在語意之前。呂格爾之所以把語意放在前面，或許是因為他想表明與先在理解的關係。於是，這中間就有某種張力出現。由於呂格爾的先在理解已經不是海德格式的先在理解。然而呂格爾仍然要講先在理解，只好把人所已知的人的行動與物理運動之別的理解表出。但是這一先在理解已屬於可公開的性質，其可理解性是可以明說出來的，因此不像海德格的先在理解裡隱藏了很多沒有明說的內涵，必須經由詮釋的過程不斷明說，其豐富內容從來沒有被經由詮釋全部說盡。

在分析哲學裡也有類似的情形。維根斯坦主張沒有私密語言 (private language)，一旦成為語言，就已經是公開的，也都是可以溝通的了。但如此一來，不同個人的某些經驗的不可共量部分也被取消了。那些如人飲水，冷暖自知的經驗，不可能完全被象徵所詮釋，也是不能被語言所窮盡的先在理解，就如此被化約掉了。

呂格爾重視經驗的可理解性，且認為經驗的可理解性可以明說為語言。因此，他就從語意學的角度來說明概念網絡，畢竟行動的目標、動機、主體、主動、受動與互動，這些都已經成為語

言，是可以被辨認的。然而，如果要對經驗進行明說，在明說的過程當中，早先已經有某些東西允許我們去明說。事實上，我們已經有語詞的形成規則、語句的形成規則和語句的轉化規則。至於呂格爾在其行動語意學所提出的概念網絡，無論是目標、動機、主體、主動、受動與互動，就其可明說性來講，都已經預設了某些語法規則。藉著這些規則，賦予它們以可理解性，才能進而組織一套行動的語意學。

所以，我們必須對呂格爾的主張作一調整，既然他所謂概念網絡其實是為了以語言來明說先在理解，則有必要將語法的層面視為優先，而語法結構與語意結構兩者加起來，都可視為屬於結構的部分。至於其所說的觀與論述的部分，則不宜稱之為語法結構，因它已經說出，成為語句了，例如說"X did A"和"Y does B"，這已然形成了語句的表達，且其所採取的是序列型的結構。也就是說，當我們說出某種行動，或是當某人在行動時自我表達，只要是說故事，一定都是建立在一些簡單語句的組合上。這些簡單的句子是：「某甲做丙事」(X did A)，「某乙做丁事」(Y does B)……如此一說，已經成為語句，而凡是語句都有其序列性結構。

總之，按照我在此所提的程序，在進入行動語意學之前，先應該有上述的語法規則，而且語法對於語意有先在性，否則沒辦法運作一個有意義的結構來明說行動的經驗。這樣子講，假定了人的經驗是可明說的，可這並不表示人的經驗可因明說而窮盡。

現在我們進入到第二個層次，也就是象徵的層次。一般而言，從「再現1」的結構層次轉到象徵層次，應該是越來越往廣闊的公共性去發展。換言之，前者講的是人可以明說其經驗，使具有語意與語法的結構，後者說的是人的行動其實都已經浸潤了種

種象徵，以至行動可以被符號化，可以接受規則，甚至予以規範。平心而論，這裡所謂的規則主要是規範，其中包含倫理的評價。這些都是屬於因著明說而成為公共性的部分，可視為公共性的擴大。在前面，無論是透過Why, What, Who, How, With-whom or against whom來指認行動，或是以序列性的語句來陳述，其要旨都是在指認行動並予以說出，這是「語言明說」對於行動的「先在理解」的作用。現在，在明說之後，必須進到更廣的領域，就是在社群、種族、文化裡面，所有的行動都已經被象徵所穿透了。我所謂「擴大公共性」，也就是指進到文化層面。在一社群的文化裡，每一個行動都浸潤著某些象徵符號，也因此可以被辨識，藉此人們可以看得懂該行動的意思，並進一步評價為好的或壞的行動。

　　就此而言，象徵是敘事寫作的第二個紮根之處，敘事的寫作或敘事的構成的第二個根源，就是在實踐的（行動的）領域裡面的象徵資源。如果說人的行動可以被說成故事，那是因為行動早已經被符號、規則與規範所架構起來。行動早已經是用符號來媒介了。其實，關於符號與規則的部分，早在語意層面就已經有之。在象徵部分，主要涉及公共層面的評價，尤其是指規範部分。

　　我們可以指出，呂格爾在此所講的是隱態的象徵，也就是隱含在行動裡的象徵，而不是顯態的象徵。顯態象徵具有雙重的意義結構(double-meaning structure)，譬如用「十字架」來代表基督宗教，用「法輪」來代表佛教，用「火」代表欲望，用「大鵬展翅」代表前程萬里，這些是顯態的象徵，其意是指「以現前的、第一序的、可見的符號，來指向不在現前的、第二序的、超越的

實在」。這就是象徵的雙重意義結構。然而，對於行動的符號標示，說某個行動在某文化中是什麼行動，這時既不只是單純的記號，也有沒有複雜到顯態的象徵。換言之，呂格爾指出所有的行動裡都有一個隱態的象徵，是屬於文化性質的，因為不同的社群文化而賦給不同價值，有一些規範就潛藏在其中，使我們能夠瞭解該行動。在卡西略(E. Cassirer)的《象徵形式的哲學》(*Philosophy of Symbolic Forms*)，就是用象徵來明說人性經驗的文化歷程。這與吉爾慈(Cl. Geertz)的象徵互動論頗為接近，都是主張人的行動裡面其實都已經注入了文化的象徵意味。❷ 此外，蘇珊・蘭格(S. Langer)也認為，人的行動因著語言的介入而成為文化，也因此不同於動物。❸ 例如，一隻大猩猩由於缺乏符號象徵以介入行動，牠的經驗仍停留在現前。然而，一個小孩經過語言的媒介，可以脫離現前，而能掌握不在時空現前之物。經過象徵形式(symbolic forms)的介入，使人的經驗成為公開的，於是對於一個行動的意義就很容易予以瞭解。值得注意的是，象徵不只是心理的，所以也就不是私密的(private)，而是公共的。

象徵會使我們的行動變成是公共的。用吉爾慈的話來講，是因為所有的意義本身就是公共的，所以文化就是一公共的象徵互動氛圍，其中人們得以彼此互動。例如，經由象徵的媒介，揮手叫計程車或舉手投票，在脈絡中都可以分辨出來，不會把投票當成叫計程車。在脈絡裡，可以解讀每一個行動，這是因為象徵已

---

❷ Cl. Geertz, *The Interpretation of Cultures* (New York: Basic Books, Inc., 1973).

❸ S. Langer, *Philosophy in a New Key* (New York: New American Library, 1951), pp. 126–127.

使人的行動變成公共的。可見，象徵不只存在在心靈裡，而是已經納入或整合到行動的意義中，且在社會互動過程中，可由別人解讀。在指認行動，明說行動之後，進一步使行動成為群體中的互動，具有公共性。

　　但是，這裡仍有一個問題，事關於公共性與私密性的張力問題。像維根斯坦否定了語言的內在性，認為沒有私密的語言，因為人一說話就已經是公共的，也因此都是可以討論的。這個講法是有它的道理，著重運用語言明說經驗，進行溝通，進行討論。但是，仍有一點不能忽略的，人的經驗中仍有一些東西是不能完全被顯題化，例如海德格所說的境遇感與理解。這一沒有或不能完全被顯題化的部分，也就是個人的尊嚴或是個人私密，甚或存在奧秘的部分，是不能夠完全表達在溝通與交談之中的。可見，在公共性與私密性之間，存在著某種對比的張力。

　　關於溝通，我們可以區別哈柏瑪斯和高達美所講的溝通。高達美所講的溝通是交談，是人與人之間一種親密的交談關係，譬如朋友在火爐旁促膝長談，隨時準備捐棄己見，接受真理的揭露。哈柏瑪斯所說的是用論辯來溝通，在尋找論據的過程當中找到共識。不過，論辯的共識並不一定是真理，更不一定會有真理的揭露。哈柏瑪斯擔心假定了真理，怕有任何存有論的預設。但如此一來，人一直在論辯、只停留在論辯的層次，然而，辯而不仁，到底可以得到什麼？到最後，也許得到的只是妥協。

　　所以，像德勒茲(G. Deleuze)就反對把哲學當作溝通，因為他認為溝通到最後，什麼也沒有達到。哲學是不能溝通的，如果沒有真正建構概念就忙著溝通，顯然越溝通也就越貧乏。為此，德勒茲在《什麼是哲學?》(*Qu'est-ce que la philosophie?*)一書中指

出,「所有哲學家聽到有人說:我們討論討論吧,他會趕快逃走。」討論對於圓桌會議而言雖然好,但哲學不是在圓桌會議中進行的。不是經由討論就可以得到哲學。對德勒茲而言,哲學要能夠創造概念,創造能夠綜攝當前事態的抽象洞見,用以涵攝事態可是又凌駕其上。換言之,概念的產出才是哲學的工作。德勒茲不贊成哈柏瑪斯式的溝通,他覺得溝通到最後只有「互動」而沒有「概念」。

呂格爾強調公共性,主張把人的經驗內容用語言予以詮釋。然而,我們須指出,在用語言來詮釋或翻譯的過程當中,會有一些內涵流失。我想,當初海德格論及人的理解,說理解是對存有的可能性(Seinskönnen)的掌握,也就是對整全的意義的掌握,這並非全部可以詮釋為「宛如結構」(Als-Struktur)。昆恩(Th. Kuhn)所謂的「異準性」(incommensurability,或譯「不可共量性」),也會抵觸或抵抗「公共性」的概念,這也是值得檢討的。譬如女性主義所主張的女性特質,是不是都可以明說的呢?或許有一些不可共量之處。不但女性與男性有不可共量之處,女性彼此,個人與個人之間,也有不可共量之處。可以說,一旦成為語言,就有某種公共性。在這意義之下,可以說沒有私密的語言,但這並不代表沒有私密的經驗,沒有私密或是異準的先在理解。雖然海德格不討論私秘語言,但在其思想中可以說還有私密的先在理解。

但就語言而論,一旦成為語言就有公共性。就此而言,呂格爾是對的。他從「再現1」開始,就一直在預備語言的公共性的出現,可以說是經由結構到象徵,越來越擴大公共性。但是,可理解性並不就等同於可翻譯性,可翻譯成為語言。因為,詮釋作為一個翻譯過程,會不斷放入新的語言脈絡中去說,但並不一定能

窮盡人的經驗。無論如何，我們總不能忽視公共性與私密性之間的對比張力與辯證前進。

我認為呂格爾所謂象徵不是心理學式的，這點是可以接受的。當我們說到先在理解的時候，並不只有心理上的喜怒哀樂。其實，這些心理反應在先在理解裡有其存有學向度，不可以化約為心理現象。胡塞爾的「存而不論」與「現象學還原」，就是要從心理層面加以還原，不過，還原到最後還有一些剩餘、不可還原的，不再是心理的，也不只是先驗的，或可以說也有某種存有論的意義。

我們只能說，語言本身有公共性，但作為隱態的象徵，其中應該還有一些尚未明說，甚至抵抗明說之物。以宗教經驗為例，宗教之間之所以會有衝突，主要就是在私密性上。如果一切隱微難明的經驗都可以明說，那麼宗教之間很容易交談。現在我們發現，不同的宗教彼此之間很難交談，其最主要的原因在於，最後說來，象徵之物有無法明說者，也不能轉換成語言。此外，不同文化之間的交談雖好，但是交談並不會造成文化的一致性，而是會增加文化的豐富性，這中間有一個對比的關係。一方面可以朝向明說，另一方面總有某物保留著，不能說。在說與不說之間有某些連續，但也有斷裂，終究不能說。

由於象徵體系而給予我們一個詮釋脈絡，譬如在臺灣看到的人的行為，與在歐洲所見不同。由於語言的介入，我們只能對事態進行詮釋(interpretation)，甚至進行建構(construction)，而非予以描述(description)。如其所如的描述已然成為不可能。例如我們請五個人來描述同一個風景，每個人描述的都不一樣，因為都已注入了各人的詮釋與建構。這也是現象學與詮釋學的差距所在。詮

釋學認為不可能再作現象學式的描述，不可能再做本質的描述，不可能如其所如的進行描述本質，因為語言的詮釋的作用早已介入，而詮釋更勝於描述。藉著各種的象徵體系，我們才能夠詮釋特定的行為。由於象徵已經進入行動，成為其詮釋元素(interpretant)，且已經內在地與該行動聯繫起來，所以我們才能把某一舉手的行為詮釋為是在打招呼、叫計程車或是投票。總之，象徵的第一個作用是：它使一個行動可以被詮釋（而不是被描述）。

第二，行動因著象徵而有了可閱讀性(readability)。呂格爾將有意義的行為視為文本，如此一來就可以加以解讀。可閱讀性是閱讀理論的語詞，一個行動之所以可閱讀，是因為它已經嵌入了象徵體系。

關於「可閱讀」的概念所涉及的問題是：為什麼我們在閱讀某一時空距離甚遠的文本時，可以讀得懂？譬如我們在今天讀古希臘亞里斯多德的倫理學，即使不懂希臘文，只讀英文譯本，還是可以讀懂其中的道理，而且可以說出這道理與儒家倫理有何不同。換言之，可閱讀性假設了可理解性，因而超越過文化與時間的差異。一個文本具有可讀性之意，不是因為文字寫得有趣，而是因為它具有可理解性，遠超越過時空差異或文化差異。人若要判斷出兩個文本的差異，也要先予以瞭解，才能判斷。如果讀不懂，根本沒辦法分辨出其中有任何差異。呂格爾把行動視作有意義的文本，但這並不表示行動的組織等同於民族誌的文本，後者是使用一些規範性的約束來書寫的，它與一個文化內部中人透過象徵瞭解自己的行為有所不同。文化內部中人，因著同一文化的象徵體系而能夠相互瞭解，可以解讀有意義的行動，視之為文本加以解讀。之所以可以視行動宛如文本或類文本(quasi-text)，是因

為其中有象徵作為詮釋的元素，也因此提供了意義的規則，藉此某一行動可以獲得詮釋。

在此，呂格爾引進了規則，這裡所謂規則不是語法規則，而是行動的規範。誠如溫區(P. Winch) 在所寫的《社會科學的觀念》中，把有意義的行動稱之為「由規則所規約的行為」(rule-governed behavior)❶。此處所謂規約是指規範。當我們瞭解別人的行動時，都已經介入了某種倫理的規範。在所有的文化中都有一些內在規範，讓我們判斷某些行動的好壞，使其可以被評估或評價，按照道德上的價值來予以判斷。

亞里斯多德在《詩學》裡說，所有行為都可以是善或是惡；人要不然就是善人，要不然就是惡人。在《詩學》裡，人物(character)都有道德的性質。對亞里斯多德而言，悲劇就是把人演得比一般情形更好，但由於遭到不當有的命運，所以讓觀眾產生敬畏或害怕，藉此洗滌人心。至於喜劇則是把某些人演得比平常笨拙可笑，所以引人發笑。這其中已經有一些評價。不管贊同或指責的程度多大或多小，都是按照價值的層級來贊同或是指責的，善與惡正好是兩極，其間有很多不同的層級，但無論如何，人們都會對某一行動表示贊同或不贊同，也因此而產生戲劇的效果，而且也因此有不同的詮釋與衝突。

「再現1」的第三個層次，就是時間的向度，由於在實存的經驗裡早已隱含體驗的時間，後來才進一步可以用故事說出來。敘事文的時間，使情節有先後、有結構，都是立基於體驗的時間。在我們前面所談的象徵的接引裡，就已經有時間存在。首先，在

---

❶ P. Winch, *The Idea of a Social Science* (London: Routledge and Kegan Paul, 1958), pp. 40–65.

概念網絡裡就已經有時間，何人在何時做何事，本來就有時間，這是很明顯的道理，重點在於指出這一時間性(temporality)的意義。譬如計畫(project)都是有關於未來、針對未來而作的；動機(motivation)則是來自過去，人被什麼動機所觸動，都是在過去形成的機緣；至於「我能」「我做」或「我受」，這些都是與現在有關。此一「過—現—未」的時間格局，就像聖‧奧古斯丁《懺悔錄》所言，現在對於未來與過去有某種優先性。如果現在沒去想到過去，也不會有過去在現在臨在。至於，未來根本尚未存在，未來之所以存在，是因為我現在想到未來，使未來得以臨在。又如我現在答應說：「我明天要做」，那是一個對未來的承諾，出自現在的答應。無論是現在臨在的過去或未來，都是因著現在，而「現在」的意思並不是「現在」當作一剎那的時刻，而是做為一種臨現，在當前呈現出來。

討論至此，我們還得回到海德格《存有與時間》對時間的討論，其中有專章討論「日常時間」(ordinary time)，其實也就是體驗的時間。海德格的時間假定了他對「此有」(Dasein)的看法，「此有」的本質在於掛念(Sorge)自己的存在。由此解析出人會不斷地自我走出，藉此開顯存有，顯示出人與一般的存有者不同。人與物之不同在於人有掛念。如此不斷自我走出、自我超越，人的存在是在時間之內存在的。**⑮**我們日常生活都是內存於時間之內，稱為「內存於時間性」(Innerzeitlichkeit)。因為人的不斷自我走出，構成了時間化歷程，人的存在就在時間的歷程中展開。海德格也分所謂內存於時間、內存於世，與某物放在抽屜裡面的"in"不一樣。這是一個實存體驗的時間。海德格所用的「時間性」，

---

⑮ P. Ricoeur, *Temps et récit*, Tome I, pp. 96–97.

遠比歷史或故事來得更為原初，人若要講故事，產生敘事文，須知故事是立基於時間。「時間性」是人對於時間最原初的與最本真的體驗。由於不斷地自我走出，所以有「能是」、「正是」、「已是」。因為「能是」才導出未來，因著「已是」才有過去，因著「正是」才能夠有「現在」，這是來自人的本真的體驗時間。至於過、現、未都是由前者引伸出來的。人之所以會進而導出有故事可說的「歷史性」，則是從時間性派生出來的。先有原初的時間，才會有歷史。換言之，由於人們不斷地因其掛念而不斷地走出，且人也是邁向死亡的存有，由出生到死，其間形成了人的歷史。

就此而言，歷史有幾層含意。首先，就人的存在來講，人本來是掛念，要不斷自我走出，由生到死，形成歷史。其次，歷史也有溫故知新(wiederholen)之意，回到過去以發現存在的可能性，帶著理解去解讀過去，這就發生了時間的逆轉，從未來轉回過去。最後，歷史都有一「重複性」，主要是指其在現前的重複，換言之，「重複性」都是當下的重複與延續。上文說到所謂「現在」並不是剎那、剎那相續的現在，而是「現前」。所以，此所謂「重複性」不能理解為抽象的剎那的現在的持續，而是人因著掛念，不斷重複於現前。在所謂「重複性」的概念中，把歷史性與時間性的區分，與前面「過—現—未」的區分連接起來。人的「內存於時間性」主要是由人的掛念來規定的，因為人被投擲於萬物之中，所以會有所關切，關切自己存在的可能性。因此就由「掛念」(Sorge)轉往擔憂、憂懼(Besorgen)。在掛念的時候還不知所掛念者為何物，然而一旦在存有物的層面具體化了，這時就轉變成為憂懼。在日常語言裡，人已經說了很多有時間性的東西，這是

西方語文的特性，每個動詞都有時態。就像聖‧奧古斯丁所說的，日常語言是人性經驗的儲藏室。從日常語言的時間性裡，可以分析人對於時間的實存經驗。因為語言儲藏了經驗的意義，可以讓我們追溯前面所說的掛念，不過，須注意掛念並不會全部轉變為對於事物的憂懼。

呂格爾重視語言能說出的部分。為什麼人能說出有結構的故事？這是他所關心的問題。換言之，如何為「再現2」中故事的佈局做出預備？故事之所以能有佈局，是因為時間有其結構，此外，日常語言也含藏了所有的體驗的意義，以致時間性的結構是可以明說的。除此之外，人對於時間的計量也使時間有某種結構。只不過，對於時間計量的瞭解，不能只從時鐘的計量，卻必須從人的存在體驗來看。所謂時間計量基本上就是說出時間的結構。人的內存於時間性不能化約為只是直線的時間。人存在在時間之內的意思，不是說什麼人在幾點鐘做什麼事，所謂內存於時間不是說人存在於分秒的間距的夾縫之中。人內存於時間，不像一件物品內存於一個抽屜裡面。相反的，人是活在時間化的過程中，人的存在整體是在時間中展開的。所謂存在時間之內，其實就是與時共進。因為我們都是在時間之內，隨著時間而進展、而瞭解，也因此才會對時間有所算計。「與時共進」的意思包含了理解的產生，人須與時共進且在時間中進行各種計量，至於幾天、幾時、幾分、幾秒，都只是計算的一種形式而已。由於我們要與時共進，所以時間才需要算計。並不是說因為我們算計，我們才與時共進。

亞里斯多德在《物理學》(*Physics*)中講到「時間」，他認為時間是一種根據前與後(before and after)的模式來對運動所做的計量，

但在此所指的是計量的歷程(numbering)，而不是被計量出來的數目(number)。❶換言之，時間不是幾天、幾夜、幾分，幾秒，而是不斷前進的算計的過程。不過，亞里斯多德的時間並非實存的時間(existential time)，而是物理的時間(physical time)，因為亞里斯多德講的是物體的運動，而不是人的行動。所謂的實存的時間，是因為人是在時間內的存有者，因著掛念的關係而不斷地自我走出，於是形成了時間。

　　人是在與時共進的過程當中導引出對時間的計量。這裡有兩重意思，一方面把亞里斯多德所言物體的運動轉換為人的行動，另方面亦把亞里斯多德所謂時間做為一種計量的歷程與海德格所言實存的時間聯繫起來，由實存的時間可以導出此一計量的歷程，也因著計量的歷程而出現了結構性。

　　呂格爾在《時間與敘事》第三冊中，設法把亞里斯多德所言的物理時間與人的實存時間聯繫起來，可見他並不排斥實存時間與物理時間的關聯。不過，整體而言，他的敘事理論的時間觀頗富於人性化的時間的意味，而較忽略整體宇宙的時間。這中間雖有張力，但他仍較偏向人的實存時間。話雖如此，他也認為，人之所以會算計時間，也跟著季節替換，與自然歷程有關。不過我們仍可斷言，呂格爾所謂敘事的時間是人性化的時間，是由人自身的體驗導引出來的。對他而言，一天不是一個抽象的計量，而是隨著人的掛念計量出來的，一天就是工作的一天，而所謂的現在，就是我正在做這或做那。

　　對我而言，顯然一天並不只是工作，從掛念導引出來的也不

❶ Aristotle, *Physics*, 291b 1–10, in *The Complete Works of Aristotle*, edited by Jonathan Barnes, Volume I, p. 372.

只是工作，在一天裡面也有不是工作的時間，也有休閒時間。如果說，人在悠閒中可展示自由的生活，則非工作的時間更能顯示人之所以為人。呂格爾對時間的解析，一方面想把亞里斯多德的物理時間納進來考慮，可是另一方面，敘事文所講的是人的故事，而人的故事的時間顯然是以人的實存時間為基準，而且是以最容易且最豐富的方式展示在日常語言裡。

整體說來，呂格爾的思路，是想由時間性導出歷史性，再由歷史性導出故事性，並認為人用以說故事的日常語言裡隱含了實存時間中的結構。在這一派生的過程裡，我們就可以在「再現1」中找到佈局所需的結構性在時間中的依據。其次，實存時間本身就有傾向導引出時間的計量，而不是倒過來，由時間計量導出實存的時間。時間算計做為一種主動的歷程是從實存體驗的掛念派生的，藉著此導出時間計量的過程，可以預備出結構化的組織供故事的佈局使用。時間的可計量也就可以賦予故事以結構。如此一來，敘事的時間，便可以用佈局(emplotment)來加以形構，其可能性主要是立基於時間的可計量性，而所謂的可計量不是已經計量完畢(measured)，譬如說幾年、幾月、幾天、幾夜、一炷香的時間，而是正在計量中(measuring)。總之，「在計量的」與「已計量的」兩者還是有差別的。從體驗的時間可以導引出計量的時間，至於所有已給予的次序或佈局，再如何嚴謹也都仍會有漏洞，沒有辦法完全地、絕對地次序化或結構化，因為時間只是在計量，而不是已計量。

一如前述，所謂歷史性包含三個特性，一、是人由生到死之間的歷程；二、是由「能是」轉往「已是」；三、是現在的重複性(repetition)，並由此導出時間的可計量。可見，呂格爾是以海德格

為基礎，逐步從體驗的時間來導出歷史性❶，由於歷史性都是在現前的重複，因此從現在導引出時間的可計量。人在時間內而且隨著時間一起計量，這是體驗的時間與敘事的時間之間最基本的聯繫關係。敘事的時間透過佈局而經營成為故事。故事的佈局當然都是有時間性的，佈局的時間性格與體驗的時間的共同聯繫，就是人的內存於時間性。雖然說現在是最重要的，因為所有歷史與故事都是經由現在不斷地重複，由現在去做、由現在去講、去寫、由現在去閱讀，都與現在有密切關係；可是現在的重要性並不使它化約為一個抽象的已計量的現在。聖‧奧古斯丁或海德格都很重視體驗的現在，現在不能化約為只是一個抽象的此時此刻或這一秒鐘。為了避免這樣的化約，在實存體驗的行動與承受當中，我們說出：「我現在在行動」，「我現在在承受」，也都是回歸到體驗的時間。所以，透過言說來明說出對當前的呈現，對過去的「記存」，對未來的「守候」或「期待」。通常我們都是在記存中守候，因為時間的向度是撐開的，不可能有純粹的現在，而是「記存」、「守候」、「現前」的糾結。這「過—現—未」三式，事實上是一體整合體，因為在體驗的時間裡，人會展望，同時也會回顧（海德格稱之為「環視」）。

「再現1」假定了對於人的行動的先在理解。由於有了先在理解，說故事的人和他的閱聽者於是有了共同的時間，也因此才能在先在理解的基礎上建構佈局，因此才會出現文本或文學上的再現。

---

❶　「體驗的時間」一詞不是海德格所使用的，海德格只用「時間性」(tem-poralität)，在法國的現象學裡就常使用「體驗的時間」(temps vecu)一概念。

在我看來，呂格爾把時間放在象徵之後討論，是因為他認為人的行動都已經用記號、象徵賦予了價值。進一步，他才講時間，從體驗的時間到可計量的時間，到說故事的時間。他對時間性的討論才最接近海德格《存有與時間》裡的先在理解。呂格爾之所以要這樣做，是因為「再現2」的佈局整個是建立在時間的結構化之上。文本的結構使呂格爾如此地構想。

但是，我認為，如果要真正地承接海德格的《存有與時間》，由未明說的先在理解發展到明說的先在理解，其關鍵應該在於對時間性的討論。在此也可以把聖·奧古斯丁與亞里斯多德的時間觀綜合進來，並且從時間性發展為歷史性，再發展出可計量、可結構、可明說的特性，如此一來，才可以進一步討論時間與象徵結構的關係，語法的結構以及行動的語意學。所以，如果要妥善地處理海德格未明說的先在理解，與呂格爾已明說的先在理解的關係，我覺得第一個優先應該先討論時間性，其次才是行動中的象徵作用，最後，才討論人如何用概念網絡去指認who、why、how、what、with- whom or against whom，並進一步說出某甲做了某事、某乙做了某事，並且在故事中把它們串連起來。

五、對呂格爾「再現2」的解析與檢討

呂格爾認為，到了「再現2」的層次，就開始展開了一個「宛若」(as if)的世界。[18]呂格爾在《活喻》(*La Métaphore vive*)一書討論了「宛若」(as if)這個概念。所謂「宛若」，其意為像是而不是，譬如說故事，講佈局，其實是建構出一個世界來，把先在理解的

---

[18] P. Ricoeur, *Temps et récit*, Tome I, pp. 101.

體驗中可以揭露的內涵說成是這樣或那樣，但由於言不能盡意，因而所說不盡如是。無論是文學或歷史，都是某種透過形構的方式去說成「宛若」是。這一概念在海德格哲學裡有其依據，海德格所謂的「詮釋」就是將理解中的「先在結構」(Vor-Struktur)轉化成「宛如結構」(Als-Struktur)。由於理解所揭露存有的可能性，內容極為豐富，但用語言也說不出個所以然來。所謂詮釋，就是將 s 說成宛若 p，經由詮釋的過程將理解到的某一內涵 s 詮釋為「宛若」是 p，成為"s as p"，然後才能進而明說成 s is p。

　　不同於海德格的是，呂格爾所講的"as if"，是在經由詮釋以後，進一步建構成為故事。其所謂「再現2」應該是在海德格所謂的詮釋之後轉向「說出」(Aussage)，進而說成故事。可以說，呂格爾是把「說出」的部分當成「宛若」。所以他的「再現2」所開展的「宛若」，已經是對海德格的「宛如結構」(Als-Struktur)做了轉換的工作。海德格所言「宛如」居於理解到詮釋之間，其詮釋的循環的意思是指「先在結構」與「宛如結構」之間的循環。

　　呂格爾討論兩種文類，一是歷史，一是文學。對他而言，只要是說出，無論是說成歷史故事或是說成虛構故事，都是某種「宛若」(as if)的世界。本來虛構的故事更適合於「宛若」(as if)之說。不過，對呂格爾而言，全部敘事文的重構，無論其為歷史的敘事或是虛構的敘事，都是一種「宛若」(as if)的世界。文學批評只管文學，不管歷史，它處理的只是虛構的部分，不必討論兩個文類。呂格爾的敘事理論則要涵蓋這兩種文類。一般而言，文學批評也不必討論指涉(reference)的問題。呂格爾的詮釋學卻要討論指涉，而且認為文學也有指涉的問題，因為即使是幻想的，仍然有一幻想世界為其指涉。呂格爾的敘事理論討論敘事文體的形

構，其最主要的範式就是情節的佈局，暫時不管歷史與文學兩文類對真理的不同聲稱。也因此指涉的問題要到「再現3」才予以討論。

原先，亞里斯多德在《詩學》中論及悲劇的六大要素，其中"muthos"就是情節。"muthos"本來是神話的意思。古希臘思想的發展，是由神話(mythos)到倫理(ethos)再到理性(logos)。就某種意義來講，呂格爾是從logos回到mythos，當然不是回到奧林帕斯山上的神明，而是更廣泛的回到故事的敘事，例如《聖經》中的故事，不同的文化傳統中的故事。引起讀者或聽者津津有味的，基本上是情節，也就是「事件的佈局」。

前面說過，「再現2」居於「再現1」(Mimesis 1)與「再現3」(Mimesis 3)之間，扮演中介的功能，更正確的說，它扮演了一個動態的中介作用，因為「再現2」基本上是在從事形構(configuration)的工作，而形構作用的中介功能主要是來自它的形構化動作，也因此具有動態之意。換言之，當我們在說故事的時候，就會主動條理所說的內容。所以，呂格爾寧願用「佈局」(emplotment)一詞，而不直說是「情節」，因為一說是「情節」，就已經是佈局以後的結果了。「佈局」要比「情節」要來得更富於動態之意，是安排次序(ordering)，而不只是「系統」(system)，基本上更強調動態的部分。所以，呂格爾說是一種「形構化的運作」(configurating operation)，重點在於強調它動態的中介作用。

所謂佈局的中介性主要有三層意思。第一、它是介乎個別事件及整體故事之間的中介，因為所謂佈局就是把許多事件形構化起來，成為整體的故事，從多樣的事件或事故中引導出一個有意義的故事。原先在亞里斯多德的《詩學》中用到pragmata一詞，就

是指的個別的行動，至於muthos則是把事件或是事故轉換成為一個故事。一個事件不只是一件單純發生的事故，因為它在整個故事的發展中扮演了非常重要的角色。在事件與事件中間有某種聯繫性，而此一連繫性就是透過佈局而組織成的。至於故事本身也不只是把許多事件以序列的方式一一加以羅列，而是經過佈局，變成一個整體的形構，不是單純的接續，而是有形構的接續。

第二、佈局把前述概念網絡中諸如agents, goals, means, interactions, circumstances, unexpected results等因素綜合起來，成為故事。亞里斯多德在談論悲劇時，就已經預示了佈局的此一中介作用。對亞里斯多德而言，悲劇是由六個因素組成，其中最重要的三個因素：人物、情節和思想，三者組成了悲劇的主題。人物在情節進行當中扮演某一角色並展現了某些思想。「思想」在希臘悲劇裡往往是由無名無姓的合唱唱出來的。這在《聖經》裡也有之，由無名無姓、完全不重要的人說出整個故事的道理。「情節」則把不同的因素整合起來；因為有情節，才展開一個範圍，其中還可以進一步做各種潤飾。可見，情節具有「延展」的作用。「延展」的第一個意思是由情節延展到人物與思想。經由延展，綜合異質的因素，成為故事。「延展」的第二個意思，包含了情節突然的轉換(sudden reversal)，譬如由興高采烈的場合，突然之間樂極生悲。

對於呂格爾而言，情節作為一種形構的作用，就是在把「不合中之合」(concordant discordance)，譬如吉凶禍福，呈現出來。換言之，與某角色合的就是吉、就是福，與該角色不合的就是凶、就是禍。整個情節佈局(emplotment)的主要結構，就是由「不合中之合」(concordant discordance)或是「合中之不合」(discordant concordance)來形成的。這個概念是來自呂格爾對結構主義的「對

立元」(opposites)所做的轉換。結構主義認為故事都是由對立的神話元構成的，並且解決了對立元之間的矛盾。不過，結構主義所謂的對立元，到了呂格爾便被賦予了實存上和存有學上的意義，於是變成所謂的「不合中之合」(concordant discordance)或是「合中之不合」(discordant concordance)。在此，辯證性的意味較重，而不是單純的對立元。不合中仍有合，合中仍有不合，這一想法比較接近赫拉克里圖斯(Heraclitus)或古薩的尼哥拉(Nicolas of Cusa)等人的「對立中的和諧」或如中國哲學中所謂「陰中有陽」、「陽中有陰」，或老子所言「福者禍之所倚，禍者福之所伏」，或一般所謂「樂極則生悲」、「否極則泰來」，都是以辯證的方式看待兩種對立情境之間的關係。總之，它不再是對立元的排列組合，卻變成是對立狀態的動態辯證發展，這是呂格爾所謂形構的基本規律。基本上，呂格爾的形構原理就是合與不合的辯證。

呂格爾用這種辯證關係替代了原來對立元排列組合的關係。對立元的排列組合所能夠得到的只是結構性的範式。呂格爾認為，敘事文並不屬於一種結構性的範式，故事基本上不只是呈現結構範式而已，而且有一種序列型的關係，因為故事都是許多語句在時間中的延續。由於呂格爾重視時間，比較注重貫時性的一面，所以他所主張的形構原則，是合與不合在時間中辯證發展的結果，而不是對立元的排列。

然而，所謂的「合與不合」，基本上還是從人的角度所定的原則。呂格爾基本上還是從人的角度來看合與不合，其中的主角或主體就是人，針對人的合與不合的辯證互動來思考。因此，一方面有時間的進行，有一編年的事件相續的過程，同時又給予事件以一個佈局，此一佈局基本上是在合與不合的辯證中發展的。在

此，所謂形構比較接近康德的「反省判斷」，而不是其「規定判斷」。規定判斷指的是那些自然科學的法則，其中普遍的因果法則對於某一個別事件的說明，可稱為是一種規定的判斷。至於美學的判斷，譬如說一朵花很美，則是一種反省判斷，是在個別物中提煉出既具體而又普遍的判斷。我說這朵花美，你也會覺得它美。同樣的，故事的形構所扮演的作用有點像反省判斷，它是從事件的接續當中提煉出某種結構，而不是說有一個普遍而必然的結構強制拍合到事件之上。也因為這緣故，使得結構主義所講的結構無法起作用，因為後者的確是有強制套在故事上的模樣。

由於在一個故事中有許多事件彼此相連續，所以讀者或聽者終究還可以問：然後呢？然後呢？就好像老祖母給小孫子講故事，小孫子總要不斷的問：然後呢？所問的是事件的相續，在一事件之後又會發生另一事件。話說回來，事事相續也還只是一種外在的關係。在事事相續之外，還可以加上「如此這般」。之所以會「如此這般」，是說有個隱含在其中的道理可尋。所以，構成故事的第一要件是「事事相續」，第二要件是「如此這般」。至於第三要件則是「不可逆性」。因著故事佈局的形構作用，賦予故事中諸事件的進行以這三個面相。

第一，形構的安排（也就是佈局），把事件的相續轉變成為故事的整體，賦給它以有意義的整體，如此才使得故事可以跟得下去。換言之，針對佈局的安排，就有思想涵在其中。故事的佈局使讀者或聽者可以透過反省把握住它的意義。相反的，如果沒有此一形構，就很難把握故事的意義。所謂把握故事的意義，也就是呈現出故事的思想與要旨：它究竟要說什麼？或是，它的主題何在？換言之，透過反省的動作，能在形構的佈局中找出一個思

想或主題。

第二，佈局賦給故事一個結局感，故事都會一直發展，發展到結局。基本上，呂格爾對於故事與戲劇的看法，還是亞里斯多德式的，也就是亞里斯多德在《論悲劇》裡面所講的，故事都有一個開端，一個中間，一個結尾。呂格爾也假定了這個基本想法。不過，現在的文學創作，並不一定有一個結尾，也可能有好幾個結尾。現在小說寫作的策略也呈現多元結局的可能。換言之，結局不一定是一個，卻可能有多元結局，甚或反結局。

其實，對我而言，「閱讀故事」與「再說故事」並不一定要分辨出一個終局，現代戲劇或小說不一定要有一個終局。為什麼要堅持邁向終局呢？在此，呂格爾有一基本概念，每一個故事從開始、中間到結尾，都有其奠基性事件(événement fondateur)。他所針對的是傳統的、民間的故事，甚至包含新小說，也認為還是有其終結性。尤其是那些國家編年史，奠基性的事件尤為重要。一個國家的「奠基性事件」與該國的歷史形成有密切關係，譬如法國近代史一定要討論法國大革命，中華民國史一定要講黃花崗七十二烈士、武昌起義……等等，這些「奠基性事件」，是一群體歷史裡最重要的關鍵性事件，奠立了該特定歷史的意義。

呂格爾的「奠基性事件」是他思想中一個貫穿整體的概念。就宗教而言，《聖經》故事裡每一重大事件都是「奠基性事件」。就政治而言，每個國家或團體形成與發展的重大事件亦然。在重要紀念節日，都必須一再重述其「奠基性事件」，讓成員有所認同，這就涉及意識型態的問題。對於「奠基性事件」的重述也涉及團體的認同的重新組合。

本來，最早提出「奠基性事件」(événement fondateur)概念

的，是法國科技哲學與科技社會學家厄綠爾(J. Ellul)，他用「奠基性事件」(événement fondateur)一詞來解釋社會中的意識型態，並無其他宗教學或文學上的意義。這個概念在呂格爾思想中獲得了宗教學、史學、文學、政治哲學，甚至所有敘事文體的貫穿性概念。這樣一來，所有的歷史、文學的故事都與「奠基性事件」(événement fondateur)概念有密切關係。對此，佈局與形構是在組織那些「奠基性事件」。每一個團體的「奠基性事件」使它可以走到現在，並走向未來，也因此可以經由佈局來賦給它一個終局感。

第三，由於有了這樣一個佈局，故事就可以一說再說。當然，就國史、民族史或群體史來講，都是由奠基性事件發展到終結；至於想像的故事，也都是由「事事相續」、「如此這般」，直到終結。因為事件的進行是由過去發展到現在，但說故事的行為則是倒過來，從現在說回過去。所以說，在說故事時，更能分辨出終結所在，因為說故事者一定要知道結尾才能說，因為說故事就是從現在返回過去來說。如此一來，就把時間的箭扭轉過來了。就好像在回憶時，是從現在往以前回憶，回憶的行為就把時間的自然順序——「過、現、未」的方向——扭轉了，由現在溯往過去。重說故事也有同樣的作用，是在時間上進行回溯的歷程。

此外，「再現2」還涉及另外兩個問題，其一是圖式化(schematization)的問題，其二是傳統性(traditionality)的問題。

首先，佈局有如圖式，前面提到佈局形構的產生，猶如康德所講的反省判斷，講故事是從很多事件中提煉出一個形構來。說佈局的形構有如圖式，也是從康德哲學獲得瞭解。康德所謂「圖式」是想像力的先在形式。對於康德而言，感性的先在形式是時

間、空間，至於知性的先在形式，則是範疇。問題在於時空裡所
呈現的都是具體而個別的現象，而範疇卻都是普遍且抽象的，具
體個別的現象怎麼能與普遍抽象的概念連繫在一起？康德圖式的
設置就是為了解決這個問題。

　　換言之，想像是一種能夠呈現不在對象的能力，這種能力可
以使人從具體個別的事物中浮現出來。想像的先在形式，就是圖
式。人可以想像很多故事，但圖式作為想像的先在形式，是既具
體又抽象，既個別又普遍，因此可以擔任兩方面的中介。❶普遍
的、抽象的概念，與個別的、具體的現象兩者之間的連接，就是
靠想像裡的圖式的作用。由概念來規定現象，是規定判斷；現在
涉及反省判斷，就有了次序上的轉變，是由事件導向形構，這其
中須有「圖式」連繫。圖式會綜合個別與普遍，抽象與具體。透
過綜合作用，它連繫了感性與知性。康德認為人只有感性的直
觀，他將直觀定義為「人與對象直接接觸的方式」，但是人與對象
直接接觸都是依靠感性，因此人只有感性直觀(sensible intuition)，
唯上帝有理智直觀(intellectual intuition)，祂的理智想到一對象，便
直接創造了該對象。上帝想的觀念就是實在，而人只有經過感性
才能與認知對象相接觸。由於圖式一方面有感性的具體性，另方
面又有知性的普遍性，所以它具有中介與綜合的作用。對呂格爾
而言，佈局的作用如同圖式一樣，佈局宛如圖式，一方面有抽象
的思想，但是創作者不能只有思想，還要能透過想像把思想變成

---

❶　就此而言，「圖式」的概念相近於科學哲學中「模式」的概念，由理論到
　　現象必須經由模式的中介，就是因為模式給予抽象的理論以具體的形
　　象，又給予個別的現象以普遍的形式。就今天看來，康德的圖式論就是
　　模式論的先驗哲學基礎論。

曲曲折折的故事。佈局的作用就在於把思想（要旨或主題）與具體的故事情境、人物、插曲以及命運的改變等等連繫起來，最後達至故事的收場。❷

　　值得注意的是，康德在第一批判中所講的是規定判斷，指出科學知識是出自知性概念經由圖式對於現象所做的規定。然而，故事的佈局則較接近第三批判所講的反省判斷，是經由佈局來組織事件，藉以表現思想。思想是抽象而普遍的，事件則是個別而具體的，兩者經由佈局而得以連接起來。可以說，佈局的作用宛如圖式，卻不能說佈局就是圖式。佈局之所以宛如圖式，主要是因為圖式本身的作用原本是認知的，是在科學上作用。佈局宛如圖式，所說明的是佈局發揮中介作用，把具體而個別的事件與抽象而普遍的思想連結起來。

　　其次，關於傳統性。所謂「傳統」並不是一個呆滯之物、不是死的傳統。呂格爾比較傾向於高達美所講的「活的傳統」，這是一個活生生、不斷創新的接續歷程，而且可以經由不斷回到最早先的創作活動而獲得重生。這裡面包含兩層意思，其一是沉澱，其二是創新。就沉澱而言，所有的創作都對傳統有所繼承，說故事尤然。譬如亞里斯多德所繼承的是希臘悲劇的傳統，像伊利亞德、奧德賽、伊底帕斯王……等等，亞里斯多德《詩學》皆討論及之。亞里斯多德舉了許多悲劇故事，都是足以讓人憐憫或害怕，以引起讀者或觀眾心靈波動的例子。亞里斯多德對於悲劇的闡述，都是取例於古希臘偉大作品傳統。

　　每個傳統都提供了不同的敘事典範。「典範」一詞在此並沒有

---

❷　譬如由好運連連突然禍從天降，或是本來是乞丐突然經由交換突然變成王子。

很明確的定義，它並不是昆恩(Th. Kuhn)所講的科學「典範」，而是在傳統裡面所形塑出來的一種故事的理想型或組織佈局形構的風格或典型。這些理想型往往就是關於主角的命運好壞，促成觀眾或讀者憐憫、害怕的範式。換言之，傳統的沉澱是經由長期說故事的過程所形成的不同的理想型，為後世所一再繼承者。在不同的文化中，例如希伯來、基督宗教都是屬於《聖經》的傳統；此外還有日爾曼(Germantic)、冰島(Icelandic)、斯拉夫(Slavic)……等等說故事的傳統，這些不同的傳統也促成人們去閱讀不同領域的故事。在這些傳統裡所沉澱出來的說故事的型態，其佈局形構也都各有不同。

就創新而言，說故事的傳統，一方面有沉澱，另一方面也有創新；因為每個敘事作品一旦創作出來，都是獨一無二、不可替代的作品，因此都不可化約為先前的典型。無論是一史詩、戲劇或小說，都是一個原創的產物，在語言王國裡的一個嶄新的存在。但是，創新還是有規則可循的，也就是前面那些典型。例如我們可以研究臺灣小說，是因為它一方面有某種沉澱，另方面每一小說又有其創新。研究每位作者，都是既有沉澱，又有創新。

換言之，創新有兩層意思，其一是新穎性，有不可化約為先前作品的原創性。其二是有規則可循，在規則中有創新，在創新中有規則。此一對比張力，基本上是康德在《判斷力批判》裡所討論的「天才」的特性。「天才」原本是一個美學上的概念，指的是一個自訂新穎規則的能力，一方面有新穎原創性，另方面又創了一個別人可遵循的規則。這其中實在含藏著很大的緊張度，因為天才所創的新規則一定是值得後人遵循的規則，然而，後人如果照著此一規則做，就不再是天才，反而失去原創性了。如此一

來，天才便有某種霸道性，自己創新而叫別人不得創新。也因此，「規則」的意義必須加以釐清。

當然，既是天才，應該有所創新。不過，有新的作品並不一定就是天才。而是因為創造出新的典範，如此一來才堪稱為天才。康德當時就有這個問題，因為唯有值得跟隨的才叫做規則。不過，一旦跟隨規則，又沒創新可言。我想，所謂的創新規則，應該只是創作出一種新的可理解性的範型，這種範型既有其獨特性，又有普遍的可理解性。換言之，與其說是創新一個規則，不如說是創新一個風格(style)。所謂「風格」就是在獨創的作品中展現的普遍性，既是獨特，又是可以普遍分享。讀者在讀此一作品時，讀得心有戚戚焉，可以分享其精髓，可是它又如此獨特，無可替代。換言之，它的獨特性裡面隱含著普遍的可理解性。

以上所論大體上是環繞著反省判斷、圖式、風格這些概念，都是某種既具體又普遍的性狀。基本上，風格就是這樣，既是個別化，又可以普遍地欣賞和接受。可是，接受與欣賞並不代表遵循規則之意，它並不被規則所統治，而是一種可普遍化的可理解性。創新的作品應是一種精打細算以後的分歧，而不是一種完全屈從式的應用。

呂格爾認為，創新是按照規則的一種變形；雖有變形，但是還有規則可循。我想，如此一來便會造成一個基本的衝突：既然遵循規則，如何還可稱為創新？問題就在這裡。所以，與其說是遵循規則，不如說它具有可普遍化的可理解性。否則，規則與創新之間就會產生衝突。正如《易經》所言，「不可為典要，唯變所適。」換言之，必須不斷地變化創新，沒有典要可循。既然「唯變所適」，在變化當中要有創新，而在創新中仍要有可理解性。所

以，創新不是「規則所治」(rule-governed)。康德也不說「規則所治」(rule-governed)，而是說「創造規則」(rule-creating)。其實，天才的概念所要表示的，是在美學領域裡綜合具體與普遍的能力，既可創造出一個全新、前所未見的作品，它是獨一無二的，又可以供大家欣賞。康德與呂格爾在此使用「規則」(rule)概念，其實只表達了普遍的可理解性之意。然而，我們必須指出，可普遍化的可理解性並不一定就是「規則」(rule)。如果用「規則」(rule)一詞是為了表示「規則所治」(rule-governed)、有所遵循的話，反而會限制創新，這意思就有差距，必須調整。

六、對呂格爾「再現3」的解析與檢討

呂格爾的敘事理論的第三層——「再現3」(Mimesis 3)，也就是他所謂的「再構」(refiguration)層面，其實是從文本與讀者關係的角度，來看待敘事理論。先前的「再現1」(Mimesis 1)與「再現2」(Mimesis 2)都是有關於作者對於故事的前構與形構。現在轉到「再構」，則是涉及讀者。與文本所對應的是閱讀，與說故事相對的則是聽故事。呂格爾基本上只討論閱讀理論。本來故事是可以讀，也可以聽的，尤其在口說傳統(oral tradition)中，故事的傳衍通常是用說與聽。不過呂格爾的「再構論」基本上只是處理文本與讀者的關係，雖然偶爾也提到聽眾，其實他的整個理論架構都是建立在文本上，並以文本為範式，因此主要是文本(text)與閱讀(reading)的關係，而沒有說話(speech)與傾聽(listening)之間的關係。

由文本到讀者，在呂格爾看來，是視同高達美的「應用」(application)。在高達美而言,理解、詮釋與應用,三者是聯繫起來的。所謂理解,也就是讀懂某一文本,也就是掌握了該作品所揭露的存在的可能性。至於詮釋,則是用讀者自己的話說出所理解之物。然而,高達美特別強調,理解與詮釋有密切的關係,不但讀者讀懂了、有真理向他揭露,而且該讀者還能用自己的話將它說出,這才叫真正的理解。可見,理解與詮釋是密切聯繫的。但是,當我們能用自己的話說出,通常都是在具體的情境中,並指涉到具體的情境,來進行詮釋,對高達美而言,所謂「應用」,就是把客觀的意義拉到具體的情境中來說。也因此,應用也有銜接客觀意義(或普遍意義)與具體情境的關係。

對於高達美而言,有三種應用,一是神學的應用,二是文學的應用,三是法學的應用。神學的應用主要是針對《聖經》,因為《聖經》雖說是上帝的話語,其中的教義雖說是普遍的,可是神父或牧師在講道時,都有必要講到教友的生活,涉及具體的事態,這樣一來,就把《聖經》拉到現前具體的生活情況上來應用。在宣道時就當前具體脈絡來講述《聖經》,這是神學的應用。至於法學的應用,是由於法律規定的都是普遍的法條,並沒有規定張三、李四所犯的是某某具體的罪行。從普遍的法律規定,到某人犯的是某罪,這是法學上的詮釋與應用。最後,是有關於文學的應用。呂格爾所講的「再構」基本上是屬於文學的應用這個範圍。由於一個文學性的文本往往含有豐富的意義,讀者在讀的時候,每一次都是根據具體的脈絡來重新讀它、懂它。這就涉及讀者與文本的關係。早在亞里斯多德的《修辭學》中,便非常注意所要說服的對方的反應,這是因為修辭學的目的是要說服對方。可是,亞里斯多德在《詩學》裡很少討論到文本與讀者之間

的關係，主要的原因是他重點在講詩的創作，而不是在講如何讀
詩。

　　不過，亞里斯多德曾在《詩學》裡說，悲劇的作用在於滌淨
(catharsis/purgation)，此時他對詩的作用的看法，其實是從觀眾或
讀者的角度來看的。悲劇藉著使觀眾和讀者感到憐憫或害怕，因
而造成「滌淨」的效果。誠如我們先前討論過的，滌淨這個概念
並不只是情緒的淨化。換言之，不是因著使觀眾或讀者痛哭、害
怕等強烈情緒得以發洩，以致能滌淨心靈，若是這樣，那就只有
心理學意義的淨化。然而，悲劇的滌淨作用本身並不只是情緒上
的淨化，而是因著故事在時間中的展開，隨著劇情的曲曲折折，
使人性裡的普遍形式得以浮現。重要的是使人從原來不太合乎普
遍的、不太合乎人性的形式的存在狀態，邁向更普遍、更合人性
的形式的呈現。因為人的存在必須要在時間中展開，對人來講這
並非剎那可成，也因此一齣戲才需要足夠長的時間，並分割為好
幾幕來演出，否則一句話、一個公式，一下子就講完了。同樣，
讀者或觀眾隨著故事在時間中的展開，以及劇情的曲曲折折，使
自己邁向更純粹、更普遍化的人性形式。淨化應是洗滌非普遍
性、非人性之狀態而提升至普遍的、人性的形式。

　　總之，呂格爾用高達美「應用」的概念來講「再現3」(Mime-
sis 3)，使讀者與文本的關係有如「應用」的關係，其目的是要在
具體的情境中解讀出普遍的意義。其次，用亞里斯多德的「滌
淨」(catharsis)概念來說明兩者的關係，目的也是由具體、個別的
封限，逐漸趨向普遍、返回普遍。

　　關於「再現3」，還有一個值得在此討論的問題，涉及閱讀的
循環性(circularity)。質言之，如果作者的創作是由再現1到再現2，

讀者的閱讀行為是不是由再現2再回到再現1？其中是否有一循環？這一問題涉及海德格所謂的「詮釋學循環」。事實上，我認為呂格爾在此所謂的詮釋學循環與海德格有所不同，這需要我們進一步的討論。㉑

從「再現1」到「再現2」是由先構到形構，也就是將原來在生活中、行動中的先在理解，賦以某種形構。就此而言，閱讀的確有讀回去的必要。然而，當讀者讀了經過佈局以後的故事之後，是不是會回到「再現1」呢？或是會加入別的東西？這中間是不是有某種循環？怎麼樣去瞭解這中間的循環的意思？是不是有一個惡性循環(vicious circle)？

呂格爾主張沒有惡性循環。在他看來，雖然這其間有循環，但並不是惡性循環。追溯原本海德格在《存有與時間》裡所講的意思，㉒海德格說：如果從邏輯的角度來看，在世存有的此有與世界之間的關係，好像是個惡性循環。人在理解世界的時候，就理解了存在。所有的詮釋都是在先在結構裡面運作，對於理解的詮釋，都已經先懂得它所要詮釋的。詮釋是把理解給拉開來，使得所理解的隱態的、豐富的內容能變得顯題化，不過，每個詮釋者所能夠詮釋的，都是他已經理解的。這樣看來，所謂詮釋的循環，是存在於理解與詮釋之間，是理解裡的「先在結構」(Vor-Struktur)與詮釋的「宛如結構」(Als-Struktur)之間的循環。換言之，詮釋假定了理解，而理解必須經過詮釋才能展開。茲以圖示

㉑　此外還有三個問題，在本書中皆已論及，在此不贅。它們是關於閱讀作為重構、敘事文到底有沒有指涉、敘事的時間等。

㉒　M. Heidegger, *Sein und Zeit* (Tübingen: Max Niemeyer Verlag, 1972), SS. 153–154.

如下：

Vor-Struktur→Als-Struktur→Aussage

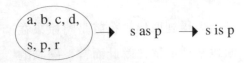

a, b, c, d, s, p, r $\longrightarrow$ s as p $\longrightarrow$ s is p

　　海德格「詮釋的循環」之意，是說詮釋是對所理解之物的明顯化，但是人所能明顯化的，都是自己所已經理解的。按照邏輯法則，這樣的循環是一惡性循環。不過，邏輯只是一種在經由理解與詮釋的明說之後，對所明說的語言的推理結構的研究，是一種雖為較明確，但其實也較為窄狹的科學言說，所以，用邏輯的標準來要求理解與詮釋，其實是以較窄狹的言說結構去規定原本假定得更原初而寬廣的理解與詮釋的關係。邏輯本身已經是理解與詮釋發展出來的語言的推理結構，至於理解與詮釋本身並不能用邏輯的形式去限制。如果把理解與詮釋說成是惡性循環，那就是以衍生的邏輯來判斷其根源的理解與詮釋。

　　就海德格而言，問題不在於要如何脫離這循環，而是要如何用正確的方式進入此一循環。❷換言之，詮釋的循環不是邏輯上的惡性循環。詮釋的循環需要人用正確的方式進入，以便產生一個更擴大的歷程，使人所理解的東西不斷經由詮釋而發展，而詮釋的發展又繼續擴大人的理解。在進入這一動態、擴大的循環歷程之後，可使得人的存在經驗不斷拓廣、加深。這一歷程並不一

---

❷ "Das Entsceidende ist nicht, aus dem Zirkelheraus, sordern in ihn nach der rechten Weise hineinzukommen." Ibid., S. 153.

定會相反科學或違背邏輯，相反的，人可以在這歷程裡把學術與科學重新定位，以之做為立基於理解與詮釋的明說(Aussage)。所以，問題不在於避免循環，而在於怎樣正確進入，以達成存在經驗與言說關係之間的擴大。總之，我們現在可以確定，海德格所講的詮釋循環，是由「理解」到詮釋之間的一種動態發展、不斷擴大的循環歷程。

另一方面，呂格爾所謂的「型構」(configuration)本身已經是一種「建構」(construction)。為此，在我看來，呂格爾的「詮釋的循環」(hermeneutic circle)是存在於「詮釋」與「建構」之間的循環。換言之，做為已經明說的先在理解已經是某種語言的詮釋，無論歷史或小說的敘事文，本屬由詮釋過的內涵轉變成故事文本的建構。現在的問題是：從建構回到詮釋，到底是回到每個人的詮釋？或是回到原作者的詮釋？這樣的循環並不是一封閉式的循環，而是像螺旋梯般，不斷循環而上。如此一來，我們可以瞭解呂格爾為何要討論詮釋的暴力問題與贅言問題。

我們可以問，如果呂格爾的詮釋循環是定位在由詮釋到建構之間，這樣會不會因為建構而帶給原本的實存詮釋某種暴力？在海德格，詮釋的暴力是因為人須從理解的先在結構轉為宛如結構(Vor-Struktur→Als-Struktur)。由於凸顯了 s 宛如 p，使其他開顯內涵被忽略了。至於呂格爾所謂的詮釋的暴力，應該是發生在由「宛如結構」到「語言建構」這一部分(Als-Struktur→Aussage)。在此，詮釋的暴力事實上是發生在說故事時所建構的秩序上，此一建構性秩序可能會對原來實存的體驗強加以某種強制，強納入秩序；然而，由於不是所有實存體驗都可以被納入秩序，也因此就會產生暴力。

156   呂格爾

　　再者，有關於贅言的問題❷，原本存在體驗的故事應該是最完整的故事，這樣的故事是不必說的，一說就多餘了。就像莊子所言，若彼此都能「相視而笑，莫逆於心」，那何必多此一言？所有的語言都是多餘的。這樣一來，所有的故事都變成贅言。人所真正要懂的，就是存在的可能性，哪怕是在一剎那間的了悟(en-lightment)。既然有所了悟，那故事就不用說了。

　　關於詮釋的暴力，這其實是形構的構成作用對於詮釋與理解所產生的強制性影響，而不是海德格所講的，詮釋本身已有暴力。因為生活本來就是一片混雜，很多事情同時或相繼發生，雜七雜八，混在一起，其間或有某種整全的理解。可是，當故事一說，於是就有某個形構出現。故事的形構在混全當中賦予一個諧和的組織。故事一說，就把生活調理出一個秩序出來，可見，敘事文賦給本來沒有形式的以形式，這樣一來就有可能將它出賣，於是問題來了：到底什麼是真實的故事？活生生的故事與說出來的故事，其間是有差距的。

　　敘事文至多能給我們一個「宛若」、似是而非的故事。然而，故事終究只是故事，不就是生活本身。一經說出，都已不是。只因為如此整理有秩序的說出故事，可以引發種種幻想與想像，使人在面對死亡之時，得有安慰。可見，說故事是為我們有限的人的一種安慰。講這些故事雖然好聽，但實際的生活卻是殘酷的。由種種說故事的範型整理出種種故事，究竟還是被它愚弄。所以說，看戲的人是傻子，演戲的人是瘋子，於是我們覺察到其中有暴力與不實。此所謂不實，是已經結構化的故事，對於生活的故事所產生的暴力。此時，我們會嚮往原來完全真實的本身，沒有

❷　P. Ricoeur, *Temps et récit*, Tome I (Paris: Seuil, 1983), p. 113.

任何形式、一語不說的生活真實。

也正因為如此，尼采會呼籲智識的真誠，稱之為忠誠、真誠（Redlichkeit）。因為所有的說法、所有的故事、所有的道理，最後都有暴力，都是欺騙。真實的生活是尚未有任何形式的(unformed)。我們衷心盼望最後的真實與誠實，但是我們都是因為對秩序的留戀，才抵抗反璞歸真的召喚，抵抗返回原初生活體驗的複雜性。我們因為秩序情結而抵抗真實與誠實對我們的召喚，堅決地認為我們要的就只是秩序，這其中就有某種暴力存在。這樣一來，由敘事的故事所產生的協調，由佈局所給予的秩序與結構，事實上是強加在時間本身之上。時間中的事件都是複雜多端的，人若賦給它一個次序，就凸顯了某些，而忽視了其他。也因此，所有的詮釋都是這樣一個暴力的結果。

由混全到秩序，說故事有賦予秩序的形構作用，但這也是對原初混全的一種暴力。不過，在此也須為秩序說個道理。其實，在由混全到秩序的過程中，混全本身並不完全只是混全，因為時間本來就可以接受秩序化，只不過所有的秩序都不是絕對的秩序。在聖·奧古斯丁的時間觀裡有兩個概念：意向(intentio)與趨離(distentio)。意向的作用組織時間成為「過—現—未」，因而可以形成次序。不過，就在意向的指向過程中，時間同時不斷地離去(distentio)。由於趨離作用，時間從我們的意向中不斷離去，其中還是蘊藏著混亂。不過，整體說來，時間不只是混亂的，而是本身就含藏了某些可以秩序化之物。也因此，我們須不斷說故事，但也需不斷返回原初的整全。這其中，含有可說與混全之間的根本對比與張力。

七、結語：對於呂格爾的宏觀定位

前面我們對於呂格爾的檢討假定了一個宏觀的分析架構：由「開顯」(manifestation) 經「詮釋」(interpretation)而「建構」(construction)。針對實在，我們首先有開顯的經驗，否則甚麼都不能談；不過，實在的開顯須經過詮釋作用之中介，吾人始能進而加以建構。建構假定了對開顯的詮釋，而詮釋則媒介了開顯與建構。茲圖示如下：

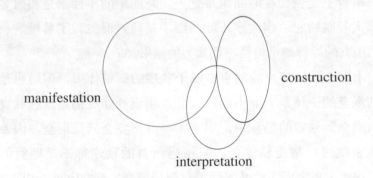

大體說來，海德格所討論的是在此有的體驗中的「開顯」(manifestation)；而呂格爾所論的敘事文已經是一「建構」(construction)；不過，照本人看來，這中間應該有個中介，就是「詮釋」(interpretation)。在此，所謂「詮釋」包含了將時間詮釋為可計量的時間，使人在時間中可以有計畫、可以環視、回顧等等；其次，也包含了人用符號、象徵來詮釋某件事、某行動；最後，也包含我們用概念網絡來指認who、how、what、with-whom、why等等。經由明說與組合這些語句的關係，才能進入到對故事的建

構。

　　換言之，人所追求的，基本上是存有或真理的開顯(manifesta-
tion)，不過，大體上人都是透過語言的建構去明說所體驗到的開
顯，但開顯的體驗也不能完全被詮釋與建構所窮盡。人對開顯的
體驗非常豐富，並不只限於知覺而已，在整體的經驗裡，有著太
多樣而滿盈的內涵，不能完全接受建構。而且，若要達到建構的
地步，還先得經過逐層詮釋歷程的中介，換言之，是詮釋在擔任
中介的作用。按照我這一架構，海德格未明說的先在理解，也就
是人在時間中有的境遇感與理解，顯示出人的「已是」和「能
是」，必須經由詮釋而趨明顯化。海德格在《存有與時間》裡所要
說的，就是由「開顯」(manifestation) 而「詮釋」(interpretation)的
部分。至於呂格爾所做的，則是由「詮釋」(interpretation)而「建
構」(construction)的部分。其實這兩者有著來回往覆的關係，譬如
作者可能是由詮釋走向建構，至於讀者則是透過閱讀已建構的故
事，加以重構(refiguration)，也就是經過閱讀，重新揭露被體驗過
的領域，展開一個世界或視域。按照此一程序，呂格爾在文本的
結構方面所論似乎比較精當，也可以面對當代不同學派之間的爭
執。問題在於由結構到象徵到時間性的次序必須調整，應該倒過
來，由時間性到象徵再到結構，如此才能逐步用現象學與詮釋學
的方式，導引出故事的可說性，並進入佈局的層面。

　　如果說，由「開顯」(manifestation) 經「詮釋」(interpretation)
而「建構」(construction)是一完整的歷程，而海德格的《存有與時
間》所完成的是由「開顯」到「詮釋」的發展；呂格爾《時間與
敘事》的成就則在於由「詮釋」而「建構」。是在此意義之下，也
僅限於此意義，我們可以說，呂格爾的《時間與敘事》的確繼承

並完成了海德格《存有與時間》的志業。然而，由「開顯」 經
「詮釋」到「建構」的整體銜接與闡明，則仍需更融貫而一致的
論述。

第五章　自我與他者

——呂格爾的自我詮釋學

一、「自我」的傳承與重建

在當代哲學中，西方自近代以降建立的主體哲學遭到不斷的拆解和攻擊。首先是海德格在《存有與時間》(*Sein und Zeit*)一書中，將人理解為「此有」(Dasein)，闡述人的存有學向度，藉以批判並超克西方近代哲學自笛卡爾(R. Descartes)以降的主體哲學；其後，再經過結構主義，將作者視為僅只是符號系統中的一個因素而已，並宣告「作者死亡」；最後，到了後現代主義，又對主體性猛烈加以批判、質疑和否定。自此以後，近代哲學之父笛卡爾所奠立的主體哲學城堡歷經多次攻堅，砲火所及，已然形同廢墟。

然而，就在這重重砲火、層層否定的波浪之下，也激發了當代思想家重新思索人的自我或主體此一近代哲學重要遺產。像泰勒(Ch. Taylor)在《自我的泉源》(*Sources of the Self*)，其後又在《本真的倫理》(*The Ethics of Authenticity*)等書中所企圖指出的：對自我的探索是近代哲學最重要的資產，而且對自我的重視，旨

在強調每個人皆有度一「本真的生活」的權利。泰勒說:「對我的
自我真實,正意味著對我的原創性真實,而這點只有我能予以明
說和發現。在明說這點的同時我也在界定我自己。我正實現一個
專屬我自己的潛能,這是近代的本真理想的背景了解,也是本真
概念所常用以表達的自我完成或自我實現目標的背景了解。」❶不
過,維護本真並不表示可以脫離或相反他人,也因此泰勒在論
《多元文化》(*The Politics of Recognition—Multiculturalism*)一書中
言及「尊重差異」的同時,特別指出,自我是在與他人交談之中
成為自我的。

　　除此之外,法哲雷味納斯(E. Levinas),這位以倫理學為第一哲
學的猶太思想家,更進一步認為,他者(l'autrui)在互為主體的關係
中扮演主動的角色。他者的面容本身就禁止謀害,並要求正義對
待。自我也因此而被召喚去負起責任。換言之,一個倫理的自我
是根據我與他者的關係而界定的。❷

　　泰勒在重視自我的本真的同時,仍兼顧到自我須與他人交
談;雷味納斯雖特別強調他者的面容,然而他亦倡言自我的責
任。如此一來,兩人皆在執持一端之時,皆仍兼顧「自我」與
「他者」的均衡。至於呂格爾,則在其《自我宛如他者》(*Soi-
même comme un autre*)一書中,正視近代以來確立自我與解構自我
的兩大傳統,經由反省與分析、自性與認同、自性與他性的三重
辯證,重建一個「自我的詮釋學」(Hermeneutique du soi),其最重

---

❶　Ch. Taylor, *The Ethics of Authenticity* (Cambridge: Harvard University Press, 1991), p. 29.

❷　E. Levinas, *Totalité et Infini, Essai sur L'éxtériorité* (La Haye: M. Nijhoff, 1974), pp. 37–38.

要的主旨在於闡明：「他性並非自外強加予自性，一如自我論者所宣示，而是隸屬於自性的意義和存有學構成。」❸

　　所謂近代哲學中確立自我與解構自我的兩大傳統，首先，就自我的確立而言，笛卡爾由於提出「我思故我在」，因而成為近代哲學之父。誠如黑格爾在《哲學史講錄》中所喻示，西洋哲學自古希臘以來的發展，久乏基礎，猶如水手長久航行海上，漂游四方。至笛卡爾提出「我思故我在」，如有水手終於喊出「陸地！」這表示，「我思」的提出是做為基礎而提出的，笛卡爾甚至以之為「第一真理」。不過，笛卡爾對「我思」的置定，也是伴隨著對自我的懷疑，直到肯定懷疑中的我應當存在；即使我被騙，被騙的我亦應存在；懷疑既為思想的一種方式，思想的我亦必存在。

　　值得注意的是：笛卡爾似乎也已意識到，自我是經由語言的中介或思想的行動而獲致肯定的。他在《形上學沉思》中表示：「為此，必須承認，在仔細並充分衡量一切之後，必須回到這考量過的判斷：當『我是，我存在』這語句每一次被說出，或在我心中被構想時，必然是真的。」❹換言之，自我的確定是在我構想它的行動中，尤其是在我說出「我是」的語言行動中為真的。

　　其次，近代哲學中亦有一解構自我之傳統。在古典經驗主義(empiricism)中，休謨(D. Hume)早已說自我僅為「一束知覺」(a bundle of perceptions)。然而，目前後現代主義者最喜引述之懷疑大師，則非尼采(F. Nietzsche)莫屬。尼采在1872到1873年的《修辭學講錄》中嘗謂：一切語言皆是轉喻性的，並不能揭示本質。一切

❸　P. Ricoeur, *Soi-même comme un autre* (Paris: Edition du Seuil, 1990), p. 367.

❹　R. Descartes, *Meditationes de prima philosophia*, ed. C. Adam et P. Tannery, traduction fr. T. IX (Paris: J. Vrin, 1973), p. 19.

語言皆宛如「褪色之隱喻」。也因此，即便我在宣稱「自我」時自以為有我，那也只是由隱喻性的語言構成的而已，無非只是一種「遮蔽」和「轉移」。尼采在1877年11月到1888年3月的一個斷簡中宣稱：「我堅信內在世界的現象性，一切進入吾人意識之物皆已完全預先被調整、簡化、單純化、框架化、詮釋化——內在知覺的真實歷程，在諸多思想、情感、欲望，在主體和客體之間的因果關係，對我們而言都是完全隱藏的，甚或也可能純屬想像。」❺如果照尼采所說，連語言與思想皆未能揭露真實，甚或純屬想像，則吾人在說出自我或思想自我的行動中，亦未必真能揭露自我。

呂格爾在1990年出版的《自我宛如他者》一書中，試圖面對上述近代哲學的確立自我與解構自我的兩大傳統，重建一套「自我的詮釋學」。此書亦綜合了呂格爾先前使用的多重哲學方法。基本上，在當代法國哲學思想家裡，像傅柯(M. Foucault)、德希達(J. Derrida)等人的思想，都有相當程度的原創性，呂格爾的原創性則一時之間比較不容易閱讀出來。但我個人的看法是，在後現代思潮中常展現某種「輕佻的原創性」，至於呂格爾所展現的則是一種「負重的原創性」。呂格爾有點像高達美(H.-G. Gadamer)在《真理與方法》一書中所為，往往是在詮釋別人的文本中表達自己的思想。他所發揮的是一種「詮釋的理性」，要透過詮釋各種在歷史中出現的文本典型，藉以展示思想的原創性。就呂格爾而言，他在討論問題之時，常會把別人的思想繼承下來，加以詮釋，藉以呈現自己原創的主張，這其中所顯示的就是我所謂的「負重的原創

---

❺ F. Nietzsche, *Fragments posthumes*, in *Oeuvres philosophiques complètes*, Tome XII (Paris: Gallimard, 1977), p. 248.

性」。當我們閱讀其文本之時，往往需先認知其它文本的意涵與指涉，才能瞭解到呂格爾的真正意旨所在。

　　大體言之，呂格爾對自我的詮釋，綜合了以下三個層面：

1. 經由語言分析之迂迴以達致對自我的反省。
2. 經由與同一(la memete)之對比以言自性(l'ipseite)。
3. 經由與他性(l'alterite)之辯證以言自性。

二、身體主體或語言主體，何者為較佳起點？

　　呂格爾對於自我的探討，始自經由關於自我的語言分析的迂迴；例如當我言及自己時的自我指涉(self-reference)，和涉及說話行動(speech act)的語言，以達致對於自我的反省。關於這點，作者本人擬在本文一開始就先提出質疑，然後再加以評述。本人認為，從現象學的觀點看來，身體是比語言更為原初的現象，也因此應是探討自我的較佳起點。這點使我質疑：為什麼呂格爾的自我詮釋學非要遷就語言哲學或分析哲學，轉從「自我指涉論」和「說話行動理論」開始來談論自我，而不從「身體主體」來開始談論自我。換言之，若忠實於當代哲學在海德格之後，由近代的知識論優先轉向以存有學為優先的立場，呂格爾應該追隨海德格和梅洛龐蒂之後，從身體主體開始談論自我。至於英美的分析哲學，大體上應是近代哲學知識論優位的研究綱領之延續，牽就後者的結果，反而會使自我的討論限於語言表面而流於瑣碎。

　　然而，這正是呂格爾所謂「經由語言分析之迂迴以達致對自我的反省」所必須付出的代價。呂格爾之所以捨得付出此一代

價，一方面是因為顧及哲學史上笛卡爾所謂自我經由語言中介而獲致肯定的想法，以及尼采根據語言的修辭性格而解構自我，二大近代哲學傳統；另一方面，則是因為在哲學上我們從未能透過反省而直接掌握自我，反而都是經由自我的外顯，例如語言，來予以掌握。為此，他認定人對於自我的反省必須經由語言分析的迂迴。

事實上，透過語言上的「自我指涉」所了解到的自我是相當受限於語言表面的。例如像史卓森(P. E. Strawson)在《論個體》(*Individuals*)一書中所言及的，當吾人談論及個體時，吾人所談論的僅有兩種個體：一為物體，一為個人。❻就此而言，此種論述至多僅能論及人是一個體，僅具有一般存有學的意義，並無助於了解自我。當吾人談論到「人」時，尤其當人指稱說話者自己之時，則似乎有了自我的意味。但這點大可不必從談論物體、人，甚或說話者的討論來進行迂迴，而可以直接從自我指涉的語言開始。換言之，當我說到「我是×××」之時，也就是在語言中有了自我指涉。不過，雖然在自我指涉的語句中言及自我，從而也就在語言中體現或表白了自我，但吾人藉此對自我所達成的理解，仍是十分膚淺而表面的。

在日常語言學派所討論的說話行動(speech act)中，涉及了言說者說出自己就是行動者，而且說話本身就是一種行動，例如：「我承諾幫你忙。」「我答應嫁給你。」在這類做辭行動(illocutionary act)的情形中，說話者本身就是行動者。❼呂格爾重視說話行動論的

---

❻ P. F. Strawson, *Individuals—An Essay in Descriptive Metaphysics* (London: Methuen, 1964), pp. 38–40, 97–98.

❼ 我將locutionary act譯為「言辭行動」，將illocutionary act譯為「做辭行

詮釋學意涵，其理由正在於說話行動顯示其中「誰在說話」與「誰在行動」的密切關係，並且顯示自我是一行動原理。換言之，「一個自我成為原因，原因即是自我。」行動句之所以不同於描述句，是因為描述句至多只能說：「有人……」、「任何人……」、「每一人……」如何如何，而不能歸因於某一自我；而且，行動句顯示出說話者是一個有能力行動者，甚至因此必須承擔道德責任。換言之，在說話行動中，一個行動歸屬於某一身為自我的行動者，該行動者在對話的情境中不但可以指稱其他的自我，而且他有能力指稱自己。

此一「行動歸屬」與「責任歸屬」相關，但兩者仍有區別。因為，雖然人在行動歸屬之後自須進而承擔行動的責任，但是責任歸屬問題顯然已經涉及「應然」的領域，特別是針對應該做的行動而言的。換言之，說話行動誠然必須為行動負責，但這並不表示所負的就是道德責任；唯有當說話行動亦涉入道德領域，關係到應該做的行動之時，才可以說它必須承擔道德責任。

按照本人的看法，說話行動之所以可貴，在於其顯示出我的存在模態為「我能」，並且我能透過說話行動明說此一能力，並藉此達成自覺，承擔責任。然而，推究「我能」的原初場域，則在於我的身體。在此，本人覺得有必要區別「機體的身體」(organic body/corps organique)與「體驗的身體」(lived body/corps vecu)，而後者正是人邁向有意義生命的原初動力所在。如果說吾人必須相反於近代以來透過自省來談論自我的方式，轉而從自我具體可見的、有意義的現象來談論自我，也因此選擇從「語言」和「身體」來談論自我，我們就應該先行指出，就其為有意義的現象而

動」，將perlocutionary act譯為「從辭行動」。

言,「身體」是比「語言」更為原初的存在模態。

就此看來,呂格爾的自我詮釋學在出發點上對於語言分析的遷就,雖然有某些幫助,但是沒有必要以之為論述的起點,因為經由語言分析的中介雖可了解身體,但這對於身體的現象而言是更為後起,甚至是派生的。從身體的現象學看來,欲望正是吾人指向意義的原初動力,而體驗的身體則是吾人欲望的存在模態,這也正是人邁向有意義生命的原初動力所在。對此,現象學自從胡塞爾的《觀念》第二冊(*Ideen II*)開始,提出以身體做為人自我構成的起點 ❽,其後再經梅洛龐蒂(M. Merleau-Ponty)所提出的「己身」(corps propre)或「肉身」(la chair)概念加以發揮。關於梅洛龐蒂所言關於身體與欲望的關係,呂格爾在《論詮釋: 弗洛依德專論》(*De l'interpretation: Essai sur Freud*)一書中,曾清楚地指出:

「這位現象學家(按指梅洛龐蒂)的意思,……是在表明身體的存有模態,既非在我內的表象,亦非在我之外的事物,而是任何吾人可以想見的無意識的存有者之模態。此一範式的地位……是來自身體的存有模態的雙重性,一個存在者的意義,正是在一個身體之內被把握到的意義,也是一個指向意義的行動。」 ❾

由此可見,呂格爾一方面強調由語言的自我指涉與語言行動來做出發點,以便把握自我;然而,他也因著繼承了梅洛龐蒂現象學的身體觀,而強調身體的存有學模態與原初的意義動力。從呂格爾討論自我的出發點上,可以看出他原有的現象學背景因著遷就語言分析而造成的內在緊張。不過,《自我宛如他者》一書中

---

❽ E. Husserl, *Ideen II* (The Hague: Martinus Nijhof, 1952), pp. 176–178.

❾ P. Ricoeur, *De l'interprétation: Essai sur Freud* (Paris: Edition du Seuil, 1965), p. 372.

亦對身體與自我的關係提出了兩點很重要的洞視：

其一，就身體而言，他性亦為自性的構成因素：「他性並非自外強加於自性，一如自我論者所宣示的，相反的，卻是隸屬於自我的意義和存有學構成。」⑩

其二，吾人對身體的經驗主要是屬於自我的被動性的經驗：「身體經驗所綜攝的被動性，是做為自我和世界之間的接引。」⑪

由此可見，呂格爾在身體層次所言及的自我，的確遠較語言層次的自我更為原初，這是就存有學層面而言的。至於說對自我的把握須從自我指涉的語言與語言行動開始，則是就方法學的層面而言的。我所謂呂格爾在談論自我的出發點上的內在緊張，主要在於語言在其方法學的優先性與身體欲望在其存有學的優先性之間的緊張。而且，《自我宛如他者》一書的寫作策略與文本結構，有造成方法學優先於存有學的意味。

在此，我特別要指出，語言的自我其實是身體中的意義動力進一步完成的結果。換言之，身體中的意義動力是在語言獲取(language appropriation)之中實現了其指向意義的企劃。就存有學而言，語言中的自我是身體中的自我的意義動力進一步發展的結果。

我所主張的論題是：無論如何，人的自我總是傾向於完成為一有意義的生命，然其出發點乃在於身體，而且人之身體之所以傾向於意義而發展，正是在吾人身體的親密性和別異性之間的張力中出現的。一方面，我的身體的親密性就在於我的身體就是我，至少是我的真實自我的一重要部分；另一方面，我的身體的

⑩　P. Ricoeur, *Soi-même comme un autre* (Paris: Edition du Seuil, 1990), p. 367.

⑪　Ibid., p. 369.

別異性則表現在我的身體與我的意志之間的差距，以及我的身體
向世界、向環境的開放與調適。

進一步，我認為身體的運動正是我身體的親密性和別異性之
間的衝突與緊張的解決途徑。換言之，身體的運動正是意義建構
的最初出路，而欲望作為人的意義建構的最原初企劃，也正是由
身體的運動開始興起的。然而，身體的運動正是在身體的親密性
和別異性的對比情境中運作出來的。身體的此一對比，正是吾人
經驗中最原初的對比情境。

當吾人身體的運動經由各種的形式（例如：姿態、聲音、圖
像……等）而取得了表象(representations)之時，吾人身體運動所展
現的意義企畫便成為可理解的了。弗洛依德在《夢的解析》一書
中，曾把「可表象性」視為人十分重要的心理機制。❷ 我認為，
成為表象、取得表象，其實就是吾人的意義動力獲取一個可理解
的表白形式，並將無意識的欲望翻譯為有意識的語言。本人在其
他地方曾經討論過，欲望一旦成為可理解的表象，便可進而邁向
語言的獲取。在身體層面，意義的建構是完成於語言的獲取，這
也是自我能以「行動」、以「語言」來落實自我的基礎所在。唯有
在此一基礎上，呂格爾才能從說話行動中分析出自我是「我能」、
「我負責」的行動者。換言之，從「已構成」(constituted)的行動
語句出發來分析自我，除非對先前的「能構成」(constituting)的過
程加以解明，否則語言分析的自我仍是表面的，甚且也是四分五
裂的。之所以是表面的，是因其忽視了先前深層的構成過程，而
只執持於已構成的符號來加以分析；之所以是四分五裂的，是因

---

❷ S. Freud, *The Interpretation of Dream*, translated by J. Strachey (New York: Penguin Books, 1976), p. 455.

為若只在指涉自我的語句中始得分析自我,則自我將失去統一性而散置於種種在不同時間、空間中說出的自我指涉的語句,或說話的行動之中。

總之,呂格爾的自我詮釋學在起點上對於分析哲學的妥協,雖然其用意在於銜接歐陸的現象學、詮釋學與英美的分析哲學,可謂立意甚善,但其中卻含藏著造成自我膚淺化與分裂化的危機。此一危機的解決之道,應在於回到呂格爾原先所繼承的胡塞爾與梅洛龐蒂的身體現象學。既然語言和身體皆是自我的外顯,而身體是比語言更為原初的存在模態,且其中含藏著自我的意義企向與構成的過程,到最後才會完成於語言的獲取。至於分析哲學所討論的語言,則可以說已然是此一構成過程「已構成」(constituted)的符號。呂格爾的自我詮釋學不以身體的現象學,而以分析哲學的自我指涉與說話行動為起點,顯然有為了協調的善意而忽失宗旨之處,使得他一直延誤到《自我宛如他者》一書結束之時,才開始討論存有學問題,也才開始討論身體的問題,令人有「先者後之」,而「後者先之」之感,難免有「本末倒置」之嫌。

關於我把身體放在語言之前這個問題,也可以取與佛學相互比較。佛學中如中觀論會認為,身體也是由語言構成的,所以會主張語言對於身體具有優先性。但我主張,身體對於語言具有存有學上的優先性。就這點來講,我必須做個區分:我認為從「發現的次序」來講,我們是用語言去構成、去發現。所以,在知識論的領域裡,語言是優先於身體的。可是在「存在的次序」裡面,一個牙牙學語,甚至還沒開始說話的小孩,已經先有身體了。由此可見,就存在的次序來講,身體是優先於語言的。一個嬰兒在母胎中,作為一個生命來講,已經有欲望了。就存在次序

而言，欲望優先於語言。我主張存有學的優先性，所以我的主張是在這優先性之下來決定的，涉及存在的次序；但我並不排斥發現的次序。就此而言，語言對於身體也有某種的優先性。

就存有學而言，我所主張的是一個「關係的存有學」。就這點來講，事實上個體生命的產生也是在關係裡面產生的，因為如果沒有男女兩性或夫婦關係，怎會產生子女？單說「結婚」本身就是一種社會關係，更何況一對男女還面對了許多社會經濟狀況，然後結婚生子。我主張存有學的優先性，也因而主張身體優先於語言，但身體並不是孤立的。本節一開始針對史卓森的討論，就認為身體應不只是一個個體，而是在關係中的個體；當然，身體也是一個「我能」的個體。我認為在世存有基本上是存在在政治、社會、歷史的脈絡中，但是當我們談論政治、社會、歷史脈絡時，並不只是在談論它們做為語言的脈絡，而是他們作為存在的脈絡。所以，就「存在的次序」來講，我主張身體的優先性，然而身體又是從兩性關係或倫理關係來產生的。不過，分析總是要有起點，也因此我以身體為起點。

三、自我一生的故事：同一與自性

呂格爾的「自我詮釋學」的第二層次，是經由在敘事文中顯示的「同一」(mêmeté)與「自性」(ipseité)之間的對比來釐清自我。這是呂格爾對於自性的第一重規定。至於自性的第二重規定，則是經由與他性(altérité)的辯證來加以釐清的。呂格爾區分自我的「同一」(拉丁文idem；英文sameness；德文Gleiheit)與自我的「自性」(拉丁文ipse；英文selfhood；德文Selbstheit)，而這點

尤其是在自傳式的敘事文，也就是在涉及自我的故事或涉及我的一生的故事中顯示出來。

呂格爾所撰三冊的《時間與敘事》(*Temps et récit*)，其雄心壯志在於銜接上海德格的《存有與時間》(*Sein und Zeit*)，藉以形成「存有—時間—敘事」的三聯體。其中豐富的內容擬在下兩章評述，在此不贅。本章單就自我的問題立論。在敘事文中，自我成為敘事的主體，我講述我的故事，甚至對我的一生做自傳式的敘述，在其中，自我的同一與自性的問題會油然浮現。「敘事行動」更擴大了前述「言說行動」的範圍，並預示了倫理層面的考量。為此，呂格爾認為「敘事」有助於銜接「描述」與「規範」兩者。

所謂自我的「同一性」，涉及自我在時間中的恆常性，但此「同一性」既非數量上的同一，因為其意義非僅止於我這「一個自我」；亦非性質上的同一，因為其意義亦非僅止於具有如此這般外貌和性質的我；此「同一性」更且是被視為具有「無間斷的連續性」(continuité ininterrompue)的同一個人。換言之，在整體關涉到自我的故事中，自我的同一性被視為在時間之流與紛紜事件中的恆在，這點可以分別從「個性」和「自我忠誠」兩點來加以分析。唯需注意，在「個性」的問題上，「自性」與「同一」傾向於相互重疊，而在「自我忠誠」的問題上，「自性」則跨越了「同一」。

呂格爾認為，所謂「個性」(caractère)是使吾人得以指認某一個人是同一人的全體區辨標記。早期呂格爾在《意志與非意志》(*Le Volontaire et l'involontaire*)一書中，將個性視為「絕對的無意識」❸；其後又在《會犯錯的人》(*L'homme faillible*)一書中，將個

性視為按照一有限側面而存在的方式，並且會影響我對事物、觀念、價值、人等所構成的世界的開放方式。❸至於在《自我宛如他者》一書中，「個性」則被理解為一種習得的傾向，既是一種習慣，也是一種在認同某些價值、規範、理想、楷模、英雄……之時自我辨認的習得方式。其主要的意義在於人必須在時間和事件中展開自我，並維持自我的一致性。這點正類似於亞里斯多德的悲劇論對於「人物性格」之所主張。

不過，「性格一致」仍不同於「自我忠誠」。自我忠誠涉及人在時間與環境的種種變遷之中仍然信守諾言、友誼、愛情。言出必行，友誼不渝，愛情堅貞，這是一種向時間挑戰，向變化挑戰的豪氣，其中涉及自性的維繫，而不僅止於自我的同一，因為這其中包含了倫理上的實現歷程，並不僅只是個性的維持而已。一般人會在回憶之時辨視自我的認同，但其實自我並不只是回憶而已，更何況回憶並不只是時間的延續，而且可以視為是人的反省作用在過去時間中回溯性的擴充。如果將回憶扭轉為反省，其中涉及的就不僅只是同一的問題，而是自性的問題。就此而言，也可以將個性視為自性採取了同一的表象而呈現，然而，在信守承諾、信守友誼與愛情的行動中，人以行動為存有的揭露作見證，藉著對於某些永恆與理想的價值的獻身行動來界定自性，其結果是「自性」遠遠超越了自我對「同一性」的堅持。

然而，自我的內涵表現於敘事文中者，並不僅止於個性的同一性，也不僅止於自我忠誠，而且更進一步表現為人的一生的整

❸ P. Ricoeur, *Le Volontaire et l'involontaire* (Paris: Aubier-Montaigne, 1967), pp. 344–348.

❹ P. Ricoeur, *L'Homme faillible* (Paris: Aubier-Montaigne, 1960), pp. 70–80.

體性。人的一生的故事亦宛如一敘事文體，是由人物的自性與眾多劇情相結合的整體。也正因為此一整體性，使得狄爾泰(W. Dilthey)會將之稱為生命的整體關聯(Zusammenhang des Lebens)。呂格爾在《時間與敘述》一書中已經指出敘事文的自我是劇情化了的自我，自原初的情境一直發展到結局，展示了某種協調性(concordance)和不協調性(discordance)，並將之一併納入某種型構之中 ── 也就是敘事文的型構(configuration)。❺ 在一個人一生中發生的種種劇情就是由這種不協調的協調，不和之和或和之不和，或所謂異質的綜合，一併型構而成的。對此，亞里斯多德的悲劇論偏好於呈現某些德行與惡習皆被典型化地誇大了的英雄，但是，在日常生活世界中所涉及的往往是市井小民的一生。不過，無論聖凡賢愚，其一生皆是某一自性經由種種行動，在某種型構化的劇情中開展的過程。

　　呂格爾認為，「敘事」是介乎「行動」與「倫理」之間，人需經由行動而敘事，由敘事而達致倫理。因為在實踐的層面，一個人的行動總須考量到其他人的行動，這正是韋伯所謂「社會行動」所顧慮到的層面。尤其行動的主動性與行動的承受性是必然相關的。一個人進行某項行動，必定有另一個人承受該項行動。一個人行善，必有另一人受益；一個人行暴，必有另一人受苦。然而，超越在每一個別的行動之上，還有整體生命敘事的統一性，藉此才能統攝個別的生命企劃與行動。此種統一性綜合了人的一生的行動與企劃的善與惡、理想與現實，藉以體現一個人的自性。

　　敘事文本身亦具有評價作用。即使用簡單過去式第三人稱講

❺　P. Ricoeur, *Soi-même comme un autre*, pp. 168–169.

述的歷史敘事文，亦難免會有評價作用。在任何敘事文中，總會
含藏某些不欲致令忘記的價值或虧欠。猶如人在聽故事之時，總
難免要從中聽出某些教訓，聽出個性、忠誠、成敗之行，總之，
聽出其中的倫理意涵。敘事文的此一評價作用亦會將吾人由敘事
層面導向倫理層面的考量。

不過，在開始評述呂格爾所論自我的倫理意涵之前，作者要
針對其所論自我的敘事層面提出二點評論：

其一，如果說行動皆有承受者，那麼敘事也有聽敘者。如果
說在前一層次中，在身體層面自我的意義企劃是完成於語言，是
完成於說出有意義的話的行動，那麼，在敘事的層面，自我的意
義則是完成於相互的敘事。換言之，人的自我也是在與他人的相
互交談，尤其是在與像師長、朋友、親戚、所愛的人……等等的
交談中形成的，有時帶著更多的愛和關懷，有時帶著更多的自主
甚或衝突。無論如何，人總須進入社會生活的層面，在其中人們
相互敘事，也相互傾聽，這對於意義的共同建構而言，是至為重
要的。換言之，能說出有意義的話，並且與重要他人(significant
others)說話，相互敘事，相互傾聽，相互回應，這對於自性的形成
而言，是健全之道的基本要素。人若背離於此，便會生發疾病而
需要治療。所謂「治療」，其實就是透過某種照顧的歷程而返回健
全之道。

其二，關於一生的敘事的統一性，其中假定了有一整體有意
義的生命的展開，而且整體生命歷程被視為是意義建構與自覺的
場域，其中包含了各種實踐行動、認知建構、生命企劃及其體
現，無論故意或不故意，無論是隱是顯，無論有自覺或未自覺，
人的生命經驗的整體性的形成，促成了人對於「能是」的期待，

對「已是」的回憶，與對「正是」的表詮。也正是在此一整體性
的場域中，回憶才有可能成為反省的擴充；而期待也可以成為抉
擇的延伸。如果不在存有學與歷史哲學的層次上，肯定一有意義
生命的整體開展與生命整體經驗的形成，談論敘事的統一性亦將
流於空言。

　　對於呂格爾所謂「敘事的型構」，我已在前章處理。不過，我
願在此指出，這「型構」概念與狄爾泰詮釋學有關係。狄爾泰曾
說，要詮釋某一作品，應根據作品中文字符號、藝術作品中的線
條等所顯示的「型構」，來獲致其可理解性，以達到對它的理解。
換言之，任何詮釋的對象都有某種結構性，透過對該結構性的掌
握，便能達到它的可理解性，也因此就能達致理解。呂格爾的論
題也扣緊這一點，不過並不僅限於狄爾泰。這是由於先前海德格
對於理解的意涵早已做了很大的改變，指出理解並不只是一種認
知上的模態，而是人的存在樣態，因為在人的存在中就已經有對
存有的理解，至於詮釋則只是理解的進一步發展，在其中掌握了
意義。海德格在《存有與時間》中就曾說過，意義就是人所理解
的對象之可理解性。就呂格爾來說，這「可理解性」在人一生的
敘事中，是以敘事的型構說出，因為現在是把「一生的故事」當
做詮釋的對象，所謂一生的故事是一個人在一生的時間中經歷過
的種種經驗及其連貫。若要解讀一個人生命的意義，這就涉及他
生命的計畫，計畫的選擇，以及一生的遭遇與其他種種情節，整
體加起來。對一生的解讀主要須看它的敘事型構。每一個人都有
他的敘事型構，這就是一個人一生的可理解性所在。呂格爾用
「型構」一詞，因為一生中有很多不同的計畫和結構，不過整體
加起來可使我們達到對對方的理解。總之，在涉及自我的部分，

一個人的敘事型構就是一個人的一生所發生的故事加起來所形成的可理解性，也正是每一個人獨特之處。

那麼，這與下一節所要討論的倫理的善有什麼關係呢？我要在此指出：基本上人一生的故事已經是屬於倫理的層面。我們一生的故事都沒有由一個人單獨發生的。事實上，我們所有的故事都是在和別人、和自然，甚至和超越界的互動中發生，所以一直都有「他者」存在。我們的一生，都是與「他者」發生故事，是以我對他者或受他者行動，我與他者發生事件，而事件與事件又彼此構成一個敘事型構。簡言之，事件與行動的發生都是與他者一起發生的。在這一點上，就已經有倫理層面的意義了。所以，我們不能說一直到最後才有倫理的層面。

至於怎樣從「身體」走到「倫理」呢？我的基本看法是，身體是欲望之所在，而欲望本身是指向意義的動力，其結果是在於有意義的語言、思想和行動。但是，身體所成就的語言和行動，其實已有「互為主體」的意涵了，因為當我使用語言的時候，已經有互為主體的介入了。譬如當我碰撞某物，若我不說「痛」，則只有一個模糊的感覺，說了「痛」，這感覺就清楚表達了，而這「痛」的語言表達就已經有互為主體的介入了。如果說有意義的思想、語言和行動已經是互為主體的，那麼，敘事的層面和倫理的層面就是更進一步地發展人際共同建構的意義了。簡單的說，一個人若想要不生精神病，要想常保健全之道，一方面要常說有意義的話，另一方面還要與「有意義的他人」或「重要的他人」一起說話。這已經是到了倫理的層面。所以，我覺得先從「身體」的意義指向開始，再進入到「倫理」層面，最後，再來談「一生」的故事，此一次序似乎較為妥當。這也可以算是我對呂

格爾的批評要點之一。

　　還須指出一點，倫理要求我們應該這樣做，應該那樣做，使人與人、人與自然、人與超越界的關係達至滿全，但這在哲學上若少了一個「關係的存有論」，就無法完整。我認為當代哲學中發生了某種存有論的轉移，是逐漸從「實體的存有論」轉移到「事件的存有論」，然後再從「事件的存有論」轉向「關係的存有論」。這個脈絡證成了「關係滿全」的倫理要求。因此，我在討論呂格爾的思想時，也預設了一個關係的存有論。

　　人若想把一生的故事都說出來，的確是不可能的。當然，講故事是有選擇的，一個人不可能把所有發生過的事都講出來，也不可能將所有的事件都記住。問題就出現在這裡，因為我們的記憶本身就有對於具有重要性的事件的選擇。但我也指出：對於記憶，我們不要只把它當做只是回憶而已，只有老年人才會逐漸有封限於回憶的傾向。但記憶本身應該也是一種反省，也就是向過去的反省，在反省之中，也就會發現，為什麼會選擇講某個故事。本來人的生活就是有選擇的，因為在人的生活中本來有很多的可能性，但選擇了某個生命計畫而不選擇另一個計畫，如此就造成了某一故事。換言之，因為某一故事會有一些對我最有意義的東西，因此我才會如此的選擇。

　　此外，人在記憶中還必須不斷忘記，就像電腦一樣，當記憶體容納不下了，就得要刪除一些，才能再加進其他貯存的內容，重要的是那些有意義的內涵。因為有意義，所以記住了。但這並不代表人會一直記住，否則人的負擔就太重了，我只要記住一些基本的內涵，可這不代表其他的內涵不在我的記憶中，因為歷時久了以後，若沒調整好，也會變為潛意識，偶爾會出現。記憶一

定是經過某種選擇的，這毫無疑問；但是，我們之所以記憶，是因為所記憶者有意義。換言之，某物之所以有意義，是因為它對我揭露存有。所以，我並不贊成只停留在功能性的考量，所謂保存與生死，事實上是很基本的經驗，但若要成為哲學意義，我認為生死與光榮都關係到存有的揭露，才會使人認為比較有意義。基本上人有兩種經驗，一是雅斯培(K. Jaspers)所講的「界限狀況」(Grenzsituation)的經驗，像死亡、犯罪、生病等等；至於光榮、成功、愛情等等，這些則可像馬斯洛(A. Maslow)一樣，稱之為「高峰經驗」(peak experiences)，其最重要的意義在於揭露存有。像愛情或成功之時，感到這是最真實的霎那，其他一切好像就變得虛妄了。就「界限狀況」而言，在生病、犯罪、死亡之時，似乎一切都成為虛無的，但由於人仍要尋找更為真實的東西，所以會有一種超越之感，油然而生。所以，與其只說保存、生死、光榮等是世人最基本的經驗，不如由存有學的優先性來看問題，視之為存有揭露的模態比較好。

人的一生故事的敘述，涉及了記憶與自我考古。記憶中一定要有「忘記」，這是每個人記憶中自發的行為。不過，事實上，也可以說並沒有真正被「忘記」掉之物，至多只有某些「隱」「顯」之別而已。剛才指出，倘若忘記的內容成為潛意識，還是會繼續再發生作用。不過，基本上，這還是和意義的構成或導向，也就是所謂的「意向性」有關係，但意向性並不一定是顯性的。無論如何，記憶一定是和意義的建構、意義的指向有密切關係。

四、人際關係與社會制度中的「自性」與「他性」

　　敘事文中所含「他者」的向度與「評價」的向度，把呂格爾的自我詮釋學帶往倫理的層面。呂格爾將「倫理意向」(visée éthique)定義為：「在正義的制度中與他人並為他人而共度善的生活之意向」(La visée de la "vie bonne" avec et pour autrui dans les institutions justes) ⑯。倫理意向優先指向善的生活，因為度善的生活正是倫理意向之對象。亞里斯多德稱之為「幸福」(eudaemonia)。不過，幸福並不是一種快樂的狀態，而是人的本有能力達致卓越、全面實現的一種狀態。換言之，幸福的生活是一有德者的生活。在此，亞里斯多德倫理學似乎強調以能力的卓越化為「善的生活」之標準，這一點也就是麥金泰(A. McIntyre)所謂的「卓越的標準」(standards of excellence) ⑰。此一標準亦為呂格爾所接受，認為是賦予了實踐行為以內在的善，這才是行動的內在目的論所肯定的。不過，應如何才能度一卓越的生活呢？呂格爾認為，這就需要明智地選擇生活的企劃(plans de vie)，此種明智選擇的實現有賴「實踐之智」(phronesis)的陶成。一方面，在善的生活意向與個別選擇之間有某種詮釋的循環，猶如在一文本之中對整體與對部分的理解有詮釋的循環。另一方面，明智的選擇亦宛如人對善的生活之詮釋，此一詮釋會將「有意義」轉化成「對某人有意義」。

---

⑯　Ibid., p. 202.

⑰　A. McIntyre, *After Virtue* (Notre Dame: University of Notre Dame Press, 1981), p. 190.

其次，所謂「與他人並為他人」一語，顯示出倫理涉及對他者的關心(sollicitude)。倫理並非單一個人之事，相反的，其中必然會涉及他者，而且個人的能力僅有經由他者的中介，才能得到實現。「與他人與為他人」的範式，便是「友誼」。亞里斯多德在《尼可馬古倫理學》中特別重視友誼，認為友誼是人由「自尊」到「正義」的中介，友誼是一種德行；而且，幸福之人需要朋友。針對友誼的種類，亞里斯多德曾分析了「為了善」、「為了有用」、「為了快樂」等三種友誼，其中以「為了善」的友誼最為可貴。友誼顯示了朋友之間的相互性與平等性，並以此共度一「分享的生活」(suzèn)。呂格爾從亞里斯多德倫理學中擷取了「相互性」、「分享」與「共同生活」三點來說明其所謂「與他人並為他人」。除此以外，呂格爾亦擷取雷味納斯所言：「如果沒有賦予責任的他者，則談不上自我。」雷味納斯認為，他者在互為主體的關係中扮演了主動的角色，自我被他者的面容所召喚，因而應負起責任。他者是自我絕不可化約且須負起責任的「絕對外在性」，在其中我們凡有所行動皆須考量他者所承受的一切，甚至須分享其痛苦。

最後，關於「在正義的制度中」一語，善的生活並不囿限於人際關係而已，相反的，它會延伸到制度性的生活。所謂「制度」，呂格爾將之定義為：「一個歷史性團體——民族、國家、區域——共同生活的結構」 ❸ 。在此一共同生活的結構中，「公權力」的運用之目的是要在多元性中進行協調，而不在於「宰制」。為此，公權力屬於群體，而不屬於任何個人。誠如羅爾斯(J. Rawls)所指出的：「正義是社會制度的首德，一如真理是思想體系

---

❸ P. Ricoeur, *Soi-même comme un autre*, p. 227.

的首德。」呂格爾省思亞里斯多德對於分配正義的看法，以及羅爾斯對正義就是公平的看法，認為正義就是針對制度中每一個人及其應得的一份的公平分配與公平分享，其中分配涉及「分割」，而分享則涉及整合。「公平」對於「制度」的重要性，一如「關心」對於「人際關係」的重要性。不過，呂格爾的正義論更接近亞里斯多德，而不停留在羅爾斯所特重的程序正義及其所預設的義務論倫理學。主要原因在於呂格爾認為，道德生活，即便是在遵守義務，也仍然是目的論的，而不是純粹為義務而義務。即使康德所謂：「唯有善意堪稱為善」，其中的善意也仍然是目的論的，而不是純為義務而義務。

呂格爾將倫理生活定義為「在正義的制度中與他人並為他人而共度善的生活」，不但確立了自性必得在與他性共存的脈絡中才能全面實現自我，而且也由人際關係的相互關心提升至社會制度的公平與正義。此一看法是立基於「共存」的存有學基礎上，而且實現了「共度善的生活」的倫理價值。在此，呂格爾完全不同於前兩層面對於語言分析和敘事文體所做的妥協，造成存有學的意義受到損害的情形。呂格爾此一自我詮釋學的倫理視野是值得我們肯定的。

不過，值得檢討的是，呂格爾用以定義「善的生活」的標準，是採用亞里斯多德及麥金泰的「卓越原則」：幸福就是本有能力的卓越化，以致達成全面實現。這一原則並不能相稱地發揮「在正義的制度中與他人並為他人」此一先在條件中所透顯的關係倫理學，以及其中所假定的關係的存有論。為了與此部分義理相互配合，我們認為必須把「善」重新定義為「在關係的和諧化中達致卓越」，其中包含了本有能力的卓越化，以及（人與自然，

人與人，人與超越界）關係的和諧化。此一重新定義加入了東方，尤其中國倫理思想的精華，因而超越了呂格爾所隸屬的，以卓越為主的西方倫理傳統。肯定了此一善的意義，我們可以對康德所提「我應當做什麼？」的問題答覆如下：

1. 你應當如此做，好使你本有的能力卓越化。

2. 你應當如此做，好使你的關係和諧化。

而且，我們必須注意，通常唯有在和諧的關係中能力才得以卓越，也唯有人人物物的本有能力都能卓越化，關係才能和諧。我想，我以上對於呂格爾所謂善的生活這樣的增修，並不會違背呂格爾目的論倫理學的原則，卻能使善的生活的意義與其所言自我的倫理向度更密切地配合起來。

總之，講到有關呂格爾對倫理的存有論意涵之看法，就「倫理」本身而言，由於倫理涉及人存在的卓越化與關係的和諧化，其中的確具有一種關係的存有論意涵。但是，呂格爾在其「自我詮釋學」裡，並沒有將這一存有論講得夠清楚。在《自我宛如他者》一書中的最後一章，內容就是在問：從「自我」出發會走向怎麼樣的存有論？不過，呂格爾仍未發展出一套完整的存有論，而只追問會走向何種存有論。也因此，我們不可以把他的倫理學與存有學等同起來。

五、進一步的補充與釐清

我在本文一開始之所以要扭轉「語言」，返回「身體」，或是說不要在分析哲學與語言哲學上面著墨太多，那是因為呂格爾對於所謂的「自我」宛如「他者」的討論，太過讓步於語言的表面

了。我認為這是當代哲學過於強調「語言」，造成「語言膨脹」的困境，呂格爾可也深受其害。我認為當代哲學應該將海德格之後以存有學為優先的研究綱領，持續發展下去。我認為，我更期盼，在不久的將來，哲學家們一定會反省到當前語言過度膨脹的困境，而加以改正。

在呂格爾的《自我宛如他者》一書中，語言膨脹的問題也給他帶來影響。事實上，他是好意要銜接歐陸哲學與分析哲學，原因是他在法國的1968年學生運動的挫折之後，受邀到重視分析哲學的芝加哥大學教書，因此必然要面對英美分析哲學。在這種情形下，促使他去做銜接的工作。雖然是出自好意，可是我總覺得其結果是在《自我宛如他者》一書中造成種種困難，使他出現難以由語言層面跳到倫理層面，而且在前兩層面與倫理層面之間，似乎有條鴻溝。這種從語言層面無法跳到倫理層面的困境，正是呂格爾思想對語言過度遷就，並以之為起點的後果。

有人或許要質疑，呂格爾對他人文本的詮釋有沒有造成暴力？也就是說，他所詮釋的其他文本之目的與方法，並不同於呂格爾自己的目的與方法，現在若把它們納入「自我詮釋學」的計畫裡面，會造成他詮釋的暴力。我想，「自性」與「他性」之間是交互辯證而發展的，這才是呂格爾對「自我」論點的基本看法。呂格爾並不完全像馬克思一樣完全從「他者」開始，也不像笛卡爾完全從「自我」開始，而是在「自性」與「他性」之間，主張交互辯證。呂格爾的自我詮釋學其實是在講「自我」與「他者」之間的互動關係，其論題相當清楚。而且從這論題所做出的詮釋，並不會造成詮釋上的暴力，只是將他們帶回到「自性」與「他性」相互辯證的論題上。不過，呂格爾在詮釋時仍暴露出在

這相互辯證思想線索上的不足，因而沒有造成太大的突破。

　　談到詮釋學本身是不是等同於哲學活動，我並不這麼認為，我只能說詮釋學是一種方法和一種思想的方式。詮釋學的歷史發展，並不完全局限在語言上。不過，我們或許可以把「語言」的意義，擴大到本來不被視為語言的符號或事物上。呂格爾的哲學仍屬於詮釋學。雖然在他之先的海德格後來放棄了詮釋學的計畫，但呂格爾在這點上則仍是堅持的。我也認為呂格爾哲學有他的正當性與價值。我們沒有必要質疑詮釋本身是不是唯一的哲學活動，而且我也不這麼認為。不過，我們仍須肯定，在哲學活動中有很重要的一部分是詮釋的活動。

　　呂格爾本身的確是以存有學為優先，但他也採取了方法的迂迴。我認為方法的迂迴雖有其中介的作用，但他也是因為方法的迂迴而出了問題。因為方法的迂迴會造成存有論的危機或斷裂；譬如從語言層面到倫理層面應如何銜接的問題。所以，我覺得迂迴雖有必要，但不能過度迂迴。其實，迂迴本身就是一種辯證，也是為了維持「自性」與「他性」之間辯證的需要。只是，迂迴終究不可太過。是以，我完全同意「自我」本身就是存有學的，而不是語言性的。但就語言哲學來說，「說話行動」的理論絕對沒有辦法把「我能」的意義充分發揮出來，反而在現象學或詮釋學之中，比較能發揮出什麼是「我能」。

　　但從另一方面講，「說話行動」的主體，如「我答應……」等等，都假定在語言行動中有我，所以也假定了其中有需要釐清的現象學或詮釋學層面，甚或存有學的層面，這些皆需要透過哲學來加以釐清。是以我以為呂格爾對分析哲學讓步的效果並不好，但若說成是「障眼法」也不適當。用呂格爾的話來說，就是「迂

迴」。但現在的問題是出現在迂迴太過，以至於在《自我宛如他者》一書中出現「自我詮釋學」從語言分析開始的情形。就「自我詮釋學」的建立來講，他一開始就已經是走在迂迴的路上了，於是就容易忘記根源，或者無法將根源充分展開，我想這是呂格爾「自我詮釋學」最主要的困境。

關於「已構成」(constituted)或「在構成中」(constituting)的區分問題，針對「已構成」的經驗，基本上英美分析哲學的傳統，只注意到這「已構成」的部分。而現象學與詮釋學則比較能兼顧到「在構成中」的歷程，其實，一切的「已構成」都是經過「在構成中」的過程。本文假定了這一區分。我認為這是當代哲學的一個十分重要的分野。我認為，當代哲學無論區分為什麼學派，最後可總歸為兩類，一類注意到知覺、心理，甚至社會的構成；另外一類則是從「已構成」的經驗或符號開始分析。

人對自己一生故事的敘述涉及記憶與自我考古或自我溯源。不過，生命的敘事與自我的考古仍是兩件事。就呂格爾的敘事理論來講，為了要敘事，就必須要有相當的成熟與完成的經驗，一個人在一生中經歷了許多事件，且具有某種型構之時，才有可值得敘事的。但是，在人還未開始有值得敘事的故事之前，就已經進入倫理的關係之中了。例如父母子女、兄弟姐妹或是朋友的關係之中，人的一生在還沒開始能敘述故事，甚或還沒有值得敘述之事以前，已經是在倫理的關係裡面了。就哲學家來說，似乎應該能夠不斷的做考古或溯源的工作，把敘事中過去所構成的內容都加以整理起來，如此方能與他人做適當的溝通。我完全肯定批判理論所側重的這一點。此外，批判亦涉及到否定的部分，在辯證中特別強調否定面，必須把那些被扭曲的意義先加以整理，才

能真正的建立適當的倫理關係，這一點我是完全同意的。但就存有學而言，則須優先考量倫理關係，因為在實際的存在中，每一個人即使還沒有適當可以敘事、考古之內涵，也已經早在倫理關係的網絡中了。所以，倫理關係優先於一生的故事，因為人必須有一生的故事才能完整敘事，可是人總不能到一生終尾才與他人建立倫理關係。

呂格爾的哲學是一個開放性的辯證。呂格爾認為必須不斷面對他者，並與之交談，也因此他會不斷的調整。不過，就我個人和呂格爾本人的幾次見面來看，我是從來不質疑他的真誠性的。他真的是一位「倫理的人」，是一位真誠的哲學家。有人認為，若從哲學的角度來看，如果呂格爾瞭解了尼采、弗洛依德等懷疑者的傳統，也認為它們有道理，他似乎就應該放棄自己來跟隨他們，如此才叫做開放。我認為，這說法值得商榷，更何況從「開放性」不必質疑到「真誠性」。因為真誠性是一個人對於自己的信念、思想與主張，不斷的追求一致性，所以對於他者的開放，並不因此而受到影響。我倒是認為：如果呂格爾研究過這些懷疑者的傳統——從尼采到傅柯——之後，就自我迷失了，我會認為這就不夠真誠，因為這就表示他沒有什麼值得堅持的信念。

就「開放性」而言，也有兩個層面。其一是方法學的開放性，其二是存有學的開放性。首先，就方法學來講，毫無疑問的，呂格爾是有其方法學上的開放性，因為他所謂的「迂迴」就是在方法上對別的思想開放。在《自我宛如他者》一書中，他最後所談的最高層次，根本就是倫理的，而不是神學的。像我們中國哲學還談「道」、「天」，或者，按基督宗教的傳統，也要談絕對的他者，並且以上帝為絕對他者，藉以破除人的自我封限。以上

這些都是中西哲學家堅持要再談的。但呂格爾在《自我宛如他者》書中就不再談了，因為他認為哲學在此沒什麼可談的了。所以我認為他在該書中並沒有執行一個哲學的神學工作。而且在方法上，他的確也是面對多元的哲學方法。但是，最後他所確定的核心論題是：「自我」與「他者」之間的關係是適當地、互動性地辯證前進的。他對多元方法的開放也是如此，最後也是回歸到這個論題上面。所以，主張一個積極詮釋學(positive hermeneutics)並不會使他的真誠性遭遇到什麼困難。但我們必須確定他的開放性本身有一定的、特別的意義，也就是僅止於方法學的開放性。

其二，就存有學層面上的開放性而言，呂格爾並沒有清楚交代其開放之終的。他對於存有的視野，也因其在方法學層面的開放性而有所調整。因為從海德格的《存有與時間》，轉到呂格爾的《時間與敘事》，的確顯示了呂格爾的調整。不過，我個人覺得，即使呂格爾在存有學方面也有調整，但就《自我宛如他者》一書而言，這一調整歷程的最後完成，最終還是在於自我與他者的關係，這點是特別值得注意的。

六、結　論

本文扣緊了以存有學為優先的線索，重新評述呂格爾的自我詮釋學，著重於抉發其存有學層面，尤其自我從身體到生活情節、到倫理生活的意義形構，而較為不看好呂格爾牽就語言分析所做的論述。此中原因，不但是由於我認為「存有學優先」是本世紀哲學從近代以來「知識論優先」的困境中掙脫而有的研究綱領，至於語言分析則仍是近代知識論優先的研究綱領的產物，對

存有論的發展乏善可陳；而且，更重要的原因，是由於呂格爾牽就語言分析所做的論述，對於自我而言，只會造成對自我的膚淺化和切割化的不良作用。

從存有學優先的角度看來，今後中國哲學，甚或世界哲學，所應發揮的是關係的存有論。至於前此西洋哲學以「事件的存有論」替代傳統上「實體的存有論」，則仍是不徹底的。

話雖如此，呂格爾的自我詮釋學仍然正確地確立了自我之為「我能」，而不再只是「我思」而已。自我在行動中展現，其存有實乃「即活動即存有」；經由行動而發展出一生的整體經驗，應該由與他人共度善的生活而發展出倫理世界，這是呂格爾對海德格所謂「在世存有」的詮釋方式。

但是，吾人仍然可以追問一個問題，呂格爾將自我的發展提至倫理層面，至此是否已然充分？自我是否仍然面對著一更為超越的他者，也因此，自我還應有更進一步的冒險旅程？對此，呂格爾似乎認為哲學家無力回答。他在《自我宛如他者》一書的結尾中表示：

「或許哲學家，就其為哲學家而言，必須承認自己不知道，也不能說，到底此一他者，天命之源，是一個我可見其面容的他者，而他亦可注視我之面容，或是⋯⋯神，活生生的上帝，尚未臨在的上帝 ── 或僅只是一個空的位置。隨著此一他者的難題，哲學論述也到了盡頭。」❶⁹

究竟哲學在此是否到了盡頭，我個人是不能同意的。即便是在中國哲學中，也還致力於談「理」論「道」，其中對於終極實在的關切，依然涉及絕對他者。哲學既需解明人生的全體經驗，自

❶⁹　Ibid., p. 409.

然不宜自我圍限。如果說哲學的確有其盡頭，也不能將哲學的盡頭視為是自我的盡頭。呂格爾的哲學無疑地是向此一絕對他者而開放的，但或許僅有開放的態度還是不足的。自我的詮釋學或可自限，但人終究不能自限，也因此哲學亦不能自限。哲學總應繼續向前，探索終極實在，即便我們對終極實在的把握中難免於開顯與建構的對比張力之中。

附錄
邁向那一種存有論?

呂格爾　著

沈清松　譯

　　譯者按：以下是呂格爾在1990年出版的《自我宛如他者》一書最後一章，題目是「邁向那一種存有論?」由於該文甚長，註解甚多，為節省篇幅，註解只好割愛，僅譯正文，以饗讀者。值得注意的是，本文綜合了呂格爾前此的哲學方法與思想，可說是晚年呂格爾要在歷經後現代衝擊的主體廢墟中，透過自性與他性的辯證，重建自我的努力。主體哲學是整個近代文明最重要的遺產，而後現代則旨在進行由「主體」朝向「他者」的轉移，就此而言，呂格爾的自我詮釋學的意義深長。本文值得細讀。

　　本研究比先前任何研究都具有一種探索的性質，它的目的是在於解明前面以「自我的詮釋學」為名的各篇研究中之存有學的意涵。到底自我的存有是屬於那一種有模態? 自我是那一種存有物或存在物項? 為了將此一難題加以分解，並運用我們經常使用

的分析方法，讓我們重拾在前言中所提出的問題的架構。按照此一架構，詮釋學正是聯結以下三種問題意識的場域：

1.透過分析的轉折而進行的間接的反思途徑。

2.透過「自性」與「同一」的對比，而首度對自性加以定性。

3.透過「自性」與「他性」的辯證之途，對於自性二度的定性。

由於對於自我的詮釋，和上述三重接引的開展，是精確地相等的，因而我將此三重問題的連結稱之為詮釋學。

說真的，這三重問題的層級化，並不是我們前面各研究的導引線。前面諸種研究；更好說是建立在有關「誰」的問題的多重意義上的（例如：誰在說？誰在行動？誰在敘述？誰該負責？……等等）。無論如何，迄今為止，我們所遵循的次序，並非完全與這三重接引的連結相互陌生的。反省和分析之間的連結與明說，實際上從第一篇研究起就已顯得必要，在其後的研究中也依然如是。自性與同一之間的辯證，在第五篇研究中就已經扼要起步了，至於自性與他性之間的辯證，則更完整地主導著最後三篇研究。正是這三個問題和這三重接引，將要按照前述的次序來指引隨後的存有學架構。它們彼此最後的交集，將會顯示隱含在前述最初被提出的問題 —— 自我是那一種存有 —— 中的多重意義。就這方面而言，以下全部研究都是由受自柏拉圖和亞里斯多德的存有的多義觀念所主導。

第一個提出的問題，是有關前面我們所有的研究中的一般存有學承諾，這可以由我們用來結論前言的「見證」(attestation)觀念來予以提出。第二個問題，則是有關「自性」(ipséité)與「同一」(mêmeté)的區分之存有學意涵。此一問題是從前一問題出發的，尤其當見證也可能被等同於一種保證，使得每一個人該在自性的意

義下存在有如同一人。第三個問題，最遠為複雜且最富包容性，因為它甚至涉入了本書的書名，而關涉到「自性」與「他性」之間關係的特有辯證之結構。

然而，前兩個語詞相互對立，相互組合的辯證，也揭示出一種第二層的言說，使我們回想起像柏拉圖在〈提雅提特斯篇〉(Théétète)、〈哲士〉(Sophiste)、〈菲列伯斯篇〉(Philèbe)、〈巴爾曼尼得斯篇〉(Parménide)等諸對話錄中所持的言說，展示出一些後設的範疇，一些大的類別，類似於柏拉圖所說的「同」與「別」，超越過第一層的範疇或存在。至於像第一篇研究中出現的「人」和「物」，被視為是像行動類的謂詞最後歸屬的一些基本個體，這類的範疇或存在物均屬於第一層。就此而言，我們最後的三篇研究，在賦予人與物之間的區別以一種倫理的地位，而不僅只是分析、描述的地位而已時，也仍然未能夠脫離此第一層言說之框架。為了要對我們的自我詮釋學的第三辯證所引起的他性之後設範疇予以審慎的處理，我們不得不更明確的將這第二層的言說，與自我詮釋學中更明顯的屬於現象學的方面相區辨開來。

然而，正是第三辯證最能夠顯示出對於自我的存有模態的存有學性質之研究中，最富於默觀性的層面。還有最後一個理由，必須從現在起就將最先的存有學進路定位在第三辯證之中，是由於無論是自性或是他性，按照吾人所賦予的意義而言，皆不能輕易的用一種現成可以重複的存有學所固定的語言來予以形構，那將是最為淺白的重複之意。自我的他者將不能嚴格的等同於柏拉圖意義的「別」，而吾人的自性也不能夠重複柏拉圖意義的「同」。吾人在此所勾勒的存有學，是忠實於我們在前言中所作的建議，也就是在我們今天「一個存有學」仍然是可能的，唯當過

去的哲學仍朝向重新詮釋、重新取義而開放，而有利於某些潛在意義的發揮，這些潛在意義過去不曾被一些系統化和學術化的過程所運用，或被其所壓抑。而正由於此種系統化、學術化，才產生了一些偉大的學說體系，吾人經常將之等同於一些作品的大師——柏拉圖、亞里斯多德、笛卡爾、史賓諾莎、萊布尼茲……等等。說真的，如果我們不能重新喚醒、解放這些過去的大體系所將窒息和遮掩的資源，則將不可能有任何創新，而今日的思想也就除了重複或漂泊之外，別無其他選擇。此一原則性的立場，關係到創造中的哲學與哲學史之間的關係，十分接近於我們在其他的書中——在《活喻》和《時間與敘事》——所論及的傳統和創新之間的關係。然而，此一格言的運作，在「同」與「別」這類大的類別層次上的運作是特別危險的，其歷史也是令人畏卻的。不過，我們很快也就會覺察到，有關「見證」的存有學承諾，以及「自性」的存有學意涵本身，都不能使我們與傳統的面對面顯得更為容易些。

一、見證的存有學承諾

我們的存有學研究的起點，就是我們前言的終點。我們當時對於見證的稱譽，視之為「信用」和「信任」。「見證」作為信用和信任，其目的是在於同時反對從笛卡爾的「我思」出現的「自我證立」的確性之野心，和在尼采的批判之後將「我思」化約為幻想的對於我思的壓抑。也因此，我們是針對與「我思」的爭辯，來定位我們對於見證的第一條進路。不過，構成本書體系的這些研究所開展的場域，比較起置定「我思」的場域，以及使

「我思」失位的場域而言，可以說是「非定位性」的。也因此，我們就不能夠自限於我們剛開始時用確定性(certitude)來賦予見證以特性；或者，當我們在用證真性(alétique)的觀點來賦予見證以特性之時，雖然不曾說出，但我們已經承諾了另外一種不同於純粹知識性的討論。不過，對於見證的證真性特性並不僅限於這種知識性的定性，如我們接受以「存有」的多重意義，或更好說是「存有物」的多重意義為指引——這是亞里斯多德在《形上學》第四卷第二章所提出的，以真的存有物和偽的存有物作為存有的原初意義，而有別於按照範疇來區別存有物；或按照潛能與實現來區別存有物；或按照偶性來區別存有物……等等，並與其具有同等地位。就是在以存有物為「真」的記號下，我們可以綜合前述對於以見證為信用和信任的全部討論。這是否就是表示，存有物的真有和假有的後設範疇可以用亞里斯多德已經形構的語詞來加以重說呢？這就是我們首次用來檢驗在今日思潮當中，我們關於創新和傳統之間的關連所提出的工作預設的機會了。

實際上，見證首先必須面對透過分析對反思的明說，此處所謂的分析，是採分析哲學所賦予此一概念的強性意義。在此首先證明的，就透過分析的反思所接引的真有，此種情況在各方面而言都是史無前例的。不過其中主要的弔詭就在於經由分析的過渡——其他的作者則稱之為「客觀化」，帶有某種批判的意味——會強加給整個歷程某種實在論的轉變。就此一方面而言，我願意為分析哲學辯護，我的存有論架構不斷地在其中獲得支持。我們的第一個步驟，伴隨著史卓森(P. F. Strawson)，是曾經由弗雷格(G. Frege)的語意學中對於「指涉」的要求而受到鼓勵的。因此，對於把物體和人視為是基礎的個體這樣的論述，本身就是論及「某

某」論述，所謂的「人」，首先就是我們所論及之人。分析哲學這
種實在論的傾向，一開始就是很嚴肅地對抗兩種傾向：分別是來
自笛卡爾的觀念論傾向，和來自休謨的現象主義傾向。隨後達衛
森(D. Davidson)把實在論的重點放在「事件」的概念上，視同與客
觀物或實體物有平等的立足點，也曾給予我很大的增強作用，即
使我並不想追隨達衛森到他的物理主義領地，而達衛森「事件的
存有學」最後終將導向此一領地。我同樣要提及巴菲特(D. Parfit)
所論：對於個人自我的客觀標準之研究。巴菲特的「敘事的同一
性」概念，雖曾自小說中吸取養分，卻還是與分析哲學所言的
「個人的同一性」有某種關係，甚至一種衝突的關係，亦即一種
對於自我肯定的存有學意涵的強烈意義。這些都由史卓森、達衛
森和巴菲特的分析所強而有力地接引而得。我只提及這幾個我力
圖有系統地用來自現象學的詮釋學來加以面對的幾個名字。

　　然而，好處卻是相互的，對於自我的見證又重新反彈到分析
本身，而使得分析能夠免於因其語言構成而受限於闡明某一種自
然語言的慣用語之指責；或者，更糟糕的，受限於一些常識中虛
枉的明顯性之指責。當然，我們也常能夠在日常語言內部，區別
出在某一自然語言中特殊構成的一些偶然使用的意義，以及我們
可稱之為「先驗」的意義，後者是前者的使用之可能性條件。不
過康德這種對於「先驗」和「經驗」的區分，除非能夠先肯定行
動的語言規定有賴於該行動的存有學構成，否則仍難以建立和維
持。就此意義而言，吾人所言：見證的概念對於語言分析的回
饋，應該也可以證明了語言分析可以利用日常語言中最為肯切的
使用法，視之為最正確的語詞的分類，就如同奧斯丁(J. L. Austin)
所言，並且批判日常語言作為一種常識的成見的倉庫，也就是批

判一些錯誤的語法所偏向的壞的存有論，就如同羅素所早已懷疑的。

　　以上所言並非詮釋學所隱含的存有論於語言分析的唯一益處。語言分析也可能被責備以另一個比它對某一現成自然語言的偶然用法之依賴更為嚴重的缺陷。非常弔詭的，（當代哲學上的）語言的轉折，姑不論在哲學語意學方面對於指涉的轉向，也經常意味著一種拒絕出離語言之外，和一種類於法國結構主義對於一切語言外的秩序的不信任。同樣值得強調的，是其中隱含的這一格言，以為「一切皆是語言」，會導致一種封閉的語意主義，以致不可能將人類的行動考量為是在世界中實際發生的，就好像語言的分析已被判定必須從一個語言遊戲，跳躍到另一個語言遊戲，而思想則永遠不可能再接合上一個實效作為(un faire effectif)。在這方面，像胡塞爾那樣的現象學，會認為語言的層面比起意識的意向性生活，是無實效的。於是這就具有糾正的價值，正因為他提出相反的極端看法。

　　最後，在見證中吾人還可以見到——即使是在自我的存有模態層面上——反思與分析的交錯。

　　在此，我又重新發現某種對存有論的熱切，而其中我曾辯護此一信念，認為即使在表面上最乏指涉性的語言，例如隱喻和敘事性小說，語言所說的仍然是存有。即使此種存有論的指向，由於對日常語言字面指涉的先在否定而遭到延宕。

　　然而，即使由於以上的這些特徵，見證所含有的「證真性」層面，仍然銘記著亞里斯多德「真有」的延長，就自己而言，見證也保有某些特殊性。因為事實上「見證」所言及的「真有」就是「自我」，而且是藉著語言、行為、敘事、行為的倫理和道德謂

詞等客觀化的媒介，而能作到這點。也因為如此，我們不能夠單純地重複亞里斯多德對於「真有」和「假有」的區分。因為真有和假有的區分仍受限於幾個方面：一方面它主張定言判斷（或所謂「判斷」）在證真性層面上的優先性；另一方面它也受限於一種形上學，在今天若要予以重建，若非不可能，至少極為困難與冒險。這點容後再論。

我想要藉一個差異性的特徵來區別「見證的真有」和亞里斯多德形上學的「真有」之間的差距。在前言一開始我們就說：「見證」的相反詞就是「懷疑」，在這裡的「懷疑」即相應於亞里斯多德所謂的「假有」。然而，若懷疑和見證皆是屬於同一個證真性層面，也就是同時屬於知識和存有的層面，則其與見證的關係全然是原初的關係。因此，懷疑並不只是見證的相反詞，純粹只有選言的意義，就如同真有和假有的關係一般。其實，懷疑也是走向見證之路，是見證中的岔路，它糾纏著見證，就如同偽證糾纏著真證一般。懷疑對於見證的這種依附和內存，在我們前面諸篇研究的歷程當中，可謂歷歷在目。因此，從歸屬的疑難的第一次出現，就已經暗示了懷疑；它在個人同一性的疑難上又再度加強，針對敘事的同一性的疑難更是如此。尤其在有關情境中的道德判斷，在面對義務的衝突之時，「懷疑」更穿上一種更為狡獪的形式，裝扮成在信念中偶然出現的遲疑。因此，就不得不出現在見證與懷疑間的平衡的焦慮，即使自我的確定信已然退到不可動搖的、有關「誰?」的問題上。

由此看來，我們很難在見證的存有論承諾的路徑上再更進一步。假使我們不能儘快的明確指出，最終地說來，被見證的正是自性，一方面既有別於「同一性」；另外一方面又與「他性」有辯

證的關係。

二、自性與存有論

正如同前面所建議的，「見證」就是對於以自性的模態而存在的一種保證——也就是信用與信任。因此，在闡述自性的存有論意涵之時，我們就給存有論加上了一個新的層面，此一層面正是我們的自我詮釋學路線所呼籲的。

有一條道路很值得加以探索，即使其中所顯示的諸種困難將比前一節所遭遇到的更難處理。此一路徑把對自我的存有的研究，連繫到對於存有的四個原始含意的新詮，而亞里斯多德將此四個意義放置在對於潛能和實現的區分上。

我們全部的分析都邀請我們去進行此一探索，因為這些分析都指向人的行動的某種統一性。當然，還得保留有關「受動」的互補性主題，到下節再予以處理。此種人類行動的統一性，不正關涉到存有作為實現和潛能的後設範疇嗎？而且此一後設範疇的存有論歸屬，不正也保留了我們多次所謂的「行動的類比性統一」，藉以標示「行動」和「行動的人」的多重意義，這在我們前面各研究的分析中已一再加以強調了。再進一步說，在我們前面的研究過程中，不是一再的把「行動」或「實現」（說話的行動）當作是「行」和「行為」的同義語嗎？我們不是在同樣的脈絡中，當用到「潛能」一詞的時候，是用來說行動者行動的潛能，是某一行動者所被歸屬的行動其行動的潛能？無論是行動者對於其行動承受者的能力（強制的能力，關乎各種形式的暴力），或者是一個歷史性團體的共同能力，我們認為這將比統治者和被統治

者的層級關係更為基本。簡言之，潛能與實現的語言不斷地隱含在我們對於行動人的詮釋現象學之中。這種期待是否能夠證立我們把人類行動僅有的類比統一性，附合在一種有關現實與潛能的存有論的作法呢？

㈠由於存有的多重意義，似乎開展給潛能與實現一種自主的生涯，使得前述的作法似乎在原則上更是正當的，然而，這個任務的執行也更會遭遇到嚴重的困難，使得我們想對亞里斯多德的存有論重新現實化的嘗試，會變得相當冒險，像我隨後會適時提到的當代學者一樣。

亞里斯多德在《形上學》5卷12章和9卷1至10章中，很清楚的處理了「潛能」(dynamis)和「實現」(energeia)，在此，一個有益於自性的存有論新詮會遭遇到更多的抵抗。《形上學》五卷十二章討論潛能以及相關的概念，這在該書脈絡中是一種哲學字典的形式，使讀者立刻面對著該語詞的多重意義，我們必須期待讀者至少能明白行動類比的統一性。在這種多義性之中，有某一個主要意義（有時可稱為單純意義），也就是「在某一別的存有物中，或是在同一而有別的存有物中的運動與變化的原理」。不過，除了說潛能和實現的關係並未受到考慮之外，人類的行動在變化中的地位也馬上成為問題。亞里斯多德所舉的例子包含了：建造的技術、治療的技術，主要是傾向於「製作」這邊。至於所謂的「善行」，則更是用來說「行動」的，而不是用來說「製作」的。

如果我們從這種定義的練習轉換到對於潛能與實現的系統討論，也就是《形上學》的9卷2章對於潛能與實現這雙概念的討論，困惑將會更為嚴重。

首先，這兩個語詞似乎是彼此相互定義的，不可能獨立於另

一語詞之外來確立某個語詞的意義，否則將使5卷12章所提及的多重意義轉趨分散。不過，我們究竟是不是能夠對沒有任何先行的概念加以定義呢？

此外，亞里斯多德當論及這些徹底的概念所能展示的思想之時，較不吝於筆墨。這時就有另外一種分散佔優勢，那就是「應用範圍」的分散。因此，存有作為潛能（即9卷1章至5章所論），允許變化，特別是允許地方性運動登錄於存有者之內，這一點正與巴爾曼尼得斯的禁令相反。正因為潛能是一種真正的存有者的模態，也因此變化和運動是具有充分權利的存有者。然而，當我追問說究竟運動是屬於那一種存有者的時候，就不得不去展閱《物理學》第3卷1201a10–11有關運動令人困惑的定義，也就是潛能之物就其為潛能而言的圓極(enteleicheia)。在此我們清楚地覺察到亞里斯多德的意向，是為了保障「運動」一個完整的存有學地位，但是它的代價卻相當奇特，居然是潛能的圓極。這是第一個運用領域，將存有視為潛能的領域。

如果我們現在轉到存有者的鎖鍊的另一端，就得訴諸於一個「無潛能的實現」的概念，來貞定一些天上恆星的存有論地位，而其代價則是冒險將這種「純粹的實現」和「思想思想其自身」在第12卷中加以混同。而且，他又說所謂「思想思想其自身」是一個不再被動的實現。

更嚴重的是，即使不論潛能針對物理界的超越作用而有的高貴名義，無論如何，「潛能」此一概念只能以「實現」為起點來開始構想。沒有一物可以稱為「潛能」而無須訴諸於被稱為「實在」的某物，在此所謂「實在」是指實效、完成之意。就此意義而言，「實現」是優於「潛能」，無論就概念或就本質而言，皆是

如此。（見《形上學》9卷8章1049b10）（這一點是為了有別於時間上在前的優先而言）。此外，在與實體的關係上也是如此，這對我們現前的論旨而言也不是毫無重要性的。其實，「存有物」的兩重原始意義的交叉，無論是按照範疇的存有物（也就是希臘文的ousia，拉丁文翻譯為substantia），及存有物作為潛能與實現，最後似乎都反而減輕了潛能與實現概念的寶貴成果。

存有物的兩重意義之區分，分為作為範疇的存有物，和作為潛能與實現的存有物，所可能帶來的思想上的益處，是否會因為實體的理論而減弱？即使不要問得這麼遠，我們也必須承認：若想利用存有物的多重意義來將實現的存有論和實體的存有論相對立，正如我們不斷地在做的，結果都將會徒勞無功。當然，亞里斯多德的ousia概念並不能化約為「實體」概念，而無論有沒有可能把亞里斯多德的ousia概念從出自譯ousia為實體的士林哲學鎖鍊中解放出來，我們在論及「自性」與「同一」的對立之時所攻擊的，正是傳統當中的實體主義（即使是康德在論及經驗的第一類比之時，仍然隸屬於實體主義）。亞里斯多德所關心的，更是在於連結潛能與實現的意義，以及ousia概念所展開的各種意涵，而不是將它們加以分離（而《形上學》第9卷正是用來處理ousia概念的）。

這三個困惑的來源：1.潛能與實現的循環規定；2.它們各自的應用範圍的分裂（例如一方面有運動的物理學；另一方面有關靜止以及「思想思想其自身」的宇宙神學）；3.現實對於潛能的優先地位，與實體理論的關係。此外，又加上有關此種存有物的原始意涵與人類行為的關係的特殊疑難，而我們全部的企圖，直接與這點相關。就某種意義而言，我們可以說，實際上從人的操作

所取來的例子，如看、了解、生活、製造、行動或倫理學所言的實踐，皆具有典範性的價值。

就另外一層意義而言，與人類行動範圍相關的例子，也不見得應該被立為模範，否則就會令亞里斯多德的形上學企圖成為空洞的。亞里斯多德形上學的企圖，基本上包含前面所言的兩方面：第一方面主要是賦予「運動」以存有論的地位，而這正是巴爾曼尼得斯學派拒絕賦予「運動」的。另一方面，則是用「純粹實現」的概念來賦給那些宇宙神學的存有物以存有學尊嚴。

不過，在9卷6章中有一個片段，即便是相當孤立的性質（這個片段宛如隸屬於某一個散頁，而中世紀的評釋者並未加以承認，在此，「實現」的概念很明白的與「運動」概念相區別，而更屬於「行動」這邊，具有「實踐」的意義。這段文獻值得注意的是，實現與運動的區隔，是由一個有關動詞時態的作用之文法判準所支持的，也就是一種「同時談論」（兩種時態）的可能性。例如：「他已經看見而且他正在看見」；「他已經活得好而且他正活得好」；「他已經幸福，而且迄今還幸福」……等等。我們當然可特別強調這一段令人驚訝的文獻，不過我們也看不出來，怎樣靠這樣一段文字釐清我們前面列舉的各種歧異點。

除此以外，須將這些歧異對我們前進的阻礙轉換為支持。無論是有關潛能與實現的循環性定義；有關於兩概念運用範圍的極端分散性；或有關從人類行動所舉的例子究竟是否居於核心地位的不確定性……等等。我甚至要提議以這最後一點歧異性作為起點，來勾勒出我所建議的詮釋。對於人類行動的存有論的深入探討十分要緊的，不正是我們從人類行動獲取的例子，一方面既是核心，另一方面也會脫離中心。這得讓我說明一下。如果說潛能

與實現只是我們用來談論「實踐」的另外一種方式（或者更糟的，只是把行動中的一些技術模式用形上學的方式加以抽繹出來罷了），這樣的話，存有論的討論就沒甚麼意義了。相反的，正是因為潛能和實現還灌溉著除了人類行動之外的其他應用範圍，所以其豐富性才能夠顯示出來。至於說在亞里斯多德的文本中，有時是為了有益於運動的物理學討論，才論及潛能；或是為了有益於宇宙神學的討論，才提及「純粹實現」……等等，這些並不重要。重要的是，在亞里斯多德而言，「脫離中心」本身或是走向更低或是走向更高，為此，潛能與實現向一個既潛能又實效的存有底基招手，而人類的行動正是從其上脫出。換言之，人類的行動一方面是存有者這一層含意的可讀性之所在，而有別於存有者的其他含意，其中包含隨後引申出來的實體的意義；另一方面，存有者作為實現和潛能，仍然有在人類行動之外的其他應用範圍。以上兩方面是同等地重要。人類行動的核心性，以及朝向潛能與實現的底基的解除中心，這兩項特徵平等地並且聯合地構成以實現和潛能為骨幹的「自性的存有論」。這一層弔詭證實了：如果有所謂「自我的存有」，換言之，如果一個自性的存有論是可能的話，它也離不開一個底基，使自我能從此底基開始，而可能稱為是「在行動中」。

　　㈡且讓我再說明，我所謂「同時又是潛能又是實效的存有底基。這層說明必須透過把我這種重構的嘗試，和那些宣稱受海德格《存有與時間》構思時期啟發的一些重構加以比較。我首先要提醒，海德格《存有與時間》這部偉大著作的一些主題，與我的「自性的詮釋學」是前後相應的，然後再論及這些主題所啟發的，對於亞里斯多德的重新詮釋；最後討論我對「實現」與「潛

能」的重構，與海德格所啟發的重構之間的「微小差異」。

我且不把自己自限於追隨《存有與時間》中我覺得與我非常接近的主題出現的次序，我願意首先討論海德格所賦予「良心」(Gewissen)一詞的地位。該語詞很可惜的被翻譯為法文conscience（或「道德意識」，以有別於胡塞爾現象學意義下的「意識」）。海德格引進該概念的方式，值得加以重視。海德格所一再堅持提出的問題，是要知道前面章節集中在「走向死亡的存有」的分析，是否如其所示，是一原初的問題。良心的見證，或者更好說良心作為一種見證，正好是此一分析及其前文的原初性所尋找的擔保。認為良知在道德層面賦予區別善、惡的能力，並且用好良心和壞良心來區別這能力之前，良心本身的意義就是在於「見證」。對我來說這是一項很大的幫助，它證明了我研究的假設，也就是所謂「自性」和「同一性」的區別，並不僅限於兩組意義，而是立基於兩種存有的模態。

此一將良心與見證的等同，在《存有與時間》前述節次的反省，與更適於自性存有論所凸顯的反省之間，作了良好的過渡。後者正是海德格所欲確立的，海氏建立了自性及吾人之所是的存有模態之間的直接依賴關係。尤其是對我們之所是的存有模態，來自它自己特有的存有，也就是「此有」(Da-sein)。正是由於這種依賴性，也就是一種對於自我的理會的模態，和一種在世存有的方式之間的依賴關係，才使得自性可以視為實存項目之一。就此而言，自性對於此有的關係，就如同範疇（嚴格的康德意義下的範疇）對於海德格列置於「現前之物」(Vorhandenheit)的存有模態之列的存有者的關係。如此一來，自性的存有論地位，就能夠堅實地建立在「此有」和「現前之物」兩種存有模態的區分上了。

就此方面而言，在我的分析中所運用的「同一」的範疇，和海德
格的「現前之物」的觀念，兩者之間存在著在「自性」和「此
有」的存有模態之間的同類關係。

換過來說，「自性」和「此有」之間的連結，在《存有與時
間》中是透過「掛念」(Sorge)的觀念而接引出來的。「掛念」是實
存項目當中最為基本的，足以確立該書在主題上的統一性，至少
直到時間性的概念在第2節出現為止是如此。在這方面，我們可以
追隨《存有與時間》所給的線索，從對於此有的屬己性（第5節和
第9節）的肯定開始，經過「是誰」、「此有」的實存問題（25
節），然後藉著「此有的存有」與「掛念」間的等同（41節），最
後到達「掛念」和「自性」的連結（64節）。如此一來，掛念就顯
示為《存有與時間》的哲學人類學的基礎，直到透過間性的概念，
而使得存有論能夠導向超越一切哲學人類學為止。然而，「掛
念」不能像那些較次級的概念，如「顧慮」(Besorgen或對事物的
關切)，或（對於人的）「關心」(Fürsorge)那樣，被任何心理學化
或社會學化的詮釋所截取，甚至一般而言也不能被任何直接的現
象學所截取。對於賦予「掛念」此種卓越的地位，我們不能漠不
關心。問題可以很正當的提出，究竟行動在我們全部的企劃中所
佔的地位，是否可比擬於《存有與時間》中「掛念」所佔的地
位？尤其是對我們而言，同樣沒有任何語言上、實踐上、敘事
上、倫理道德上對於行動的規定，能夠窮盡「行動」的意義。也
正因為如此，我們在前言中才冒險談論行動的類比的同一性，不
過，在當時主要是為了粉碎以「我思」為最後基礎的野心。我們
還必須回到這點上來，處理有關我們在前面片段地討論到的行動
的多重意義的問題。所謂的「掛念」，就其存有論層面而言，究竟

是不是能夠等同於我們所謂的行動的類比的統一性呢？

我們不能夠直接回答此一問題而絲毫不預先將掛念安置在更寬廣的範圍當中，也就是「在世存有」中，這確實是對於「此有」的分析中最大涵容的概念。當然，一切的問題就在於「在世存有」的「在」這個前詞，它不等同於任何存有物之間的關係，尤其是「現前之物」後設範疇所凸顯的存有物之間的關係。只有是「自我」的存有者，才能夠「在世」，而且相關的，其所在之世界，也不是實體物或手前可及之物的宇宙的全體構成物。自我的存有假定了一個作為其思想、行動、感受、簡言之即其「掛念」的界域之世界。

那麼，究竟此一世界的概念，或與它相對等的概念，在我們的自我詮釋學中的地位是如何呢？如果此一概念不能就其本身而得以顯題化，主要是因為它的存有論地位更是停留在隱態的地位。那麼，我們就可以承認，我們的詮釋學需訴求於此一概念，尤其在經由事物的迂迴構成了我的策略當中最經常的規則。因此我們不能回答「是誰？」的問題，除非經過「是甚麼？」、「為甚麼？」等問題的迂迴。所以，世界的存有是自我的存有不得不有的相關物。如果沒有一個在其中自我發現和行動的自我，也就沒有世界；如果沒有一個可以在其中以任何方式實踐的世界，也就沒有自我。

然而，「在世存有」概念——如果我們仍敢如此討論——是可以用各種不同的方式來加以稱呼的。而且，「自我」、「掛念」和「在世存有」，必須在一起才能加以規定。

就在此種正確明說這三個名詞之間關係的努力當中，我透過海德格的概念引導，來重新詮釋亞里斯多德，才可能翻過來更有

助於我更佳的理解《存有與時間》當中的主導性概念。

我們必須承認，此種重新詮釋是充滿困難的，因為問題就在於運用海德格重新詮釋亞里斯多德；而以存有論的方式詮釋我自己的「自我詮釋學」。但因為我們檢討了士林哲學一般對於亞里斯多德的存有論的重述，尤其是針對其作為實現／潛能的存有者，和依據附屬於實體的範疇中的存有者之區分所作的重述，終屬空泛。因而，上述此種迂迴的道路，就我當前研究的狀態而言，我認為是最為簡捷的一條道路了。

不過，透過海德格重新詮釋亞里斯多德，如果沒有一個非常重大的概念重構，是走不通的；甚至有時必須重新建構在亞里斯多德文獻所涵蓋而未說出的隱義。當然，我們可以自限於比較一組有限的亞里斯多德概念，和海德格相似的概念，並且依據彼此相互詮釋。因此，海德格所謂的「掛念」和亞里斯多德所謂的「實踐」之間的關連，可以加深我們對兩概念的了解。對於我而言，我更注意的是亞里斯多德的「實踐」概念，因為它協助我擴充了實踐的範圍，超過了分析哲學狹隘的「行動」概念。反過來說，海德格「掛念」的概念又賦給了亞里斯多德「實踐」概念一種存有論的重量，而後者並非亞里斯多德在其倫理學當中的主要論旨。也因此，佛爾比(F. Volpi)才能夠賦給「掛念」一種對於「實踐」加以全盤存有論化的效果。佛爾比的嘗試確實能夠幫助我們確立在自性與作為實現／潛能的存有之間的路標，藉此「行動」被提高到第二序的概念地位，在我前面諸研究當中所述各對於「行動」的討論之上，甚至在我們所論「描述」、「論述」和「規範」這三層更屬於知識論而非存有論的項目之上。

不過，我們是不是應該賦予亞里斯多德的「實踐」概念，以

及我們的「行動力」概念，一種統合人類主體經驗範圍的作用
呢？如果佛爾比把「時間性」視為是統一的原理，而認為亞里斯
多德的「實踐」概念在此仍有缺失的說法是對的，我們是不是不
該賦予亞里斯多德的實踐概念一種它本身沒有的功能呢？而且，
亞里斯多德在排列「理論」(theoria)、「實踐」(praxis)、「製作」
(poiesis)三者，並賦予多元的意義，對我而言似乎更符合我所偏好
的哲學的種類。而此種哲學並不急於自高處統一人類經驗的範
圍，就如同我在前言中所疏遠的那些哲學之所為一般。而且就
theoria也是一種理論活動而言，行動應可含攝理論，但是我們仍須
修正對於行動的多義性的、主導性的傾向，而此種多義性至多只
肯定了行動的類比性統一的觀念。

　　我想我應該以布拉格(R. Brague)的詮釋，來結束我這段對於以
海德格來重新詮釋亞里斯多德的討論。布拉格的說法我前面已經
做過局部的引用，在這方面他的說法是十分複雜的，亞里斯多德
的說法並不是主題，而是亞里斯多德尚未思考的說法成為主題。
也就是基本上是透過海德格的「在世存有」，來詮釋亞里斯多德
「實現」(energeia)的概念。亞里斯多德所未思及的，必須再經歷
重構的歷程，使得亞里斯多德的人類學、宇宙論和神學獲得重新
處理，使得此一未思之物能夠成為語言。我在這裡將要指出，我
可以同意布拉格的程度，以及精確的表達我所保留之處。

　　「自我」和「在世存有」是一種基本的相關項目，這一點我
認為沒有什麼值得再討論的。為此，自我的同一性就變成亞里斯
多德的「靈魂論」當中之所未說，也是更普遍的全體亞里斯多德
的人類學所未說及者。不過，我們是否可以接受這個說法，認為
autos這語詞嚴格的意義，由於作為現象學概念的自我和人類學概

念的人之混淆,而被弄得混沌不明。我們所賦給分析的角色,隱含了透過對象化的迂迴,是由「自我」到「自我同一」之間最短的道路。就此意義而言,人類學的「人」的概念對我來講是可以成立的。當然,除了要肯定生命對於自己的內在性之外,自我的本質就在於向世界開放。而自我與世界的關係,就如同布拉格所說的,是一種全面關切的關係:一切都關涉到自我。而此種關切的方式,從生命中的存有開始,經由實踐和度善的生活,直到擇善固執。如果我們在人的主動性當中,並沒有覺察到一種與世界的運動與行動的一切物理面向,相互調和之處,我們如何能證成這種開放性呢?在此,最重要的,就是經由分析的反省之迂迴。然而,海德格所認可於此有的發現功能,對我而言,不但不能替代此種客觀化的轉折,而且更是假定了,甚至要求此種客觀化的迂迴。

不過,還是這個「在世存有」的概念,作為亞里斯多德所言的「實現」(energaia)概念中所未思及者,對我而言最構成問題之所在。我並不是在抗議現象學的「世界」概念和宇宙論的「宇宙」概念之間的區分(這種區分也並不排斥連結「自我」的現象學和「人」的人類學之間的最大迂迴)。我所保留的,只針對一點,但卻是十分重要的一點:我們是否該將「臨現」當作是「自我存有」和「在世存有」當中最基本的輻輳之處?顯然的,所謂「臨現」並不能與「關切」相分離,我剛才已經談過所謂「關切」最寬泛的意義。不過,假如所謂「關切」並不含攝「臨現」,那麼「臨現」怎麼可能被認為是亞里斯多德的「實現」概念當中最可能的未思之處呢?自我在世界上的臨現,應從海德格的「實然性」概念中延引出來。不過,我仍然懷疑海德格的實然性概念

是不是最適用於重新詮釋亞里斯多德的「實現」和「圓極」(ent-elecheia)最好的鑰匙？我堅持所謂的「實現」(energeia)，拉丁文譯為actualitias，是用最全面的方式指稱我們實際所在其中者，但是在強調「已是」和脫離此種與臨現的關連的不可能性。換言之，在強調實然性的同時，我們是不是已經減弱了實現和潛能的層面？而藉著後兩者，人的主動與受動才能紮根在存有中？還是為了考量此種紮根的過程，我才提出既實效又潛在的基礎？我特別強調後面這兩個形詞：「實效」與「潛在」。在「潛在性」和「實效性」之間存在了一種緊張，對我而言，此種緊張對於行動的存有論是非常根本的。而我認為，若將亞里斯多德的「實現」和海德格的「實然性」相等同，則會抹除了此一緊張性。這兩個希臘語當中存在了一種艱難的辯證，然而在表面上以片面的方式重建「實現」(energeia)的時候，此種艱難的辯證將受到消失的威脅。然而，正是在實現與潛能之間的這種差異，以及實現對於潛能的優先性，只有在這個基礎上，才有可能聯合起來詮釋人類的行動，以及作為實現與潛能的存有物。

㈢為了重新詮釋亞里斯多德的存有論，在仔細地傾聽了海德格的詮釋之後，其結果卻相當的令人失望。這一點邀請我們去尋求在「行動」與「承受」的自我的現象學，與以自性所源自的實效而潛在的底基之間，尋找另一個橋樑。

此一橋樑，對我而言，就是史賓諾莎的「欲力」(conatus)。

迄今為止我沒有寫過史賓諾莎，但是他從未間斷地伴隨著我的默想以及我的教育。我和匜克(S. Zac)分享同樣的信念，認為我們可以把所有史賓諾莎的論題都環繞著生命的概念，而說到「生命」就是說到「能力」，誠如史賓諾莎的《倫理學》從頭到尾所作

證的。在此，能力並不只是潛能，而是「生產力」，因此絲毫不與作為實效、成就、意義的實現相對立。這兩種實在是存在的能力的兩種不同程度，其結果一方面把「靈魂」定義為「一個現實存在的單一事物的理念」(《倫理學》第二書第11命題)；另一方面，又肯定此一「賦生能力是完全普遍而不只隸屬於人，且也隸屬於其他個體。」(《倫理學》第二書第12命題・系論)

以上的背景雖然提出得略嫌快速，然而，就在此一背景上，才興起了「欲力」的觀念。所謂「欲力」就是一種保存於存有之中的努力。使得人、甚至其他個體，具有統一性。在此，我願意引述《倫理學》第三書第6命題：「每一事物只要有欲力在其中，就會努力保存其存有。」(其證明基本上請直接翻閱第一書，其中證明：「單一的事物實際上是上帝的屬性，藉以明確而決定的方式表達的模態，……也就是……事物表現上帝的能力，藉此能力，上帝能以明確而決定的方式存在和行動。」)

我並未忽略，此一生命的動力排斥一切與自然的決定性相分離的企圖。然而，保存存有並非自我超越成為別物，以合乎某種意向，作為此一努力的目的。這一點已緊接著「欲力」的定義的第7命題所排斥了：「一物努力保存在其存有中的努力，絲毫不在該物的現實本質之外。」(《倫理學》第三書) 其證明立刻訴諸第一書論及「表現」(expression)時的必然概念 (以致任何一物藉以保存在其存有之中的能力或其努力，絲毫並不是在該物現實的本質之外)(同上)。不過我們不可以忘記，從我們對於自己和事物所形成的不充分的觀念，過渡到充分的觀念，對於我們而言，其意義就在於成為真正活動地、主動地存在的可能性。在此意義之下，行動的能力可以說是透過與不充分觀念相連的被動性的後退而增

加了。(參見《倫理學》第三書第1命題・證明與系論)。也就是這種在充足觀念的指導下征服的活動,構成了該書成為一個倫理學。因此,值得賦予以「生命」之名的內在動力,和指導由不充分觀念朝向充分觀念過渡的能力,兩者之間是密切相關的。在此意義下,我們只有在充分地理解到,我們對於一切萬物在橫面和外在上的依賴,以及我們對於史賓諾莎稱為上帝的原始力量,在縱面和內在上的依賴時,我們才真正是有力量的。

最後,對我而言,比任何其他觀念更重要的,是前面對於亞里斯多德的「實現」觀念的討論所導向的觀念,也就是說,一方面,在人身上的欲力或萬物存在的能力,是最清楚可讀的;另一方面,萬物都以不同程度表現能力和生命,史賓諾莎稱之為「上帝的生命」。在此,藉著這個太過快速的對史賓諾莎倫理學的討論的結尾,我願意回到以下的觀念:「自我的意識並非像在笛卡爾中那樣作為哲學反省的起點,相反的,它卻假定了一個長途的迂迴。」(匣克,前揭書,第17頁)。正是「欲力」對於「意識」(史賓諾沙稱之為「觀念之觀念」)的優先性,迫使充分的自我意識不得不經歷此一長遠的迂迴,這點只在史賓諾莎《倫理學》第五書中,才得以完成。

我很歡迎任何思想家來從事對亞里斯多德的「實現」概念,作一種史賓諾莎式的新詮釋,如同我們目前已經達到的,用海德格來重新詮釋亞里斯多德存有論的程度。因為,如果海德格早就知道連結「自我」和「在世存有」,史賓諾莎(在淵源上更屬猶太而不屬希臘)則是唯一知道在既實效又潛能的基礎上(其所謂「現實的本質」),來論述「欲力」。

三、自性和他性

在本研究的一開頭就已說過：關於自性和他性之間的辯證關係，遠比反思與分析之間的關連更為基本。在反思與分析之間，見證已然顯示了存有論的意涵，以及在自性和同一性之間的對比。而存有物作為實現與潛能，已經標示出存有論的層面了。此書的書名本身也不斷的提醒我們，此一辯證的優先性。

然而，他性並不是自外加諸自性之上，好像要預防自性的獨我論的偏頗。相反的，他性是隸屬於自性意義的內容及其存有論的構成，此一特性特別區分了這第三重辯證和自性與同一性之間的辯證，後者的關係主要還是屬於分離性的。

為了指導我們此一存有論研究的最後階段，我們必須利用前面用以肯定此一辯證的優先性的一些話。首先，我們已經強調，它與柏拉圖在一些所謂「形上學的」對話錄中所開展的「同」與「別」之間的辯證一般，同樣是屬於第二序的言說。自性和他性的辯證，可稱之為「默觀」的性質，自我們存有論研究的第一階段已然宣示，其後在另外兩個階段當中，則以反思的方式呈現。因此，我們從開端就採取此一默觀的特性，隨後我們也預先宣告了他性的多義性。後者隱含了別異，不能像一般太容易地視為理所當然的那樣，化約為一個他人的他性。這第二點值得討論，它是來自有名的「同」與「別」的辯證和自我詮釋學相接觸以後轉折而出的結果。事實上，是「同」這一端先失去它的單義性，走向分歧的意義，就如同「同一」是被「自己」(Ipse)和「同一」(Idem)的分界線所穿透一般。此一區分的時間判準，也就是在時間

當中恆在的雙重性，按照其或是指稱「同一」的不變動性，或者是指稱「自己」的自我維持，這點值得我們在此最後一次加以提醒。先前提到的他性的多義性，可以顯示「別」的多異性，後者所面對的是作為自我意義的同一。

不過，究竟如何考量他性在自性中的角色？就是在此兩個層次的言說 —— 現象學言說和存有學言說 —— 之間的辯證顯得最為豐富，其原因是由於此一辯證在兩個層面同時引發的發現的力量。為了固定辭彙，我們提出，當作與後設範疇的他性在現象學上相應的，是各種不同的被動性的經驗，以各種不同的方式糾結著人的行動，因而，「他性」一詞仍然保留在默觀性的言說，而被動性則是作為他性的見證。

此一辯證的主要的力量，在於禁止自我僭取基礎的地位。此一禁止完全適合於自我的終極結構，自我既不能被過度抬高，如同在「我思」的哲學之中一般；也不能被過度的壓抑，如同在「反我思」的哲學中一般。我在此書的前言當中已經談過分裂的我思，以便說出此一不尋常的存有論情境，現在必須加上，此一存有論情境本身就是分裂的見證之對象。在此意義下，他性與自性相連結，只在一些分散的經驗當中獲得見證，視他性所在位置的多元性而定。

在這方面，我以作為工作假設的名義，提出所謂被動性的三支點，也就是他性的三支點。首先，綜攝在對我的身體（己身）的經驗中的被動性，或者更好如後面所要說的，是肉身的經驗，作為自我和世界之間的媒介。而世界本身，按其不同程度的可行動性和外異性，而有不同意義。其次，隱含在自我和別異之間的關係，別異在此就是有別於自我的別人，換言之，他性是內在於

互為主體際的關係。最後，最為隱密的被動性，也就是自我與自己同一之間的關係，也就是「良心」的意義(Gewissen)，而不是「意識」的意義(Bewusstsein)。如此一來，把良心與身體的「被動性一他性」，以及與他者的關係來定位之時，我們就強調他性的後設範疇在關係上非比尋常的複雜性和緊密性。反過來，良心隨後在展現於它之前的一切被動性前投射它見證的力量，尤其是良心本身徹頭徹尾就是一種見證。

在進行這三個重心領域所要的研究之前，我們最後還要加一句話：我們的問題不在於在已經走過的途徑，無論是語言的、實踐的、敘事的、倫理的……等等層面之上，再加上一、二、三個層面；而是要分析出，在這些不同經驗層面中所體驗到的被動性的程度，並且指認在默觀的層次相應的他性的種類。

㈠己身(corps propre)或肉身(la chair)

在這第一個「被動性一他性」的層面上，由現象學指向存有論是最容易進行的。我的身體的現象中奧秘的性質，在我們前面的研究當中，至少曾有三次注意到。

首先，是在論及史卓森對「位格」此一基礎個體的討論之時，我們曾追問：如果人的身體不是同時既是眾多身體之一，又是我的身體的話，那麼眾多分散的心理和物理的謂詞，如何能夠歸屬於同一個物項？在那時候，我們僅自限於堅持：位格也是身體。當我們用說話來作事的時候，也受限於語言。我們也曾說道：如果位格同時也是身體，那是因為每一個人對自己而言都是自己的身體。要說明這個預設，就要求我們把語言的組織建立在被稱為「位格」的這些物項的存有論構成上。

　　身體是雙重地隸屬於事物的次序和自我的次序，這在我們對達衛森的討論中第二次出現。究竟行動如何同時能夠構成世界的一個事件（如果世界是一切發生的事件的總合），又同時以自我指涉的方式指稱其作者（如果後者並不以自我構成此種隸屬的方式的意義來隸屬於世界）？我的身體就是此種隸屬的場所，藉著它，自我可以在行動的事件中標示自我的痕跡。

　　位格的同一性的問題，被巴菲特先生提升到相當精緻的程度。但終究要回到己身的問題的場地上來，而有必要連結同一性的身體判準和心理判準——發展的連續性、特徵的恆在性、習慣、角色與認同化等——用以維持一個停泊在己身當中的自我。

　　然而，被動性的現象學並未能夠超越過我們前面數度以隱態的方式提出的境界。在這個整體的停泊現象當中，我們強調一個顯著的特徵，這在我們前面的分析當中，並沒有充分地加以考量，那就是承受的問題，接受與承載，當轉變成一種受苦的時候，就顯示出它全部被動性的面向。在前面這些研究當中，我們從未停止談論行動和承受的人，甚至數度談論到行動和承受之間的關係。因此，在論及敘事的同一性時，我們也說過：敘事的力量，在於把行動者和承受者連結在諸多生活故事的串連當中。不過，我們應該走得更遠，並且考慮承受最為隱微的形式，沒有能力敘事，拒絕敘事，強調不可敘事者，這些現象往往超過故事的情節。透過安排情節的策略，經常可以重新喚回，藉以經營意義。在前面的研究當中，當我們討論到倫理上的黃金律時，曾經提到內在於互動當中的基本不對稱的衡量，是來自於一個行動者在對另一個人運作能力的時候，也將後者當作其行動的承受者。然而，在此我們還必須走得更遠，直到一些對自我渺視，或是厭

惡別人的諸種形式，其中的痛苦遠超過物理上的疼痛。跟隨著行動能力的減弱 —— 感受起來，就有如存在力量的減低 —— 就開始了痛苦真正的領域了！大部分這些痛苦都是由人加諸於人身上的，它使得世界上最大部分的惡，是來自於人們彼此所加的暴力。在此，由己身的後設範疇出現的被動性，就與他人的後設範疇的被動性相交會。自我痛苦的被動性，變成與作為與己不同的別人的犧牲對象的被動性難以分辨。在此時，承受犧牲的被動性，就變成哀悼行動的「光輝」的被動性的反面了。

為了在默觀層面明說出與此一被動性相呼應的他性的模態，必須賦予己身的後設範疇以一個堪與受苦所賦予承受相比擬的廣度。在「實踐」(praxis)和「情調」(pathos)之間的一種尖銳的辯證關係中，己身變成一種廣闊的研究的象徵性稱呼，它遠勝過己身的屬己性，而指稱全體親密的被動性的領域，也因此就涉及到他性的領域，構成了重心之所在。在這一方面，必須穿透自古典情感論以來所有概念性的研究，讀過像德比朗(M. de Biran)，直到馬賽爾(G. Marcel)、梅洛龐蒂(M. Merleau-Ponty)，以及米榭‧亨利(M. Henry)等人，對於體現、對於肉身、對於情感，以及對於自我感受等的討論。在本文中我將不如此作，而僅限於標示幾個重要的里程碑。

在這簡短的綜觀的開端，我希望先還給德比朗公道，是他先開始了此一己身的領域。他真正賦予了他那現象學式的發現以一種適切的存有論向度，區分了「存在」概念和「實體」概念，並將「存在」概念連結於「實踐」概念。說「我在」，就是說「我願」、「我動」、「我作」。然而，與一切客觀化的表象有別的統覺，既包含了行動中的自我，也包含了與它相反但又相成之物，也就

是身體的被動性，並將兩者涵攝在同一個確定性的範圍當中。德比朗是第一位引進「己身」概念到非表象式確定性範圍的哲學家。這一種對於己身的吸納，呈現出一種不斷增長的被動性程度。就第一個程度而言，身體指稱對奮力的抵抗，德比朗認為這點是一典範性的例子，因為奮力會佔據「印象」在休謨(D. Hume)思想中，以及「感覺」在孔狄拉克(Condillac)思想中的地位。自我本身的關係性結構是完全包含在其中的，奮力與抵抗就形成了一個不可分割的整體。在此，身體接受了不可磨滅的意義，成為我的身體及其中親密的豐富性。它的擴延性不能夠化約為任何想像的或表象的擴延性，不可化約為質量和重量。這是原初的經驗，就是活動的身體的經驗，在舞蹈中只馴服於音樂的力量的身體的快意和優美之所在。第二個程度的被動性，則是由一些來來去去、反覆無常的情緒所代表，一些幸與不幸的印象，德比朗在他的日記當中，曾經以焦慮的方式論及這些情緒的運動，被動性在此就變成是很陌生和反逆的。第三個程度的被動性，則是由外在事物的抵抗所標示出來的。正是透過主動的策略，使得吾人的努力得以延長，以致事物能夠證明其存在，猶如吾人的存在一般，不可疑惑。在此存在就是抵抗。也就是這同一個意義賦予我們的存在以最大的確定性，以及外在存在最大的確定性。由於有了上述三個程度的被動性，身體就顯示出成為自我的親密性和世界的外在性之間的中介。

再說第二個里程碑，而且是引導德比朗的奮力的哲學，走向我前面提及，而且我將引導讀者加以注意的三個偉大的己身哲學。這第二個里程碑，毫無爭議的，就是胡塞爾的現象學。在某一方面言，他對於所謂「身體的存有論」的貢獻，遠比海德格更

為重要。此一肯定第一眼看來是弔詭的，其理由有二：首先，是在「肉體」(Leib)與「身體」(Korper)間的區別，在胡塞爾《笛卡爾沉思》當中佔有一策略性的地位。也因為如此，他只是導向一個共有的，也就是奠基在互為主體上的，「自然」的構成中的一個階段。因此，肉體概念的建構，只不過是為了將一個肉體與另外一個肉體配對，並以此為基礎，構成一個共同的自然。最後說來，此種問題意識，就其最為基礎的意向而言，仍然是在意識內並透過意識，來構成全體實在，是我思(Cogito)的哲學的孤寂的構成。這點我們在本書的前言中已經加以撇清。我們也可以思考，在《存有與時間》中所謂的在世存有的哲學，也提供了一個更適合於肉體的存有論更恰當的框架，其理由就在於後者與意識的意向性為基礎的構成之問題的決裂。然而，這正是此種弔詭的第二個面向：《存有與時間》由於一些後來將要討論的理由，並沒有展開一個肉體的存有論，而只有在胡塞爾最公開地為了重建先驗觀念論的著作裏，我們才找到最有希望的肉體的存有論之概要，而後者也將詮釋的現象學安置在一個他性的存有論之中。

正是由於肉體和身體的二元性在《笛卡爾沉思》一書的論證當中策略性的地位，此兩者的差別才獲得了徹底性。我們在此所涉及的是一個決斷的自我論，而不是自我的哲學。而正是因為此種自我論的困難，才賦予了肉體與身體的區分以一種緊迫性。我們必須補充，此一主題並不是由於與「我能」、「我動」的關係而顯得重要，即使此一層面並非沒有，不過主要還是涉及知覺的層面。在此，《笛卡爾沉思》中肉體的主題，仍然停留在先前的寫作所提到的「肉體的自我」的線索上。如果在這裡我們也考慮到運動的問題，那是由於我能夠改變我知覺的側面，且也因此運動我

自己。

　　在這裡我並不要討論「他人」的問題，也就是胡塞爾所謂的「第一個在己的他人」問題，也就是另一個自我的問題，從一開始就與此無關，直到《第四沉思》似乎加以孤立，而造成一種究極性的化約。當我們在論及他性的第二層次，也就是他者作為別人時，我們還會再發現此一困難。目前必須引起我們注意的，是區分肉體和身體的必要性，是否可以如此推論，以致可以從自我開始衍生出一種其他自我的獨特種類？換句話說，值得我們認為有意義的，正是在論及以互為主體性為基礎構成客觀自然的關鍵性時刻，而有此一區別提出。說構成的現象學沒有能夠考量別人的他性的現象學，是一回事；相反的，為了構成一個他人的主體性，必須首先形成一個「我的」觀念，而後者恰是指的「肉體」，因而有別於「身體」，則是另外一件事。我們所感到興趣的，正是後者。

　　早在其他自我的構成之前，應先以自我為肉體，這就是對共同的自然的互為主體構成之策略所要求我們如此思考的。如果說構成一個肉體的存有論的概念是不可能的使命，這實在令人感到驚訝；正如大家所知道的，方法論上的決定，主要還在於化約為「我的」，在此所謂來自互為主體性的客觀謂詞，都將被排斥在外。因此，肉體可以說是所有一切與此一自我的自然面相關的身體的一個指涉終端。

　　讓我們把透過一個肉體與另一個肉體配對而導引出其他自我的方法，暫時放在一邊，而暫且停留在肉體的現象學特徵上面。肉體的現象學特徵將身體描繪為他性的典範，說肉體是最原初地屬己的，而且在一切萬物當中是與我最為接近的。身體傾向於感

受的能力，可以優先地透過接觸而顯現，正如德比朗所論，這些原初的特性，使得肉體成為意志的感官、自由運動的載體，成為可能。但我們不能說：肉體是一個意志的對象，「我」作為這個人而論，對於一切主動性而論，身體就是原始的他性。在此所謂的「他性」，亦指對於一切企劃的原初性。從他性開始，我可以進行主宰。然而，原初性並非統治性，肉體在存有論上是先於一切意志、非意志之間的區別。我們當然可以將它徵定為「我能」，但是「我能」恰好是不能由「我願」、「我要」來衍生，卻賦給「我願」以根源。身體就是一切被動綜合之場所，在其上才能夠建立起一切堪當稱為作品的主動綜合。它就是質料，其意義恰與一切在知覺、感受之物當中稱為質料者相呼應。簡言之，它就是一切屬己的變化之源頭。從這點能推論出，且讓我們這樣說：自性隱含了一個屬己的他性，而以肉體為支柱。在此意義之下，即令是他人的他性，也可以從屬己的領域中推衍出來。因為對他而言，肉體的他性也仍然是先在條件。

　　現在的問題就在於，胡塞爾的偉大發現證明了肉體與身體之間的區別，是否可與前面所謂該區別在胡塞爾《笛卡爾沉思》時期的先驗現象學所扮演的策略性角色相分離。除了從屬己的範圍，立基於被動綜合的方式，來衍生出他人的地位，因而構成了自我和他我的配對。我們暫把此一問題放到後來再解釋。此外，我們也可以在胡塞爾未出版的手稿中，找到一些針對肉體和身體之間區別的研究和發展，且相當獨立於他對共同自然的互為主體構成的問題之外。胡塞爾針對此處和彼處的區分所說的，就其不能化約為透過客觀標示來定位而言，是以最優越的方式彰顯了此種肉體的現象學存有論。我們在胡塞爾這些討論身體的客觀的非

空間性的文章中，可以找到與維根斯坦的反省的回聲。維根斯坦
對於主體不隸屬於其於對象的體系，以及對於此種弔詭在我們先
前研究中討論過的，停泊於此身的觀念所隱含的意義。我們說肉
體絕對在此，也因此有異於一切幾何的座標系統，也就等於是
說：肉體不能用客觀的空間性來加以定位。而我可能所在的彼處
——如果我向彼處運動的話，暫不討論在何意義下，對我而言的
彼處會相似於對他人而言的此處——也同樣與其相關的此處具有
同樣的異質性。根據肉體的定位問題模式，其他有關肉體的原始
空間性的問題，也可以被提出。在這些問題當中，我只保留那些
與周遭世界相關者，視後者為「身體—肉體」的相關物。在胡塞
爾未出版的手稿當中，我們可以讀到有關實踐的世界，恰好補全
了我們前面有關肉體內在空間性之所說。除此以外，他有關把觸
覺當作感覺的原始形式的註記，又重新把德比朗有關以存在為抵
抗的問題復活了，並且邀請我們把重點放置在肉體的空間性的世
界這一端。這就如同博蒂(J.-L. Petit)在我們已經好幾次述及的著作
中所證明的：正是在我地方性的肉體，以及是否可被「我能」所
接近的世界之間，這種先於語言的關係，才能夠終究建立一種
「行動的語意學」，而不致於陷落在語言遊戲無止境的討論中。

　　雖然「構成」的問題十分弔詭地要求一個「肉體的存有論」，
但是唯有當肉體的存有論超越過構成的問題時，我們才能夠面對
史卓森有關基本個體的理論所提出來的反過來的弔詭。也就是，
不再說一個身體如何成為我的身體，也就是肉體的意義何在？而
是說，肉體同時也是在許多物體當中的一個物體。也就在此，現
象學有它的限制，其至少限制了想從非客觀化的原始經驗當中，
主要透過互為主體性的角度，引出世界的客觀面貌的想法，此其

限制所在。在我的《時間與敘事》一書當中，所謂的現象學的時間須重新銘刻於宇宙的時間之中的問題，也在此可以找到一系列相對應的觀念：就如同須發明日曆，才能夠把當下體驗的時間與任何時刻相關連；要有地圖，才能夠把肉體的此地和任何地方相關連；也須要把人名——我的人名——註記在戶籍上面；同樣的，就如胡塞爾所言，必須把肉體給世界化，才能使它呈現出是在許多身體當中的一個身體。也就是在此，別人之所以為別人的他性，而不同於我，就顯得必須不只與我之所是的肉體的他性相關連，而且必須以他的方式堅持他的先在方式，而優先於任何屬己的化約。因為我的肉體除非我自己是在所有別物當中的別物之一，否則我的肉體也不可能成為各種物體當中的一體，就如同胡塞爾所言，是在對於共同的自然的知覺當中，被納入互為主體性的網絡；而所謂互為主體性，在此不同於胡塞爾的想法，也以其方式建立了自性。正是由於胡塞爾只把不同於我的別人想成是另外一個我，而不會把自我視為一個別人，也因此他才沒有辦法回答下列問題所提出的弔詭：怎麼能夠了解我的肉體也是眾體之一？

　　在此，不正應該轉向《存有與時間》，以便構設一個肉體的存有論，同時考慮到肉體對於自我的親密性，和它對於世界的開放性？這也是前面提到的弔詭的第二個面向，也就是，正是胡塞爾，而不是海德格，開展了走向此一存有論之路，縱使《存有與時間》的思想的一般框架更適合於此一存有論。後者以在世存有的整體結構，來替代了在意識內並經由意識對世界的構成問題，並且由意識轉向此有，後者不再隸屬於任何現成而可操作的存有者的全體。海德格原則上將己身的問題從內在於對存在的普遍化

約的屬己化約的檢驗中釋放出來。海德格逐步從「世界性」的整體意義，探討到「在內」的意義。在此，他不正是指出了肉體的哲學場域嗎？他不是在對於「在此」的實存構成中，保留給境域感一個適當的地位，遠超過一切感受的心理學？而且，他在一切境遇感中，不也覺察到了這一個嚴重的事實，就是我們不可能脫離一個無法自由進入的條件，即使是出生。就此而言，阿蓮惢(H. Arendt)講得很好，出生本身不是一種自由進入世界的經驗；而是已經出生，發現自己已在彼處的經驗。

　　從以上的引言我們可以結論：如果只有實存的範疇才特別適合於以自我為肉體來作研究，這就是「被投置的存有」、「被投置於彼處」的範疇。如果我們願意承認，此一語詞並不表示任何從別處掉落此處，就如同諾斯替派所言；而只表示一種實然性，人的存在就以此為起點承擔了自己。也因此，所謂「存在是一個重擔」，也就直接表示一種自我交付，也就是一種開放。由於這點，一切情受的色調都同時是此有對自己的親密性，也同時是一種在世界上呈現的方式。海德格所言的「被投置的投現」——也就是墮落(échu)，這是馬丁諾(E. Martineau)對海德格所謂「墮落」(Verfallen)一詞的翻譯，實際上就是轉向人的有限性的「別異性」概念。而就其為被「體現」所封限而言，也就是我們在此所謂的「原初的他性」，而有別於「他人的他性」。同時，我們也可以說，在情受的實存同一之中，存在的負擔與不得不存在的使命，兩者的關連最清楚地表現出他性構成自我的弔詭，並因此首度強調了「自我宛如他者」這個語詞的力量。

　　然而，除了將一個適合於肉體的存有論的概念工具加以定位之外，我們也必須承認：海德格並沒有努力建構肉體為另外一個

實存項目。對於他此一沉默，我可以見到好幾個理由：第一，是有關於此有的存有論所促引的現象學方向。海德格太過強調「恐懼」（《存有與時間》第30節），及對走向死亡的存有的焦慮，這是否會忽略了一種承受的現象學更適合討論的要點呢？只有在米榭·亨利的著作中我們可以找到對這一點的討論。其次，我們如果停留在在世存有的存有論的框架當中，也可以自問：究竟從胡塞爾已經開始的空間的現象學，是否在海德格的作品中受到應有的注意？當然，《存有與時間》第24節是專門討論此有的空間性，並且強調此種空間性不可以化約為幾何的空間性，後者只是任何場域的體系。那麼，為什麼海德格不把握這個機會，重新詮釋胡塞爾對於肉體的概念呢？就以對此有的分析而言，海德格是不應該加以忽略的。我們對於這個問題的答案，或許就觸及到最根本的問題了，就如同我們在前幾節論及「世界的空間性」時所建議的——即論及周遭世界時，主要是歸咎於不本真的掛念形式，才會提起在世存有的空間層面。此有的空間性當然既不是現前之物，也不是一種可用之物，而是在可使用、可操作事物的空間之上，才可以奮力興起此有的空間性。如果說「體現」的主題似乎在《存有與時間》中，若非被壓抑也被阻塞了，其理由就在於「體現」太過依賴於「掛念」的不本真形式，使我們會用我們顧慮的對象來詮釋我自己。在此，我們可以自問：是不是時間性問題的開展，在海德格《存有與時間》的第二節當中特別獲得推崇，因而阻止了一個本真空間性的現象學的可能性，也因此無法建構一個肉體的存有論？好像說，時間性變成是對於本真存在的默想專有的主題，而且好像空間的本真性終究必須從時間性中才能夠延引出來。最後，我們也可以自問：海德格是不是覺察到一

個存有哲學所含藏的資源，會將行動的超越性替代了實體的超越性，就如同一個行動與承受的現象學所要求的？這最後一句話，就可以當作本節的反省以及此一研究的前一節的反省之間的一個橋樑。自性的存有論的全體邊界，應該按照他性的三個向度來進行移動。

㈡他人的他性

他性的後設範疇所顯示的第二重意義，就是「他人的他性」，這是與自我的現象詮釋學中的被動性模態密切地銜接的，而這在前幾篇研究當中論及自我和與自我有別的他人的關係時，已數度遭逢到。此種詮釋學引起了一個「同」與「別」的嶄新辯證，它以多重的方式證明了，「別」並不只是「同」的對立面，而且親密地構成了「同」的意義。在純屬現象學的層面上，實際有別於自我的他物影響自我對於自己的理解的多重方式，正清楚地標示出自我的自我置定，和只能透過情受而自我認識的自性之間的區別。

在我們的分析當中，此一自我的特殊的被動性，必須接受有別於自我的他者的影響，可以說是經常出現。從語言的層面開始，每一個說話者的自我指稱，若用胡塞爾熟悉的詞彙來說，是與交談的關係密切相關的，藉著交談，每一個說話者都受到對他所說的話的影響。傾聽所接受的話，於是就成為完整言說的一部分，因為言說本身也是向他人而說。

在我們研究中的第二階段，行動者的自我指稱，也離不開別人的歸咎（或歸功），別人用賓格的方式來指稱我作為我的行動的作者。在第二人稱以及自我指稱之間的交流當中，我們可以說，

對於別人所宣稱的歸咎（或歸功）的影響的反省，是與在自己內將行動私下歸屬於自己相交錯糾纏的。此種交錯在文法層面，是表現在所有人稱代名詞中的自我的全人稱性質上。自我之受到有別於我的他人的影響，是在這些文法上的人稱之間規則上的互換的基礎所在。

　　同樣的，也是在受影響的自我以及施影響的他人之間的交流，可以在敘事文的層面規定敘事文的讀者所採取的角色，尤其是有關於用第三人稱所指的人物，他們往往與所敘述的行動一起被納入情節。於是，閱讀作為敘事文的世界進行轉換之處，同時也是文學中的人物世界的轉換之處（也就是轉換為讀者的世界），就構成了這個閱讀中的主體會優先受到影響的場所與關連了。讀者情感的淨化，我們在此自由的採取饒斯(H. R. Jauss)所謂「接受美學」的一些範疇，除非有一個先行的「感性」(aisthesis)，才有可能產生，而讀者與文本的奮鬥於是就轉變為「創作」(poiesis)。為此，似乎自我之受於不同於自我的他人的影響，可以在小說當中找到一個特別的場合，藉以發現一些思想的經驗，而此經驗從來不會遮蔽交談與互動的真實關係；相反的，對於小說想像的作品的接受，會有貢獻於以想像方式和象徵方式構成言語與行動的實際交流。以想像的方式受影響的存有，因此就整合到以實在的方式受影響的自我的存有。

　　最後，是在倫理的層次，自我受到他人的影響，會顯示出恰屬於倫理層面的特徵，和由義務所標示的道德的特徵。我們在之前已經提出了倫理的定義，就是「在正義的制度中，與他人共同生活並為他人而生活」。除非善度生活的企劃受到主動發出和被動接受的敦促，否則是不能理解的，這就是自尊和友誼的之間的辯

證，即使早在對於交換的正義的一切考量之前，就已經可以完全以行動和接受的辯證的語言來加以重寫了。如果要成為自我的朋友，亞里斯多德所謂「自愛」，必須早先就已經進入到與他人的友誼關係當中，使得對自己的友誼，是與別的朋友並為了別的朋友的情感密切相關的一種自我接受。在這個意義之下，用亞里斯多德的另一個詞來講，友誼作為一種利他的德行，可以成為正義的溫床。從倫理到道德的過渡，從選擇度好的生活，過渡到義務的無上命令，在以下的研究當中，是按照黃金律來運作的。有關於黃金律，我們曾經想過為它辯護，因為它即使在作和受不對稱的關係裡面，也扮演了主導的作用（你想要別人對你作的好事，和你所憎恨人家對你作的惡事之間不對稱的關係）。因此，作和受好像是被分布在兩個不同且對立的兩極：作者和受者，後者好像是前者潛在的犧牲者。但是，由於角色的可互換性，每一個行動者同時也就是對方的承受者。而且，正是因為受到別人所運作的影響力，因此他才會在相互性的規則之下負有行動的責任，所以正義的規則才會轉變為平等的規則。這樣一來，是由於每一次作者和受者對立角色的累積，才使得「無上命令」的形式主義有必要訴諸於實質，也就是多元的行動者，其中每一位都被相互的暴力所影響。

在這裡所提出來的問題就在於：這種自我受到有別於我的他人的影響，其所召喚的他性的嶄新面貌究竟如何？並且其中也隱含著：究竟在「同」與「別」的那一種辯證，可以符合於自我承受我以外的他人的影響之現象學描述的要求？

基本上，我很想指出：不可能以片面的方式來建構這一個辯證，無論是像胡塞爾從自我派生出他我，或者是像雷味納斯(E.

Levinas)以他者作為指派自我責任的絕對主動者。在這裡，我們還是必須構想一個有關他性的交叉性概念，才能既為自尊的優先性辯護，也能為由於別人而引出的正義的優先性而辯護。問題在於，對於有關他性的提法，必須與兩種「同」的觀念的基本區分同質。其一，是「同」作為相同；其二，是「同」作為自己。此一區分是我們全部自性哲學的基礎。

我們在此不再檢討胡塞爾《笛卡爾沉思》的〈第五沉思〉，這在論及自我還原時已經討論過。藉著這一還原，我們才引出肉體的存有論，只不過當時我們並沒有先去關切：自我還原的問題，可否不以辯證的方式來思考？換言之，是否能不考慮他人的同時介入而得以思考？胡塞爾跟所有的人一樣，很清楚的知道：我們並不是孤獨的，而且我們也否定那先驗的孤立性，這只要從我們對其加以指稱並告訴言談的伙伴，就可以得知。胡塞爾和其他人一樣，在作任何哲學之前，很清楚的知道「別人」這個字就是意指著我以外的他人，因此他的〈第五沉思〉是從先前的沉思結果出發，在其中，沉思的自我把此一共知還原為成見的地位，也因此將它視為是缺乏基礎的。沉思的自我首先對來自他人的日常經驗加以懸置，也就是將其完全疑問化，以便在這還原到自我領域的經驗當中，區分出他人的置定，而他人的置定也與我的置定一樣，是確屬必然的。這種思想的運動可以和笛卡爾方法論的懷疑相比擬，只不過不訴諸於「惡意的精靈」的假設。不過，他的運作完全不同於日常的懷疑，因為它是一種屬於奠基性類別的哲學行動。不過，在後面也可以看出，雷味納斯也是透過類似的懷疑，只不過其方向相反，藉以啟動他的徹底他性的概念。至於胡塞爾在此所運用的存而不論方法，是在開啟了現象學的普遍存而

不論之內，認為是會留下一個現象學的殘餘，其中沒有任何一物是來自他者，這就是所謂自我的領域，這也是我們先前談過的肉體的存有論最後所凸顯的。不過，在此我們必須強調，此處所謂自我的領域，在意義上是隸屬於現象學還原法中的還原的力量。如此一來，唯一仍然開放的一條路，就是在自我的意義之內並從自我的意義開始，來構成他人的意義。稍後我們將談到，是藉著怎麼樣的現象學的發現，我們才敢於如此推進？此種現象學的發現，對於所有構成的企劃而言，是相當於一種真正的革命，如果說所謂的構成，就是指在我內，並且藉著我而奠立基礎的話。然而，我們仍須先提醒：所有企圖在自我領域內並從自我領域開始，來構成他者的論證，都只是循環論證。毫無疑問的，這是由於事物的構成仍然是以隱態的方式成為此種構成的模範。

　　所以說，從一開始「他者」就已經被假定了。首先，現象學分析所得以開始的存而不論方法也證明了這一點。無論以任何方式，我早就知道別人並不是我的思想對象之一，而是跟我一樣，是一個思想的主體，而且他也察覺到我是有別於他的別人。他人與我合起來，我們共同觀看世界，並視之為是一個共同的自然。他人與我合起來，我們一起建構位格的群體，而後者作為更高層次的位格，能夠進入歷史的舞臺，這一個層面的意義是優先於自我還原的。此外，對於別人的預設，第二度且更隱密地含在意義的形成中：自我的領域。即使假定我是孤獨的，這種經驗也絕不可能被全體化而無須訴諸於別人，正是由於別人而使得我凝斂、自我鞏固、維繫我的同一性。在這個自我的領域當中，超越性被還原到內在性，但是絕沒有資格被稱為是一個「世界」。如果沒有一個共同自然的構成，「世界」沒有任何的意思。最後，我的肉體

除非已經被視為是眾體中的一體，否則也不可能作為類比推論中的類比項。談到這點，胡塞爾本人，正如我們前面提過的，曾經談到所謂的「塵世化」(mondanéisation)，並說藉著塵世化，我得以認同於自然中的事物，也就是一個自然物。這種塵世化就是藉著一個真正的糾結關係，我才能覺察到自己有如世界中的事物。這一切不就清楚地顯示出來了嗎？我的肉體也是身體之一，這不正隱含著：我的身體在別人的眼中也正是如此，唯有當我的肉體對別人而言是一個身體，它才能夠在由肉體到另一個肉體的類比性轉換當中，作為第一項類比物。

由於我們在前一節所提到的類似的弔詭，對於他人的構成的失敗，就其為一種訴諸於自我論的先驗現象學奠定基礎的野心的構成作用而言，實際上也是一個本真的發現，相當於肉體和身體之間的差異，並與此相關。這也就是所謂的捐贈他人的弔詭，即在自我中有指向別人的意向，也就是指向有別於自我的他人的意向，超越過了我的領域，然而卻是立基於自我的領域當中。

胡塞爾曾經賦予這種捐贈一個名稱，就是「呈表」(apprésentation)，用以表示一方面有別於符號或影像的表象，呈表於他人是一種真正的捐贈；另一方面有別於肉體的原始而直接的自我捐贈，捐贈於他人並不能夠重度他人的體驗。並且在此意義之下，也絕無法成為原始的臨在。這一點可由記憶得到證明，對於別人的連續的回憶，絕不可能替代我自己的回憶。就此意義言，我的體驗的臨在性，和你的體驗的呈表之間的鴻溝，是沒有辦法填補的。

對於這種消極的特徵，胡塞爾又加上一個積極的特徵，而後者正是他真正的發現所在。他認為這種他人的呈表，就在於來自我肉體的統覺的移轉。更精確的說，是在於一種類比的把握，其

立足點在於我在彼處所知覺到的別人的身體。由於這種類比的把握，別人的身體被我知覺到是有如肉體，與我的肉體一般。我們在此可以和法蘭克(D. Franck)一樣追問：究竟是由於什麼理由，使得在彼處的身體可以呈表得有如內在的超越？可以接受肉體的意義，並且因為此一意義而呈表出另一個自我，而其超越性是屬於更高的層次。真正說來，把在彼處的身體把握為肉體，這就是「呈表」本身。如果我們要在此尋找一個論據的話，至多只能找到一個循環，呈表假定了自身，也因此它不但針對一切事物的構成而形成一種弔詭；而且也形成了一種遍尋難解的謎。我們如果把在彼處的身體把握為肉體當作是一種配對，是不是就略為前進了一些呢？當然，在這裡是引進了一個新的觀念，也就是一個肉體與另一個肉體形成對偶。我們也明白，雖然只有一個體現的自我，也就是一個有自己身體的自我，才能夠與另一個自我的肉體成為對偶。但是，究竟成為對偶是什麼意義？是不是應該強調已經包含在配對這觀念裡面的相似性呢？這一點當然是完全正當的，但是條件在於必須先從比較法的論證性運用中，區分出類比的轉換。就此而言，「呈表」並不只是有別於透過符號和影像以及原初的直觀的把握，而且也有別於一切我們從表情的客觀相似性結論出心理經驗的相似性的推論。如果類比的把握（或了解）不是一種推論的話，那似乎應該就被動綜合來處理類比的推論。我的肉體藉以和另一個肉體配對的這種轉換，是一種先於反省的、先於謂詞的運作。然而，實際上，問題是在於一種無可比對的被動綜合，也許是一種最為原始的被動綜合，而且它與其他的被動綜合都緊密糾纏。除此以外，將一個語詞同化到另外一個語詞，這似乎是類比了解所隱含的意思，但它也須經由一種基本的不對

稱來加以修正，這種基本的不對稱，是與我們前述所講呈表和原
始臨在之間的鴻溝相關的。配對的作法絕對無法超越呈表與直觀
之間的樊籬，因此呈表的概念以獨特的方式綜合了相似和不對
稱。

　　那麼，到此我們可以追問，我們引進了呈表、類比了解、配
對……這些概念，究竟得到什麼？如果這些概念不能替代在自我
內並從自我出發的構成，它們至少可以勾勒出一個謎並將其定位
如下：由呈表所構成的對於自我領域的跨越，只有在意義轉換的
範圍之內才有價值：自我的意義可以轉換到另一個身體，而後者
就其為肉體而言，也顯示出自我的意義。就此而言，「別的自我」
（或「他我」）這一個完全充分的語詞，就具有了「第二個我的肉
體」的意義（這個語詞是出自法蘭克）。因此，相似和不對稱既適
用於自我的意義，也適用於他我的意義。如果只限制在這個範圍
內，那麼胡塞爾的發現是不可磨滅的。我們稍後可以看出，這一
個發現要有豐富的結果，還須與由別人朝向我的運動相協調，才
可能產生。不過，如果這第二種運動在倫理的層面具有優先性，
由自我朝向他我的運動在認識論的層面則具有優先性。在此一層
面中，胡塞爾所指出來的類比的轉換，的確是一個真正結果豐富
的運作，在跨越自我肉體的經驗當中，它超過了現象學的研究綱
領。如果說這種運作並沒有創造出他性，因為他性在此時總仍然
只是個預設，不過，此種發現仍賦予他性一種特殊的意義，也就
是承認別人並不被判定為陌生人，但是卻可以成為我的相似者。
也就是說，某人「宛如」我一樣，可以自稱為「我」。建立在這種
由肉體到另一個肉體的配對之上的類似性，就在它創造出一種不
對稱的同時，減少了一種距離，補足了一種鴻溝。這就是「宛

如」這個副詞的意義——宛如我一樣，別人在思想、在意願、在快樂、在受苦。如果有人反對，認為此種意義的轉換並不能夠產生所謂「別的自我」當中的「別的」，而只能產生「自我」的意義，我們應該回答說：在認識論的層面而言，的確如此。在「別的自我」當中產生「自我」的意義，這就是我們在前面的研究當中，討論到除了我以外的其他人稱的自我指稱，無論是在語言中，在行動中，在敘事文中，甚至是在道德責任的歸屬中，都假定了這一點。最後說來，這種意義的轉換，也仍然可以穿戴上一種「引述」的形式，例如：他在想／她在想，其意義是變成：他／她在自己內心說：我在想。這就是類比的轉換的奇妙結果了。

　　就在此處，由自我到別人的類比的轉換，就與由別人到我的運動相交錯。兩者兩相交錯，但並不廢止對方，即使前者並未假定後者。

　　由別人到我的運動，正是雷味納斯的作品當中不斷地強調的。在此一運動開端有一種決裂，此種決裂是來自於現象學以及大類別的存有論——就是「同」與「別」的存有論——之間的關連。也就是因為這個緣故，我們在本研究當中要保留給與雷味納斯相交逢的篇幅。實際上，雷味納斯的工作是以批判的角度反對一切「同」的同一性，並拿「他者」的他性來與之相對立。不過，由於他的討論層面的徹底性，以致我所提議的兩種同一性，也就是自己和相同的區分，並沒能加以考慮。其原因當然並不是來自一種現象學或詮釋學上的忽略；而是由於在雷味納斯的思想當中，「同」的同一性是部分地與一種全體性的存有論相交關的，而這一點是我的研究中所從未假定過，也從未遭逢過的。結果是，自性由於不與自我相區分，並不採取在言論、行動、敘事和

倫理責任中的主體的自我指稱的意義。雷味納斯的想法遠比費希特、甚或胡塞爾的想法更為徹底，是想要從事一種普遍的構成和徹底的自我奠基。這種想法表達一種堅決的意志，更清楚的說，是一種分離狀態(état de séparation)，使得所謂的「他性」(al-térité)，必須等同於「徹底的外在性」(extérioroté radicale)。

究竟在什麼意義之下，胡塞爾與這種決裂的效果相關？就在以下這一點上，也就是現象學和它的主題意向性，都是來自於一種表象的哲學，這對雷味納斯而言，無論如何都只能是觀念論的、獨我論的。自己給自己呈現某物，也就是把某物與自己同化，將它包含在自己內。換言之，就是在於否定他性。「類比的轉換」作為胡塞爾《笛卡爾沉思》第五沉思中最主要的貢獻，仍然沒有辦法逃脫表象的控制。換言之，他者所見證的，是一種非知識論的思想體制，此一體制基本上是屬於倫理的體制。當他者的面容與我面對面的時候，或在我之上的時候，它不再是一種可以包含在我的表象範圍內的一種呈現而已。當然，他者也會呈現，他的面容使他呈現，然而面容不是一齣戲劇，而是一聲召喚，此聲召喚對我說：「你不可殺人。」每一個面容都是一個禁止謀殺的西奈山（譯按：一道誡命）。至於我，我就是由別人而來的運動的旅程之終結點，別人構成了我的責任，也就是說，我是能夠回應的。因此別人的話語所安置在的地位，是在我的話語的開端；而我的話語對我而言，是我的行動的開端。「自我負責」是我們前三個研究的主題，現在就被安插在一個不對稱的對話結構當中，而其起源是在我之外。

此種他者的概念所引發的問題，並不是在描述的層面提出來的。當然，描述也是值得贊許的，因此所謂的「另類現象學」，一

種另外的詮釋學，嚴格說起來，可以視為康德倫理學的延長。實際上，在一方面，雷味納斯與表象斷決關係，就如同康德把實踐理性抽離於理論理性的統治之外。然而，康德把對法律的尊重放置在對人格的尊重之上，但對雷味納斯而言，是面容使得命令成為具體的，每一次都是第一次，都有某一個他者對我說：「你不可殺人。」雷味納斯的哲學就如同我們稍前所提議的，是從一種斷裂的結果出發的，此種斷裂是發生在我們稍前所謂另類現象學，與同和別的大類別的重整相交關之處發生的。正因為「同」意謂著全體化和分離，「別」的外在性從此不能夠以關係的語言來表達。「別」脫離了關係，就如「無限性」脫離了「全體性」一般。但是，應該如何思考在脫離的時刻這種「他性」所隱含的「非關係」呢？

我覺得，此種絕對的他性的思想，所附屬的斷裂的效果，是來自於一種誇張的用法，相稱於笛卡爾方法的懷疑，並且與胡塞爾的「自我化約」直接相對。此所謂的誇張法，我們必須強調，不能夠理解為是一種風格上的比喻、文學上的修辭；而是一種在哲學論證當中「意在言外」的系統作法。就此而言，「誇張法」是一種適切的策略，用以產生「外在性」觀念取義為「絕對他性」時所產生的斷裂效果。

誇張法同時涉及到「同」和「別」的兩極。值得一提的是：雷味納斯所著《全體性與無限性》(Totalité et Infini)一書，首先就置立了一個自我，此一自我意願與自己互為循環，也就是認同自己。此外，在雷味納斯所著《時間與他者》(Le Temps et L'autre)一書中，談論到充滿了自己的自我，也就是在與他人相逢之前的自我，換言之，也就是在遭到別人的破圍之前的自我，是一個頑強

的、封閉的、閉鎖的、分離的自我。這個「分離」的主題，雖然
是受到現象學的滋潤——可以說，一個自我論的現象學，其實已
然蓋上誇張法的印記。這種誇張法表達在像以下這種惡意的宣示
中：在分離之中，自我無視於他人(*Totalité et Infini*, p. 34)。對於這
樣的自我而言，既然無法容納他者，則面容的顯現（仍然是一個
現象學主題）意指一種絕對的外在性，換言之，也就是一種非關
係性的（與大類別的辯證相關的主題）。

在「同」的一面，有所謂的「分離」的誇張法；在「別」的
一面，則有「面容顯現」的誇張法相呼應。所謂的「面容顯現」
所意指的，並不只是現象而已；面容的顯現是擺脫了對於形式的
洞察，甚至無關乎對於聲音的敏感傾聽。按照《全體性與無限
性》一書，他者並非任何一位交談者，而是一個正義的主宰的典
範性形象。在此意義下，所謂的誇張法即在肯定言語皆是「恆有
所教示的」。誇張法所言，同時是至高的，也是至外的。所謂至
高，就如同前面所述，他的面容呼喚我，有如在西奈山的時候一
般；而所謂的至外，面容對我的教示，不同於柏拉圖〈美濃篇〉
(Meno)所謂的「產婆術」，絲毫不能夠喚醒我任何回憶，分離使得
內在性變得貧瘠。然而，一切的主動全然來自他者，這是用文法
上的「予格」作為尾詞——自我是透過指令而相逢，並且因而能
夠回應，也是以「予格」的方式說：「我在這裡!」在《全體性與
無限性》中的誇張法是聚集高潮於以下的肯定：面容的教示絲毫
不能重建關係對於同與別兩端的優先性，沒有任何的中間物可以
緩和同與別之間的不對稱性。

《有別於存有或超越本質》(*Autrement qu'être ou au-delà de
l'essence*)一書更擴大了誇示法，以致賦予誇示法以極端的性格。

所有一切預先的破壞，都消融了表象、主題、已說的廢墟，以便
超越，朝向能說、或反說(Dédire)的時代開放。正是以此種反說的
名義，才使得「指派責任」不同於開顯的語言及其已說和主題。
正是以反說的名義，指派責任才採用誇示法，走向一種迄今未及
的盈餘領域。如此一來，指派責任可以回溯到一個更古老的過
去，比任何可以回憶的過去更為古老，也因仍可以在現前的良心
當中重新尋回。這是一個超越任何起點、一切原始的指令，對於
元初的否定，名為「反元初」。此外與此種誇示法相關的，就是被
指派責任的存在，它並非任何活動的反面，因此是不同於一個
「不能用先前的承諾得以證成的責任」(Ibid., p. 129)。就此而言，
語言變得更為過度，所謂：「他者佔取心靈」、「他者的迫害」，尤
其是「他者替代了自我」……等等。在此就達到全書最極端的頂
點：「在全體人的控訴之下，全體人的責任演變到被替代的地步，
主體已經變成了人質。」(Ibid., p. 142)或者「自性在沒有同一性的
元初之被動之下，已然成為人質。」(Ibid., p. 145)此種說法在所有
說法裡面是最為過分的，但這種說法之所以會出現在此，主要是
為了預防自我肯定的狡獪的迴轉，某種地下的、偽裝的自由，甚
至直到被指派責任的自我的被動性。誇示法的極端性，對我來說
是極端的假設，甚至是不名譽的，認為他者在此並不是正義的主
宰，就如同在《全體性與無限性》一書中的情形一樣，不再是正
義之主，而是正義的觸犯者；而且就其為觸犯者而言，也仍然要
求原諒和赦免的手勢。毫無疑問的，這正是雷味納斯所願意導引
他的讀者走向的地步。他說，「如果這種開放性的強調，在於對他
者的責任直到替代，在揭露的為他，像他者的顯示，轉變成責任
的為他，這大體上就是本書的主題。」(Ibid., p. 152)實際上，在此

所跨越的是在他性和同一性之間的深淵。他說：「在此必須談論赦免，宛如連結了同一性和他性。」(Ibid., p. 151)

十分弔詭的，正是在「同」這邊的分離的誇示法，似乎引導向在「別」那邊外在性的誇示法的死胡同，除非我們不將由別人走向自我的運動（最道地的倫理運動），和由自我走向別人的運動（屬認識論，一如前述）相互交錯。真正的說來，分離的誇示法所造成難以思考的，正是自性和自我的差別，以及根據開放性和發現的功能來加以定義的自性概念之形成。

然而，外在性的主題並未達到它里程的終點，換言之，喚醒了一種對於他者的召喚負責任的回應，假定了一種接受、分辨和承認的能力。我認為，這些更涉及到另外一種「同」的哲學，而有別於他者的哲學所反駁的。實際上，如果內在性只是根據反駁和封閉的意識來規定的話，為什麼此種內在性從來聽不到一個遙遠的聲音，以致使得它似乎只是一種孤島式的存在。為此，我們必須承認自我有一種接受的能力，來自於一種反思的結構，而這種反思的結構更好藉著對於先前客化之物的重拾來定義，而不是藉著一種起始的分離。除此以外，我們不是也應該在這種接受的能力之上，加上一種分辨的能力和肯認的能力？如果我們也考慮到他者的他性不能綜攝在他者的一個面貌之中，例如一位會教導的老師，而且我們還必須考慮到，在《有別於存有或超越本質》一書當中所提到的「觸犯者」。然而，究竟什麼是他者？如果他者只是一個劊子手，那麼誰會分辨出劊子手和老師，誰會分辨出一位召喚徒弟的老師和一個只會要求奴隸的主人？對於所謂的「老師」，他不也是要求被肯認，尤其是肯認他的卓越性嗎？換句話說，他者的聲音對我說：「你不可以殺」應該變成是我的聲音，甚

至變成是我的信念，這種信念就等同於前面所講的「我在此」和
稱呼名字地回應「我站在這裡」。最後，為了接引「同」朝向「他
者」的開放性，以及將他者的聲音內化在「同」之內，不也正需
要語言帶來溝通的資源，也因此帶來相互性的資源。正如我們在
前幾篇研究中屢次提到的，人稱代名詞的交換所見證的，這種交
換反映出更為徹底的交換，也就是問題與回答之間的交換，其中
角色會不斷的倒換。簡言之，在一個分離的自我與教示的他者之
間，被誤認為絕對的距離的關係之上，不應還有一種交談的關係
嗎？

　　最後，是有關「替代」的主題，這是誇示法的力量的最高
點，並且表現在他性的哲學最強的力道中，我在其中覺察到一種
在《全體性與無限性》裡面所運作的一種回逆的回逆。「指派責
任」是來自於他者的召喚，並且以最為完整的被動性的語詞來加
以詮釋，已然倒反過來變成一種否定的衝力，在其中，自我透過
一種自我抽離的運動，見證了自我的存在。據實而言，若非是一
個不再由分離所假定，而是由其相反者 —— 替代 —— 所假定的
「同」，否則實際上，究竟是誰被他者所佔據？誰是他者的人質？
我在作證(témoignage)範疇中所論及的角色的分配中，發現對此種
對於替代的主題的詮釋的印證。我們看得很清楚，所謂的「作
證」，到底是為誰作證？當然是為「絕對」而作證，也因此是為
「至高者」作證，被稱為「無限者的光榮」，也就是為「至外者」
作證，祂的面容就宛如痕跡一般。就此意義而言，只有為無限者
的作證(*Autrement qu'être ou au-delà de l'essence*, p. 186)。然而，到
底是誰在作證？除非是自性，有別於自我，藉著責任的分派的觀
念來進行作證。雷味納斯說：「所謂自性，就是自我展示的事實，

卻無法採取賓格，而自我則採賓格以支持眾多他者，自性相反於回返自由的自我的確定性。」(Ibid., p. 151)作證就是這種自性的自我展示的真理模態，完全相反於自我的確定性。這種作證是不是大有別於我們前面所謂的見證呢？當然，雷味納斯從來沒有談到自性的見證，因為他以為這種說法會有帶向自我的確定性的嫌疑。不過，透過賓格的角度，第一人稱仍然是間接地相關的，而且文法上的賓格不再是無法採取的。我們重拾前述的語詞，否則會抽離所有替代主題的意義，而雷味納斯是在此主題下討論了作證的主題。

以上將胡塞爾和雷味納斯相互的比較，結果建議我們，在由「同」向「別」的運動，以及由「別」向「同」的運動，兩者辯證性的互補之間，並沒有任何矛盾存在。這兩種運動並不相互取消，因為其中一個運動是在意義的認識論層面展開的；而另一個運動則是在指令的倫理層面展開的。按照第二個層面而言，指派責任就會指向自我指稱的能力，但後者按照第一個層面而言，則會被轉向一切能夠以「我」來自我稱呼的第三人稱。這種在自我和別人之間的交錯，不正在我們前面對於所謂的「允諾」的分析裡面就已經預示到了嗎？如果別人沒辦法信賴我，則我說的話是不是還能夠算數？我是不是還能夠維繫自我呢？

三良　心

「良心」，也就是德文Gewissen的意義，把良心當作是在自性和他性之間辯證的原始形式之所在，就構成了一個佈滿陷阱的工作。

第一個挑戰：如果聲音與召喚的隱喻，似乎在我們先前對於

倫理學的基本概念的研究所藉以組織的概念之上，增加了一個前所未有的面向，這種意義的盈餘，並不必然的具現在類似「好良心」、「壞良心」這類可疑的概念上。此一挑戰使我們有機會試驗一個論題，也就是認為自性的見證是離不開某種懷疑的運作的。

第二個挑戰：假定我們能夠將良心從好的跟壞的良心這些成見的枷鎖中予以解放，良心是不是可以指稱一種有別於我們的存在能力的見證的現象？在此重點在於：面對這種非道德式的有關良心的說法，我們應該如何來精確地描述像聲音的引喻所指稱的命令和歉咎這類現象呢？

第三個挑戰：如果命令或是歉咎構成了良心最終的要求，其中所辨識出來的他性的部分，是不是有別於他者的他性？即使他者的他性是隱藏著的，以致我們先前各篇研究並沒有恰當的予以對待。簡言之，到底是什麼能夠使我們按照「同」與「別」的大類別，來正當地賦給良心的現象一個明確的地位？

第一個挑戰約束我們，使我們不得不透過懷疑之門進入良心的問題。這沒有什麼可以後悔的，因為良心的現象與見證有一種明確的關係。關於見證，我們先前已經說過它交織著真有與假有。真實說來，良心是自我的幻象和見證的真實親密地交織的最佳所在。而懷疑之所在，恰好是針對良心的概念似乎在倫理學主要概念之上，自認為有一種意義的盈餘，這些倫理學的概念諸如：幸福的願望、義務與信念等。無論如何，我們前面處理倫理問題的三篇研究，都是在共同觀念的基礎上來進行的，其中所謂「黃金律」是最引起注意的例子，而無須把良心視為是一個附屬的特例。然而，問題仍在，因為良心雖然並不增加倫理學主要概念的意義，卻把這些概念重新安置在「同」與「別」的辯證之

中，而穿戴上被動性的特殊模態。正是從此種無以比擬的被動性，才使得一個內在於我而且高於我的聲音的隱喻，成為一種徵兆，或是一種指標。

在海德格的《存有與時間》中有一章就名之為「良心」，對於它的分析，我們隨後在考慮第二項挑戰的時候，會以較長的篇幅處理。海德格在此就很恰當地描述了此一區別出良心的「他性」環結。然而，此種他性不能說是無關於自性的構成，卻是與自性的興起密切地相關，因為在良心的催迫之下，自我才能夠在無名無姓的「有人」之上而自我凝聚。良心隱含在自我和有人的對立之間，但並不排除另一種在自我存在和與他人同在的關係，因為一方面「有人」已然是一種與他人同在的不本真的形式；而且，在另一方面，這種撤退到自己的內心深處，就提供給他人以他有權利等待的會面之所在，也就是自性本身。不過，「自性」到底如何有別於「有人」呢？在此就顯現出良心的特性，就好像聲音的隱喻所提示的呼喊、召喚一般。在這種親密的交談之中，自性似乎被召喚了，而且在此意義之下，被以獨特的方式感動了。這種由於他者的聲音而來的感動，有別於柏拉圖所論的「靈魂與自己的交談」，而呈現一種值得注意的不對稱性，吾人可稱之為垂直的不對稱性，存在於召喚者和被召喚的自我之間。良心現象的奧秘所在，就在於召喚的垂直性等同於良心的內在性。

不過，此種現象的不本真性必須以艱辛的方式才可克服，並不真正在於像「良心的聲音」這種話語當中的隱喻性——按照我的意見，隱喻並非唯一真正具有發現能力的——，而是在於要如何反對或批判一些道德化的詮釋，因為後者往往會把隱喻的發現之力加以遮蔽。

　　就在此處，懷疑的考驗是有益的，以便收復聲音的隱喻的發現之力。為了達到這點，我們將要運用一種揭發的力量，這種揭發的力量遠在尼采的奮擊之前，早已回應著黑格爾的責備之聲了。

　　實際上，在黑格爾《精神現象學》討論到「道德的世界觀」的篇幅中，其實是一種對於良心的錯誤詮釋的強烈批判。所謂良心的本真現象，不能夠墮落為對世界的道德觀。隨後，此一有名的批判所屬的第六章的文字，就證明了這點。所謂的「良心」，是緊密的接連著一種更高程度的辯證，其中行動的良心與判斷的良心相對立：所謂的「寬恕」，是來自兩個敵對者在悔認自己的觀點的有限性，並且棄絕了自己的偏失，以致彼此相互肯認。此種寬恕的現象指出良心的最真實的現象。黑格爾對於「道德的世界觀」的批判，就是在這種相互肯認的路途上出現的。

　　值得一提的是：黑格爾此種酸澀的批判，主要是針對完全為了道德辯護而建立的那些設準。在這些設準當中，我們很難辨識出康德在「實踐理性批判的辯證」中所謂的「設準」，更難辨識出康德的形式主義，後者就如同我們在前面所做的，主要是以可普化性的測試來運作。不過，我們也無須為黑格爾的此一建構而感到遺憾，黑格爾的這種建構，是在一些超越、過度、種種誇示等使道德反省得到滋養，甚至一般哲學反省得到滋養的經驗中。除此以外，最重要的，是道德主義所動員的，是一個世界觀。第一個設準實際上是說：道德在要求履行義務，藉以成為真實之時，卻會使得全體的自然遭受無意義的打擊，因為它必須譴責欲望，而欲望正是存在人們之內的自然。第二個設準：由於不能知道在應然和實然之間產生任何和諧性，道德就將滿足的時刻無限地延

期。然而，行動者在實現行動的時候，都是在尋求滿足。最後，第三個設準：由於此世並未被賦予形式和內容的調和，以致後者被安置在另外一個良心之中，也就是一個在世界之外的神聖立法者之中。

我再重複一次，黑格爾在建構康德，甚至費希特的設準的時候，是否扭曲了它們，本是無關緊要的。對我而言，最重要的是該項建構引發了一種拆除的策略，運用在歧義的轉移上，而後者正是《精神現象學》隨後的章節所討論的。實際上，是藉著一種逃脫的運作，良心才從一個別人難以持守的立場中得以解脫，逃離了道德的世界觀的這些設準所遮蔽了的矛盾。如果說，行動的滿足只是一個誘餌，那麼意向究竟應如何維繫其認真？如果說義務的實現毫無止境的逃逸，究竟義務應如何保持是一種應該的存在？如果說和存在界的協調已然交給另外一個世界，自律究竟如何仍然保持是最高的道德原理？於是乎，我們必須帶著一種輕蔑，向虛偽告別；而所謂歧義的轉換，並無法成功地掩蓋此種虛偽。不過，除非到了精神最後的階段，此種批判並無意義。但是精神早已經以否定性的方式，或以言外之意的方式，呈現在歧義的轉換之中了。也就是因為這個緣故，黑格爾才把道德的世界觀、歧義的轉換、美麗靈魂與行動英雄之間的辯證三個階段，及其極成於修好和寬恕的時刻，都安置在自我確定的精神、道德的標題之下。正是由於這種由道德的世界觀的批判，走向良心與自我的確定性的等同，才使得黑格爾的文字只回響著批判之聲，直到尼采，才出現了決定性的霹靂痛擊。

尼采《道德的系譜》的第二篇論文，名為〈墮落、壞良心及其近類〉，其中我只想採取一點，也就是與黑格爾對歧義的轉換的

批判相平行的一點。當然，我們也可以把在尼采的批判中「系譜學」的運作，與在黑格爾的批判中「目的論」的運作，相互對立；然而，在這兩種批判中具有一種深沉的關係，這點尼采本人也承認。他把「壞良心」當作是虛偽的詮釋，而把他自己的「偉大的無邪」觀念稱之為本真的詮釋。當然，在尼采那裡，透過系譜學的方法而訴諸於強的生命、弱的生命等，究竟是否能達到一種徹底解碼的最終指涉？究竟在他的詮釋中，是否有一些字面的意義與轉喻的意義相對立？這些都仍然是問題。

尼采的文章當中，似乎留下了一個較為中性的良心概念的空間，就在於他所頌揚的「承諾」，後者正與「遺忘」相對。尼采認為「遺忘」是一種主動禁止的能力；而承諾則是一種力量全然正面的能力。

不過，在這種自我主宰——這種回憶術——之後，有一個很長的轉折和扭曲的歷史。這一點是與第三篇論文論及教士們的作惡時所涉及到的一種克己主義是共同的。因此，如果說道德意識本身要求我們有所警覺，而壞良心則是走向全盤的拆解，其中引起在德文裡面意義濃厚的一些同義語，像「墮落」(Schuld)、「債務」(Schulden)、「報復」(Vergeltung)。在某種意義而言，這樣的世界是一個討債者和欠債者的清楚的世界；但在另外一個意義之下，則是忿怒和報復的幽暗的世界。因為一個討回債務最原始的方式，就是施欠債者以暴力，所以尼采說：「補償就代表了一種走向殘酷的邀請和權力。」(*Généalogie de la morale*, p. 258)「如果沒有殘酷，就沒有節慶。這就是人最古老、最長遠的歷史所教示我們的——而且在懲罰當中，也有多少歡悅。」(Ibid., pp. 256–260)

我們是否該對尼采這種權威性的口氣感到印象深刻？他自認

為發現了「根源的家」,「道德概念世界的源起」(Ibid., p. 258)。尼采所謂的「在一切時間當中都存在著的,而且都可能再度更新」的原初時間究竟如何?我敢說這是多麼奇怪的一種溯源學,其中史前史與未來是相互交換的。我們是否該輕信尼采對於嚴苛訓練的殘酷所賦予完滿意義的痛苦的稱讚呢?重點在對於任何的動物的訓練,與「自由意志」和「人在善與惡中的絕對自發性」無關(Ibid., p. 262)。這些善與惡是哲學家最為不祥和霉氣的發明。這是尼采最反笛卡爾、反康德的要點,他把懲罰陰霾的複雜性,和債主與欠債者關係表面的單純性,兩者加以混淆了。在這一切當中,最重要的是它的爭議性,是透過系譜學的方法操作的一種顛覆,欲透過溯源學的武器,來摧毀目的論。討論源頭,也就是廢止目標及其所主張的理性。因為處罰並沒有可理解的目標,而是出自一種陰霾的源頭。

在此,尼采的文字所伸展的陷阱,是一種新的獨斷論,也就是在第12節所命名的「強力的意志」的獨斷論(Ibid., p.270)。我們當然也不會忽略,在提出「強力的意志」的名稱時伴隨的評論,說是:源頭的流動性是與目的、終點所假定的固定性相對立,這是一種嶄新詮釋的契機,一種修正。後者並反過來,證明了隨後在處罰上所加增的意義。尼采甚至慷慨地提出十多種處罰可以按照完全不同的目的而獲得詮釋和安排的方式。然而,在各種有用性的增益 —— 這正是弗洛依德意義下的多重決定 —— 不正是會反回來反對尼采在《道德的系譜學》第二篇論文,12節到25節當中所強加給讀者的一種生物的獨斷論?

我在本研究當中,並不願意對尼采在該論文當中最後所宣稱的「二度的無邪」的意義和機會加以評論,而且該觀念有全部尼

采的作品的支持。然而，對我來講，在此唯一重要的是，懷疑的召喚的力量，這早在黑格爾中已經隱含了，而在尼采中更加以顯態化。由於懷疑，使得良心等同於壞的良心。為了打破此種等同，較壞的解決是將壞的良心稱為好的良心。這種由贊成到反對的倒反，仍然是同一個循環的問題的俘虜，也就是對尊嚴的喪失的證明與判斷，讓位給了自我成義和自我光榮。

　　為了跳出好良心與壞良心的毒性循環，有必要將良心的現象無須任何道德的條件而附屬於見證的核心現象，而懷疑正是見證的另一面。現在問題就變成：我們用以作為出發點的，關於自性的見證，是以什麼樣的特徵，能以新穎的方式貢獻於「同」與「別」的辯證？這就是我們的研究與上述第二個挑戰的相遇，我們可簡稱為「良心的非道德化」。

　　把良心從好良心與壞良心的不當對立中擺脫出來，這點在海德格《存有與時間》的第二部分論及良心的章節裡，曾提出最為極端的公式，可以攝要為這一句話：「一個本真的存在可能性之見證，是由良心所給予的。」我們本節的討論是以聲音的隱喻來提出良心，這點應歸功於海德格的啟動，因此我們對海德格越應加以注意。良心所見證的這種存在的可能性，一開始的時候並不是由任何一種區別善惡的能力所標示的，我們可以說，良心按其本身是超越善惡的。我們在此所預見的，是對於新康德派的價值思想，以及謝勒(M. Scheler)在《價值的實質倫理學》一書中的價值思想加以爭論的結果。在此有中來強調存有，就好像是在召喚中辨識出某種原初的倫理力量。實際上，當我們考慮此種召喚的內容和源起的時候，除了在存在的可能性所稱呼的一切以外，並未宣示出其他什麼來。良心什麼也不會說，沒有任何吵鬧，也沒有

任何訊息，只是一種沉靜的呼喚。至於呼喚者，不是別的，正是此有本身。海德格說：「在良心中，此有召喚自己。」這點毫無疑問的，正是海德格的分析中最令人訝異的環節。也就是在此有完整的內在於自己之中，海德格辨認出一種超越性的地位。他說：「呼喚，毫無爭議的，並不是來自與我一同在世的他者，召喚是來自於我，然而超越過我。」

如果我們自限在這些說法裡，我們看不出對於良心的分析到底對存在的可能性的分析增加了些什麼？至多只有良心所給予的見證的原初性和本真性；其新穎性就在於對外來性的解釋，使得良心能納入「同」與「別」的辯證之中。聲音的外來性與被投置的存有者墮落的條件，兩者之間有一種很奧妙的關連。實際上，此有就是被投置在存在當中，與被召喚的存有者相關的被動性、非主宰性、接受性等，導向了一種對於虛無性的沉思。換言之，也就是在世存有就其全然的實然性來考慮時，其所受到影響具有徹底的非選擇性。

稍後海德格引進的「歉咎」，也並沒有恢復此種外來性以任何倫理的內涵。在「歉咎的存有者」一概念中，重點是放在「存有」上。海德格說：「在此最重要的是，歉咎是作為有如我存在的謂詞而興起的。」海德格透過如此對於歉咎的存有論的強調，有別於「歉咎」觀念一般常識性的意義──也就是對某人的歉咎，某人就其為欠債者而言，必須負責任之意；最後說來，認為與別人的共在是公共性的。就是在此，海德格想將其還原到共同的部分。存有論監視著倫理學的門檻。海德格將倫理學的要求加以拆解，首先基礎地探討了此有的歉咎的存有，也就是首先對一種存有的模態加以探討。如此一來，就將俗人所謂的「歉咎」的現象

排除在外，後者卻是關切到別人，與別人共在相關的。由此可見，歉咎的存有並不是來自於欠某人的債；而是，相反的，如果在這裡面揭露了某種缺失，那並不是惡，或是雷味納斯所講的「戰爭」，而是一種在所有倫理之先的存有論，「一種虛無性的存有基礎」。我們再也不能夠清楚的以倫理學為優先：「如果原初歉咎的存有不能被道德性所決定，則可以說道德性本身假定了歉咎的存有。」不幸的，海德格並沒有指出，我們怎樣能夠走完從存有學到倫理學的相反途徑；然而，這正是在第59節，海德格與良心的世俗說明爭辯之時所預示的。在此意義之下，見證產生了某種規範，至少是作為對常識的批判。其結果是一種與我們前面所運用的語詞相類的，對好良心與壞良心的批評。首先是「壞良心」觀念浸染的一些世俗性，此種觀念事實上是來得太遲了，是延期發生的，它缺乏在掛念中內在的展望性。因此從悔過，從痛悔當中沒有什麼可以抽引出來的。至於說「好良心」，則被當作是偽善而排除掉了，因為到底誰能夠說：「我是好的」呢？海德格甚至也不願意談論「良心」作為一種勸告、通知，他的奇怪論證是說：免得良心變成人們的俘虜。在這一切當中，海德格對於常識的批判十分相近於尼采《道德的譜系學》。在此，康德的義務論、謝勒的價值論都被拋棄了，並且，在此種運動中，良心的批判功能也被拋棄了。這一切都停留在「掛念」的範圍中，但卻缺少了最為核心的現象，也就是朝向最屬己的可能性的召喚。在此，見證其實就是一種理解，但不能夠化約為對某物的知識。見證的意義現在被蓋上印記了：「一種朝向歉咎的存有而激發的召喚」。

　　說真的，有關「良心」的最後結論尚未說出。在「見證」和「決斷」之間所肯定的關係，似乎將良心的概念帶領到倫理的領

域了。就這一方面而言，我們辨識出在決斷和走向死亡的存有之間的關連。決斷所真正帶來的，實際上是指向「全體存有」的意向被蓋上「走向死亡的存有」的印記。由此一概念走向彼一概念，是透過「意願擁有良心」一語所表達。也因此，最後的結語是：「在遲疑中且隨時傾向焦慮的自我投射，走向最屬己意義的歉咎的存有——我們將之稱為決斷。」我們可以注意到，海德格保留「行動」的辭彙到什麼地步。所謂「行動」對他而言，似乎或是被動的相反詞，而「被動」也是被投置的存有所控訴的；或是理論的相反詞，而理論則將「此有」的全體統一性分割為「區別的行為」。反過來說，「良心—見證」是安置在真理的問題意識之中，而在其中作為開放和揭露：「從此以後，決斷所克服的，是此有最為原初的真理，因為它是最為本真的。」不過，一旦與別人的要求和一切道德的規定分離，則決斷與其所呼應的召喚一般，依然不明確。於是，有這麼一段話：「讓自己被召喚，走出在人們中的迷失。」至於行動的指向，基礎存有論可以保存以下的命題：「在決斷當中，有益於此有屬己的存有可能性發展，而後者就其為被投置者而言，也只能向確定的實然的可能性自我投置。」這樣讀起來，好像海德格這位哲學家要將讀者帶往一道德的情境主義，而這只為了填滿一種不確定的召喚的沉默罷了。

　　對於良心的此種非道德化，我願意從反面提出另一種概念，將指令的現象與見證的現象緊密的相連結。指令的存在構成了良心現象中「他性」的環節，而與聲音的隱喻相符。傾聽良心的聲音，就意指著他者指令的存在，於是證成了歉咎的觀念，後者被海德格太早加以存有論化，以致犧牲了歉咎的倫理向度。如此一來，怎麼會不重新掉落在好的和壞的良心的陷阱當中，而這正是

黑格爾、尼采和海德格每一個人以自己的方式要警告我們加以避
免的。前面對於法庭的隱喻所說的話，可以導引我們走出一條
路，不正是因為道德的階段從「倫理—道德—信念」三連環中被
分離出來，然後又被加以實體化，才使得良心的現象相對的被貧
乏化了，以致聲音開展性的隱喻被法庭悶窒性的隱喻所遮蔽。事
實上，安置在我們前三篇研究當中的整個三連環，在此已經藉著
他性的概念重新詮釋過了。「我」是被召叫去在正義的制度當中，
與別人且為了別人而妥度善的生活，這就是第一條指令。不過，
按照我們前面所曾引述的，借自羅森揣格(F. Rosenzweig)在《救贖
之星》第二書中所說的話，這只是一種命令的形式，但仍然不是
一條法律。此一命令，如果我們能夠就這樣稱呼它的話，已經在
舊約中的〈雅歌〉的音調中被聽到了，它就在愛人向其所愛的要
求中——「你愛我吧!」也正是因為暴力玷污了互動關係，反而贊
成行動者對其行動的承受者所運作的宰制權力，才使得命令變成
了法律，而法律變成了禁令:「你不可殺人」。也就在此時，才產
生了良心和義務之間的短路，更不必說在良心和禁令之間的短
路，才導致將良心的聲音化約為法庭的裁決。此時，我們不應該
停止從禁令的指令重溯到善度生活的指令。但這並不是一切，不
應該將倫理的軌跡停止在禁令上，卻應該繼續加以追索，直到在
情境當中的道德選擇。在此時，指令就重新接合上信念的現象。
我們已經看過，黑格爾是將信念停限在主觀道德的領域，這並不
是錯誤，如果我們注意到，在前面所謂行動的悲劇當中，個人都
是孤獨地抉擇的。良心在與信念等同之時，就說出了被動性的一
面:「這就是我所堅持的，我不能不這樣做。」不過，如果我們願
意跟隨前面有關在情境中抉擇的倫理的論證，則信念的環節並不

能夠替代規則的證驗。信念是在衝突的了結中浮現，而所謂「衝突」，意指義務的衝突。此外，「信念的環節」，按照我的看法，是標示出一種對倫理學上尚未開展的資源的訴求，雖然超過道德，但卻必須經過道德。這就是為什麼在前面我們相信能夠訴求於亞里斯多德所謂「實踐之知」(phronesis)最獨特的特徵，以便能透過命令的層面，將信念與倫理的基礎相連結。此時怎麼能夠不呼應海德格的呼籲，而由高達美所重提，也就是當前者評註亞里斯多德倫理學時所說的：「所謂實踐之知，正是良知。」然而，如果我們記得「實踐之知」的定義包含了選擇「講理」(phronimos)的正確規則，那麼我們就不能像海德格在《存有與時間》中那樣說：「良知的聲音什麼也沒說，而只限於將此有遣送到其最適切的存在可能性而已。」良心，作為見證和指令，意指著此有此種最適切的可能性，原初就是經由選擇善度生活所結構的。而此一選擇又以第二序的方式，統攝著尊重的命令，並接合上在情境當中道德判斷的信念。如果是如此，則受令的存有的被動性，就在於倫理的主體在面對以第二人稱向他召喚的聲音，因而處在的傾聽的情境當中。在選擇善度生活，其後禁止殺生，再其次需得在情境當中作適當的抉擇，在這其中發現自己被以第二人稱召喚，也就是說，辨識出自己接受的命令必須在正義的制度當中，以及在身為願望的攜帶者而自尊當中，與別人並且為了別人而度善的生活。因此，他者的他性，在大類別的辯證層面上，正是此一接受指令的特殊被動性的對立面。

　　現在，對於此一他者的他性還有些什麼可以再多說的呢？就在此時，我們面對了此一冥想所提出來的第三個挑戰。此一他者，無論如何不正也是個他人嗎？海德格將召喚的他性降格為陌

生，成為被投置的存有的虛無性，無論其為墮落或為跌倒，終究是將良心的他性還原到我們論及身體時所討論的「在世存有」的概念上。然而，將指令的他性和他者的他性相接近的誘惑，也是十分地強烈。

將良心看成是他人意義下的他者的聲音，黑格爾卻叫我們去思考：良心的命運是與精神的兩個局部面貌的協調相關連的，也就是判斷的良心與行動的良心。因此，良心的雙重性現象，穿透了全部《精神現象學》，從對他人的欲望作開始，穿越過主人和奴隸的辯證，一直到美麗靈魂與行動英雄的雙重面貌。不過，很重要的是，最後的協調倒使我們困惑了，究竟「承認在他者中看見自我」(*Phénomenologie de l'esprit*, traduit par J. Hyppolite, p. 198)的他者，其同一性為何？寬恕不正標示了走進宗教領域的入口嗎？黑格爾在寫以下這段話時，又讓讀者懸疑未決：「和解這個詞，就是這樣一種實際存在的精神。這種精神在它的對方中，亦即在作為絕對存在與其本身的個別性的那種純粹自身知識中，直觀地認識到作為普遍本質的那種純粹自身認識 —— 這種精神就是一種相互承認，也就是一種絕對精神。」(Ibid., p. 198)黑格爾這位精神哲學家，在此將我們留置在懸疑之中，在人學的解讀與神學的解讀的半途中。

他者在良心的現象當中的地位的此種終極的歧義性，或許正有必要在最後加以保存。它在弗洛依德的後設心理學中，以一種清楚的意義，並且屬於人學的單義性來加以切割了：道德的良心變成是超我的另一個名稱；至於超我則（被沉澱了、遺忘了，甚至一大部分被壓抑了的）等同於雙親或祖先的形象。心理分析在科學性的層面上結合了許多民間的信仰，認為祖先的聲音繼續在

活人當中被聽到，也因此，不但保障了智慧的傳衍，也保障了智慧在每一階段被親密地接受。這個可以稱為世代性的層面，是指令的現象與歉咎的現象不可否認的構成因素。

對於這種遺傳學的解釋，雖然在其本身而言是正當的，但我們仍可以加以反對，指出它完全不能窮盡指令的現象，更不能窮盡歉咎的現象。一方面，如果自我並不是原初地以接受超我的沉澱的結構而構成的，則祖先的聲音的內化將是不可思議的；而自我，就其為原初的個體，甚至都不能扮演媒介的角色或傳承的角色；而弗洛依德則承認自我在本我、超我和外在實在這三個相互爭吵、要求自我服從的主人當中，具有傳接的角色；傾向於在指令的模態上接受影響，這點似乎構成了自我認同的經驗現象的可能性條件，而後者人們太容易的就賦予它以透明性。另一方面，良心的世代模式，揭露出另一個更難解答的謎。祖先的形象遠超過我們對父母形象的熟悉或不熟悉，引發了一種無窮後退的運動，在其中，他者逐步地，一代一代地，喪失了他起始時的熟悉性。祖先脫離了表象的體制，正如同他在神話和崇拜儀式中所證明的。一種獨一無二的哀傷，連結了生者和死者。此種哀傷就反映出我們最後所轉向的循環：祖先若不是以法律的特權關係，而法律正如祖先一樣古老、無法追憶，除此之外，將從何處獲取其聲音的權威性呢？因此，指令是先於自身而存在，透過祖先的介入，而祖先則是他者世代性的形象。

以上對於弗洛依德的超我所說的──弗洛依德以超我為祖先在我的腦海中迴響的話語──就導向此一針對良心的他性所作的默想的結論。我的結論特別著重在由雷味納斯的作品所導致的，將良心的他性化約為他者的他性的作法。他不同於海德格哲學，

後者將歉咎的存有還原到在世存有的實然性所關連著的陌生性，雷味納斯卻相對的提出，將良心的他性對稱地化約為在面容中顯示的他者的性。就此意義而言，雷味納斯的他性，沒有別的，就是此種外在性。一切他性的典範，就是他者，在海德格的陌生性和雷味納斯的外在性的選擇之外，我另外堅持地提出：受指令的存有作為自性的結構，並將之視為構成第三個模式的他性最原初和最原始的特徵。

為了證明此一第三模態的他性的不可化約的特徵，一方面在考慮不同脈絡的同時，我將重提我對於弗洛依德針對超我所提的世代性的解釋的反對意見。一方面，如果他者的指令不是與自我的見證緊密結合的，該指令就失去其指令的特性，因為它缺少了一個被指令的存有者的存在，無法以回應者的身分面對該項指令。如果我們排除了這種自我承受的向度，就會將良心的超越範疇變成是多餘的了，只要有他人就足夠了。對於海德格，我提出的反對意見是：見證在原初而言，就是指令；否則見證將會失去一切倫理或道德的意義。對於雷味納斯，我所提出來的反對意見是：指令是原初的見證，否則指令將不會被接受，而自我將不會以受指令的存有者的模態接受影響。自我的見證和來自他者的指令的深刻的統一性，證明了在大類別的層次中，他性的模態，與在現象學層面中，良心的受動性兩相對應，且具有不可化約的特殊性。

另外一方面，我們與雷味納斯分享的信念，認為他者是指令不得不經過的途徑。不過，我仍然要強調，雖然雷味納斯毫無疑問的一定不同意，也就是必須在他者的地位純屬哲學的層面中，維持某種的歧義性。當然，雷味納斯堅持不能將良心的他性化約

為他人的他性。當然，雷味納斯也說：面容正是他者的痕跡。痕跡的範疇似乎一方面糾正，一方面也補充了「顯容」(epiphanie)的範疇。也許哲學家就其為哲學家而言，必須承認他在此有所不知，也不能說此一他者作為指令的來源，是否是我所能面對或擺脫的一位他人；或是我毫無表象可言的祖先，而我對他們的欠債構成了自我本身；或是作為一個活生生的上帝，一個不臨在的上帝；或是一個空虛的位置。對於這一個他者的難題，哲學的言論必須終止於此。

四、結　語

請允許我用蘇格拉底的嘲諷口吻來作結論。我們是不是應該將三重被動性的偉大經驗拋棄在這種分散的狀態中呢？——對己身的經驗、對他者的經驗、對良心的經驗，此三者在大類別的層面上引進了三種模態的他性。對我而言，此一分散的狀態完全符合「他性」的觀念本身。請允許我再重複柏拉圖〈巴爾曼尼德斯篇〉所言，而不再讓我自己再前進到默觀的森林中冒險，唯有一個不同於己的言說，才適合於他性的後設範疇，否則，他性將會自我取消，而變得等同於自己了……。

呂格爾年表

1913年　2月27日呂格爾出生於法國瓦朗市(Valence)，取名若望保祿・古斯塔夫・呂格爾(Jean-Paul Gustav Ricoeur)；同年9月喪母，呂格爾與姐姐由父親撫養。

1914年　第一次世界大戰爆發。

1915年　呂格爾父親被徵召入伍，在馬恩戰役中陣亡。呂格爾和姐姐成了「國家孤兒」，由祖父母扶養，住在恆恩市(Rennes)，並在此受教育。

1933年　自恆恩大學畢業。

1934年　獲恆恩大學文學碩士，10月赴聖布里厄(Saint-Brieuc)中學任教。獲國家孤兒獎學金，赴巴黎第四大學索爾朋(Sorbonne)上課，準備教師資格考試。

1935年　通過教師資格考試，與西儂妮(Simone)結婚，遷到阿爾薩斯的科爾瑪(Colmar)教哲學，開始學習德文。

1936年　呂格爾被徵召在步兵營服役。

1937年　退伍，到羅連特(Lorient)中學，一面教書，一面開始寫評論文章。

1939年　為研讀現象學，赴慕尼黑大學德語暑期班學習德文。希特勒佔領波蘭，英、法向德宣戰。呂格爾趕回法國，入伍抗

德。

1940年　呂格爾在馬恩附近慘烈戰役中，投降德軍，被擄往波美拉尼亞(Pomerania)集中營。

1943年　呂格爾在集中營裡取得胡塞爾《純粹現象學觀念第一冊》(*Ideen I*)，開始研讀並著手翻譯，後來自集中營釋放後完成譯註，成為其國家博士小論文。集中營開設大學程度的授課活動，呂格爾講授內容後亦成為國家博士大論文《意志與非意志》(*Le Volontaire et l'involontaire*)一書的張本。

1945年　加拿大軍隊解救了呂格爾等人，交給英軍載到火車站送回法國，結束五年俘虜生活。呂格爾返回家鄉，首次見到五歲女兒諾愛爾(Noëlle)。其後到桑朋(Chambon sur Lignon)的一所中學教書，認識美國教友派信徒(Quakers)，種下1954年赴美國東岸講學因緣。

1947年　呂格爾與杜芙蘭(M. Dufrenne)一起出版《雅斯培與存在哲學》(*Karl Jaspers et la philosophie de l'existence*)一書。

1948年　呂格爾出版《馬賽爾與雅斯培》(*Gabriel Marcel et Karl Jaspers*)。同年轉往史特拉斯堡大學(Université de Strasbourg)接希波利(J. Hyppolite)的教席。在此八年期間，是呂格爾自認一生最快樂幸福的時光。呂格爾和古思鐸夫(G. Gusdorf)組織一個禮拜天下午的討論會，一起喝咖啡，討論哲學、政治、時事與宗教等。

1950年　出版《意志的哲學》(*Philosophie de la volunté*)的第一冊《意志與非意志》(*Le Volontair et l'involontaire*)與胡塞爾的《純粹現象學觀念第一冊》譯註。

1954年　應美國教友派基督徒邀請，赴費城魁克學院(Quakers College)講學。

1955年	出版《歷史與真理》(*Histoire et verité*)。
1957年	轉任法國巴黎第四大學索爾朋(Sorbonne)教授，擔任普通哲學講座。
1960年	出版《意志的哲學》第二冊《有限性與有罪性》(*Finitude et culpabilité*)，計分兩部，第一部〈會犯錯的人〉(L'Homme faillible)、第二部〈惡的象徵〉(La Symbolique du mal)。
1965年	出版《論詮釋：弗洛依德專論》(*De l'interprétation: Essai sur Freud*)，因而與拉岡(J. Lacan)結怨。
1966年	與格拉班(P. Grapin)、包覺(J. Beaujeu)籌辦巴黎大學南特校區（其後的巴黎第十大學）。呂格爾邀杜芙蘭合創該校哲學系，並邀雷味納斯(E. Levinas)、杜美里(H. Dumery)、匹克(S. Zac)等人來系任教，使該系陣容強大。
1968年	法國由巴黎大學南特校區開始，爆發五月學潮，且越演越烈。
1969年	出版《詮釋的衝突：詮釋學論文集第一冊》(*Le Conflit des interprétations: Essais d'herméneutiques I*)一書。
1970年	4月，呂格爾辭校長職，並申請暫時離校三年。應比利時魯汶大學高等哲學院院長賴醉葉邀請，赴該校任教。同年開始赴美國芝加哥大學講學，接任田立克(Paul Tillich)的約翰‧紐文講座(John Nuveen Chair)。
1973年	返回南特大學，該校已改制為巴黎第十大學。
1975年	出版《活喻》(*La Métaphor vive*)一書。
1980年	呂格爾從巴黎第十大學退休。
1983年	出版《時間與敘事》第一冊(*Temps et récit*, Tome I)。

1984年　出版《時間與敘事》第二冊《文學敘述中的形構》(*Temps et récit*, Tome II, *La configuration dans le récit de fiction*)。

1985年　出版《時間與敘事》第三冊《敘事的時間》(*Temps et récit*, Tome III, *Le temps raconté*)。

1986年　呂格爾接受愛丁堡大學的邀請，於2月前往主持紀福講座 (Gifford Lecture)，講學內容大加增訂之後於1990年出版。幼子奧利維自殺。同年出版《由文本到行動：現象學論文集第二冊》(*Du texte à l'action. Essais d'herméneutique II*)、《現象學派》(*A l'école de la phénoménologie*)與《意識型態與烏托邦授課錄》(*Lectures on Ideology and Utopia*)等書。

1990年　出版《自我宛如他者》(*Soi-même comme un autre*)。

1991年　出版《閱讀Ⅰ：環繞政治》(*Lecture I: Autour du politique*)。

1992年　出版《閱讀II：哲學家的國度》(*Lecture II: La Contré des philosophes*)。

1994年　出版《閱讀III：在哲學的邊境》(*Lecture III: Aux frontières de la philosophie*)。

1995年　出版《論正義》(*Le Juste*)、《批判與信念》(*La Critique et la conviction*)等書。「活的哲學家圖書館」出版《呂格爾的哲學》(*The Philosophy of Paul Ricoeur*)。

1998年　與拉歌克(A. LaCocque)聯合出版《思考聖經》(*Penser la Bible*)一書。

參考書目

一、呂格爾著作

Ricoeur, P., et Dufrenne M., *Karl Jaspers et la philosophie de l'existence*, Préface de K. Jaspers (Paris: Seuil, 1947).

Ricoeur, P., *Gabriel Marcel et Karl Jaspers, Philosophie du mystère et philosophie du paradoxe* (Paris: Temps Present, 1948).

Ricoeur, P., *Philosophie de la volonté, I, Le Volontaire et l'involontaire* (Paris: Aubier Montaigne, 1950).

Husserl, E., *Idées directrices pour une phénoménologie*, Traduction avec introduction et notes de P. Ricoeur (Paris: Gallimard, 1950).

Ricoeur, P., *Histoire et vérité* (Paris: Seuil, 1955).

Ricoeur, P., *Finitude et culpabilité*, Tome I, *L'homme faillible* (Paris: Aubier-Montaigne, 1960).

Ricoeur, P., *Finitude et culpabilité*, Tome II, *La Symbolique du mal* (Paris: Aubier-Montaigne, 1960).

Ricoeur, P., *De l'interprétation: Essai sur Freud* (Paris: Edition du Seuil, 1965).

Ricoeur, P., et Marcel, G., *Entretiens Paul Ricoeur-Gabriel Marcel*

(Paris: Aubier, 1968).

Ricoeur, P., *Le Conflit des interprétations. Essais d'herméneutique* (Paris: Seuil, 1969).

Ricoeur, P., *La Métaphor vive* (Paris: Seuil, 1975).

Ricoeur, P., *Interpretation Theory. Discourse and Surplus of Meaning* (Texas: Texas Christian University, 1976).

Ricoeur, P., *Hermeneutics and the Human Sciences, Essays on language, action and interpretation*, edited, translated and introduced by J. B. Thompson with a response by P. Ricoeur (Cambridge: Cambridge University Press, 1981).

Ricoeur, P., *Temps et récit*, Tome I (Paris: Seuil, 1983).

Ricoeur, P., *Temps et récit*, Tome II, *La configuration dans le récit de fiction* (Paris: Seuil, 1984).

Ricoeur, P., *Temps et récit*, Tome III, *Le temps raconté* (Paris: Seuil, 1985).

Ricoeur, P., *Lectures on Ideology and Utopia* (New York: Columbia University Press, 1986).

Ricoeur, P., *Soi-même comme un autre* (Paris: Edition du Seuil, 1990).

Ricoeur, P., *Lecture I. Autour du politique* (Paris: Seuil, 1991).

Ricoeur, P., *Lecture II. La Contré des philosophes* (Paris: Seuil, 1992).

Ricoeur, P., *Lecture III, Aux frontières de la philosophie* (Paris: Seuil, 1994).

Ricoeur, P., *La Critique et la conviction*, Entretiens avec François Azouvi et Marc de Launay (Paris: Calmann-Lévy, 1995).

Ricoeur, P., *Le Juste* (Paris: Esprit, 1995).

Ricoeur, P., *Intellectual Autobiography*, in *The Philosophy of Paul Ricoeur*, The Library of Living Philosophers, edited by L. E. Hahn (Chicago: Open Court, 1995).

Ricoeur, P., & LaCocque, A., *Penser la Bible* (Paris: Seuil, 1998).

二、其他著作

Aristotle, *The Complete Works of Aristotle*, edited by Jonathan Barnes, Volume I & II (Princeton: Princeton University Press, 1984).

Auerbach, E., *Mimesis, Dargestellet Wirklichkeit in der abendlandischen Literatur* (Bern: C. A. Francke A G Verlag, 1946).

Augustinus, St., *Confessions*, translated by R. S. Pine-Coffin (London: Penguin Classics, 1961).

Barthes, R. *Introduction a l'analyse structural des récits*, in *Communications* N°8, Le Seuil, Paris, 1966.

Benveniste, E., *Problèmes de linguistique générale I* (Paris: Gallimard, 1966).

Bouchindhomme, Ch., & Rochlitz, R., edited, *"Temps et récit" de Paul Ricoeur en débat* (Paris: Cerf, 1990).

Bremond, Cl., *Le Message narratif*, in *Communications* N°4, Le Seuil, Paris, 1964.

Bremond, Cl., *La logique des possibles narratifs*, in *Communications* N°8, Le Seuil, Paris, 1966.

Cassirer, E., *Philosophy of Symbolic Forms*, trans. R. Mannheim (London: Yale University Press, 1953).

Dalbiez, R., *La Méthode psychanalytique et la doctrine freudienne*

(Paris: Desclée de Brouwer, 1936).

Descartes, R., *Meditationes de prima philosophia*, ed. C. Adam et P. Tannery, traduction fr. T. IX (Paris: J. Vrin, 1973).

Dosse, F., *Paul Ricoeur, Le sens d'une vie* (Paris: La Découverte, 1997).

Dufrenne, M., *Phénoménologie de l'expérience esthétique* (Paris: PUF, 1953).

Dufrenne, M., *La Personalité de base. Un concept sociologique* (Paris: PUF, 1953).

Dufrenne, M., *Esthétique et philosophie*, Tomes I, II, III (Paris: Klincksieck, 1967, 1976, 1981).

Frege, G., *On Sense and Reference*, trans. Max Black, in *Translation from the Philosophical Writings of Gottob Frege*, Peter Geach and Max Black (eds.) (Oxford: Basil Blackwell, 1970).

Freud, S., *The Interpretation of Dream*, translated by J. Strachey (New York: Penguin Books, 1976).

Gadamer, H.-G., *Wahrheit und Methode: Grundzüge einer philosophischen Hermeneutik* (Tubingen: Mohr, 1990).

Geertz, Cl., *The Interpretation of Cultures* (New York: Basic Books, Inc., 1973).

Goodman, N., *Language of Art, An approach to a theory of symbols* (Indianapolis: Hackett, 1976).

Greimas, A. J., *Sémantique structurale* (Paris: Larousse, 1966).

Greimas, A. J., *Du sens, Essais sémiotiques* (Paris: Le Seuil, 1970).

Greimas, A. J., *Sémantique structurale* (Paris: Larousse, 1966).

Greisch, J. et Kearney, R., edited., *Paul Ricoeur: Les Métamorphoses de la raison herméneutique* (Paris: Cerf, 1991).

Heidegger, M., *Sein und Zeit* (Tübingen: Max Niemeyer Verlag, 1972).

Heidegger, M., *On the Way to Language*, translated by P. D. Hertz (San Francisco: Harper & Row, 1971).

Husserl, E., *Ideas: General Introduction to Pure Phenomenology*, translated by W. R. Boyce Gibson (London: George Allen & Unwind Ltd., 1931).

Husserl, E., *Ideen II* (The Hague: Martinus Nijhof, 1952).

Kearney, R. edited, *Paul Ricoeur: The Hermeneutics of Action* (London: Sage Publications, 1996).

Langer, S., *Philosophy in a New Key* (New York: New American Library, 1951).

Levinas, E., *Totalité et Infini, Essai sur L'éxtériorité* (La Haye: M. Nijhoff, 1974).

Lévi-Strauss, Cl., *Anthropologie Structurale* (Paris: Plon, 1958).

McIntyre, A., *After Virtue* (Notre Dame: University of Notre Dame Press, 1981).

Nietzsche, F., *Oeuvres philosophiques complètes*, Tome XII (Paris: Gallimard, 1977).

Plato, *Oeuvres Complètes*, Volume 1 & 2 (Paris: Pleiade, 1950).

Propp, V., *Morphology of the Folktale* (Bloominton: Indiana University Press, 1958).

Reagan, Ch., *Paul Ricoeur, His Life and His Work* (Chicago: The University of Chicago Press, 1996).

Roudinesco, E., *Histoire de la psychanalyse*, Tome I (Paris: Le Seuil,

1986).

Roudinesco, E., *Jacques Lacan, Esquisse d'une vie, histoire d'un système de pensée* (Paris: Fayard, 1993).

Roudinesco, E., *Paul Ricoeur, Le Sens d'une vie* (Paris: La Découverte, 1997).

Scholes, R., & Kellogg, R., *The Nature of Narrative* (New York: Oxford University Press, 1966).

Strawson, P. F., *Individuals: An Essay in Descriptive Metaphysics* (London: Methuen, 1964).

Taylor, Ch., *The Ethics of Authenticity* (Cambridge: Harvard University Press, 1991).

Winch, P., *The Idea of a Social Science* (London: Routledge and Kegan Paul, 1958).

人名索引

A

Adam 亞當　55, 60, 61, 62, 63, 64, 85, 163, 164

Antigone 安提崗妮　100

Arendt, H., 阿蓮忑　21, 22, 32

Aristotle 亞里斯多德　10, 11, 24, 41, 44, 71, 83, 86, 104, 109, 110,
　　111, 112, 113, 117, 118, 130, 131, 134, 135, 136, 138, 140, 141,
　　144, 147, 151, 152, 174, 175, 181, 182, 183, 194, 196, 197, 199,
　　200, 201, 202, 203, 204, 205, 206, 209, 210, 211, 212, 213, 215,
　　231, 256

Aron, R., 阿宏　26

Auerbach, E., 歐爾巴哈　104

St. Augustine 聖・奧古斯丁　67, 71, 132, 134, 138, 157

Austin, J. L., 奧斯丁　198

Azouvi, F., 阿祖維　4, 16

B

Bachlard, G., 巴虛拉　26

世界哲學家叢書 (一)

書　　　　　　　名	作　　　者	出　版　狀　況
孔　　　　　　　子	韋　政　通	已　　出　　版
孟　　　　　　　子	黃　俊　傑	已　　出　　版
荀　　　　　　　子	趙　士　林	已　　出　　版
老　　　　　　　子	劉　笑　敢	已　　出　　版
莊　　　　　　　子	吳　光　明	已　　出　　版
墨　　　　　　　子	王　讚　源	已　　出　　版
公　孫　龍　子	馮　耀　明	已　　出　　版
韓　　　　　　　非	李　甦　平	已　　出　　版
淮　　南　　子	李　　　增	已　　出　　版
董　　仲　　舒	韋　政　通	已　　出　　版
揚　　　　　　　雄	陳　福　濱	已　　出　　版
王　　　　　　　充	林　麗　雪	已　　出　　版
王　　　　　　　弼	林　麗　真	已　　出　　版
郭　　　　　　　象	湯　一　介	已　　出　　版
阮　　　　　　　籍	辛　　　旗	已　　出　　版
劉　　　　　　　勰	劉　綱　紀	已　　出　　版
周　　敦　　頤	陳　郁　夫	已　　出　　版
張　　　　　　　載	黃　秀　璣	已　　出　　版
李　　　　　　　覯	謝　善　元	已　　出　　版
楊　　　　　　　簡	鄭　曉　江貴 李　承	已　　出　　版
王　　安　　石	王　明　蓀	已　　出　　版
程　顥、程　頤	李　日　章	已　　出　　版
胡　　　　　　　宏	王　立　新	已　　出　　版
朱　　　　　　　熹	陳　榮　捷	已　　出　　版
陸　　象　　山	曾　春　海	已　　出　　版

世界哲學家叢書（二）

書　　　　名	作　者	出　版　狀　況
王　廷　相	葛　榮　晉	已　出　版
王　陽　明	秦　家　懿	已　出　版
李　卓　吾	劉　季　倫	已　出　版
方　以　智	劉　君　燦	已　出　版
朱　舜　水	李　甦　平	已　出　版
戴　　　震	張　立　文	已　出　版
竺　道　生	陳　沛　然	已　出　版
慧　　　遠	區　結　成	已　出　版
僧　　　肇	李　潤　生	已　出　版
吉　　　藏	楊　惠　南	已　出　版
法　　　藏	方　立　天	已　出　版
惠　　　能	楊　惠　南	已　出　版
宗　　　密	冉　雲　華	已　出　版
永　明　延　壽	冉　雲　華	已　出　版
湛　　　然	賴　永　海	已　出　版
知　　　禮	釋　慧　岳	已　出　版
嚴　　　復	王　中　江	已　出　版
康　有　為	汪　榮　祖	已　出　版
章　太　炎	姜　義　華	已　出　版
熊　十　力	景　海　峰	已　出　版
梁　漱　溟	王　宗　昱	已　出　版
殷　海　光	章　　　清	已　出　版
金　岳　霖	胡　　　軍	已　出　版
張　東　蓀	張　耀　南	已　出　版
馮　友　蘭	殷　　　鼎	已　出　版

世界哲學家叢書（三）

書　　　　　名	作　者	出　版　狀　況
牟　　宗　　三	鄭　家　棟	已　　出　　版
湯　　用　　彤	孫　尚　揚	已　　出　　版
賀　　　　　麟	張　學　智	已　　出　　版
商　　羯　　羅	江　亦　麗	已　　出　　版
辨　　　　　喜	馬　小　鶴	已　　出　　版
泰　　戈　　爾	宮　　　靜	已　　出　　版
奧羅賓多‧高士	朱　明　忠	已　　出　　版
甘　　　　　地	馬　小　鶴	已　　出　　版
尼　　赫　　魯	朱　明　忠	已　　出　　版
拉達克里希南	宮　　　靜	已　　出　　版
李　　栗　　谷	宋　錫　球	已　　出　　版
空　　　　　海	魏　常　海	已　　出　　版
道　　　　　元	傅　偉　勳	已　　出　　版
山　鹿　素　行	劉　梅　琴	已　　出　　版
山　崎　闇　齋	岡田武彥	已　　出　　版
三　宅　尚　齋	海老田輝巳	已　　出　　版
貝　原　益　軒	岡田武彥	已　　出　　版
荻　生　徂　徠	王　祥　齡 劉　梅　琴	已　　出　　版
石　田　梅　岩	李　甦　平	已　　出　　版
楠　本　端　山	岡田武彥	已　　出　　版
吉　田　松　陰	山口宗之	已　　出　　版
中　江　兆　民	畢　小　輝	已　　出　　版
蘇格拉底及其先期哲學家	范　明　生	排　　印　　中
柏　　拉　　圖	傅　佩　榮	已　　出　　版
亞里斯多德	曾　仰　如	已　　出　　版

世界哲學家叢書（四）

書　　　　　名	作　　者	出　版　狀　況
伊　壁　鳩　魯	楊　　　適	已　　出　　版
愛　比　克　泰　德	楊　　　適	已　　出　　版
柏　　羅　　丁	趙　敦　華	已　　出　　版
伊　本・赫　勒　敦	馬　小　鶴	已　　出　　版
尼　古　拉・庫　薩	李　秋　零	已　　出　　版
笛　　卡　　兒	孫　振　青	已　　出　　版
斯　賓　諾　莎	洪　漢　鼎	已　　出　　版
萊　布　尼　茨	陳　修　齋	已　　出　　版
牛　　　　頓	吳　以　義	已　　出　　版
托　馬　斯・霍　布　斯	余　麗　嫦	已　　出　　版
洛　　　　克	謝　啓　武	已　　出　　版
休　　　　謨	李　瑞　全	已　　出　　版
巴　　克　　萊	蔡　信　安	已　　出　　版
托　馬　斯・銳　德	倪　培　民	已　　出　　版
梅　　里　　葉	李　鳳　鳴	已　　出　　版
狄　　德　　羅	李　鳳　鳴	已　　出　　版
伏　　爾　　泰	李　鳳　鳴	已　　出　　版
孟　德　斯　鳩	侯　鴻　勳	已　　出　　版
施　萊　爾　馬　赫	鄧　安　慶	已　　出　　版
費　　希　　特	洪　漢　鼎	已　　出　　版
謝　　　　林	鄧　安　慶	已　　出　　版
叔　　本　　華	鄧　安　慶	已　　出　　版
祁　　克　　果	陳　俊　輝	已　　出　　版
彭　　加　　勒	李　醒　民	已　　出　　版
馬　　　　赫	李　醒　民	已　　出　　版

世界哲學家叢書（五）

書　　　　　　　名	作　　者	出　版　狀　況
迪　　　　　　　昂	李　醒　民	已　　出　　版
恩　格　斯	李　步　樓	已　　出　　版
馬　克　思	洪　鎌　德	已　　出　　版
約　翰　彌　爾	張　明　貴	已　　出　　版
狄　爾　泰	張　旺　山	已　　出　　版
弗　洛　伊　德	陳　小　文	已　　出　　版
史　賓　格　勒	商　戈　令	已　　出　　版
韋　　　　　　　伯	韓　水　法	已　　出　　版
雅　斯　培	黃　　藿	已　　出　　版
胡　塞　爾	蔡　美　麗	已　　出　　版
馬克斯・謝勒	江　日　新	已　　出　　版
海　德　格	項　退　結	已　　出　　版
高　達　美	嚴　　平	已　　出　　版
盧　卡　奇	謝　勝　義	已　　出　　版
哈　伯　馬　斯	李　英　明	已　　出　　版
榮　　　　　　　格	劉　耀　中	已　　出　　版
皮　亞　傑	杜　麗　燕	已　　出　　版
索　洛　維　約　夫	徐　鳳　林	已　　出　　版
費　奧　多　洛　夫	徐　鳳　林	已　　出　　版
別　爾　嘉　耶　夫	雷　永　生	已　　出　　版
馬　賽　爾	陸　達　誠	已　　出　　版
阿　圖　色	徐　崇　溫	已　　出　　版
傅　　　　　　　科	于　奇　智	已　　出　　版
布　拉　德　雷	張　家　龍	已　　出　　版
懷　特　海	陳　奎　德	已　　出　　版

世界哲學家叢書（六）

書　　　　　名	作　　　者	出　版　狀　況
愛　因　斯　坦	李　醒　民	已　　出　　版
皮　　爾　　遜	李　醒　民	已　　出　　版
玻　　　　　爾	戈　　　革	已　　出　　版
弗　　雷　　格	王　　　路	已　　出　　版
石　　里　　克	韓　林　合	已　　出　　版
維　根　斯　坦	范　光　棣	已　　出　　版
艾　　耶　　爾	張　家　龍	已　　出　　版
奧　　斯　　丁	劉　福　增	已　　出　　版
史　　陶　　生	謝　仲　明	已　　出　　版
馮　•　賴　特	陳　　　波	已　　出　　版
赫　　　　　爾	孫　偉　平	已　　出　　版
愛　　默　　生	陳　　　波	已　　出　　版
魯　　一　　士	黃　秀　璣	已　　出　　版
普　　爾　　斯	朱　建　民	已　　出　　版
詹　　姆　　士	朱　建　民	已　　出　　版
蒯　　　　　因	陳　　　波	已　　出　　版
庫　　　　　恩	吳　以　義	已　　出　　版
史　蒂　文　森	孫　偉　平	已　　出　　版
洛　　爾　　斯	石　元　康	已　　出　　版
海　　耶　　克	陳　奎　德	已　　出　　版
喬　姆　斯　基	韓　林　合	已　　出　　版
馬　克　弗　森	許　國　賢	已　　出　　版
尼　　布　　爾	卓　新　平	已　　出　　版
呂　　格　　爾	沈　清　松	已　　出　　版